국제주의 전통 자료집

VI. 사회민주주의와 노동조합

알렉스 캘리니코스, 크리스 하먼 외 지음

이정구 엮음

국립중앙도서관 출판예정도서목록(CIP)

사회민주주의와 노동조합 / 지은이: 알렉스 캘리니코스,
크리스 하먼 외 ; 엮은이: 이정구. -- 서울 : 책갈피,
  2018
    p. ;   cm. -- (국제주의 전통 자료집 ; 6)

원저자명: Alex Callinicos, Chris Harman
ISBN 978-89-7966-152-1 04300 : ₩13000
ISBN 978-89-7966-155-2 (세트) 04300

노동자 계급[勞動者階級]
사회 민주 주의[社會民主主義]

332.64-KDC6
305.5620941-DDC23   CIP2018026149

국제주의 전통 자료집

VI. 사회민주주의와 노동조합

알렉스 캘리니코스, 크리스 하먼 외 지음

이정구 엮음

책갈피

차례

엮은이 머리말

이 자료집에 실린 글들은 노동자연대와 그 유관단체들이 발간한 신문과 잡지 등에서 일반성이 비교적 높은 글들을 추려 내어 주제별로 묶은 것이다.

자료집이 지닌 장점은 시간이 흘러도 그 진가가 사라지지 않을 좋은 글들을 선별하여 묶어 놓았다는 것인데, 이 자료집에 실린 글들도 그런 것이기를 바란다. 독자들은 이 자료집을 참고 자료나 교육 자료 등으로 유용하게 활용할 수 있을 것이다.

이 자료집은 이런 장점 외에, 독자들이 염두에 둬야 할 약점도 있다. 첫째, 자료집에 실린 글들이 발표된 때의 맥락을 설명하지 못했다. 물론 글을 읽어 보면 글이 작성된 취지를 대체로 파악하거나 짐작할 수 있을 것이다.

둘째, 많은 글들을 자료집으로 묶다 보니 용어의 통일, 맞춤법, 띄어쓰기 등에서 오류가 많을 수도 있다. 예를 들어, 예전에는 동성애자라는 표현을 많이 사용했지만 지금은 동성애자보다는 성소수자라는 용어를 쓴다. 특정 시기에 사용된 용어는 그 나름의 역사성을 지니고 있으므로 이 자료집에서는 오늘날 사용하는 용어로 일괄적으로 바꾸지 않았다. 또, 맞춤법이나 띄어쓰기도 세월이 지나면서 바뀌었다. 그래서 현재의 것으로 교정돼야 할 어구들이 많다. 그러나 바로잡지 못하고 놓친 부분이 많을 것이다. 독자들의 너그러운 양해를 부탁드린다.

셋째, 같은 주제의 글들을 모았기 때문에 여러 글의 내용이 중복되는 경우도 적지 않다. 이런 중복의 문제에 대해서는 엥겔스의 방식을 따랐다. 엥겔스는 마르크스의 초고를 모아 《자본론》 3권으로 편집하면서 이렇게 밝혔다. "반복도 주제를 다른 각도에서 파악하든지 다른 방법으로 표현한 경우에는 그 반복을 버리지 않았다."(《자본론》 3권 개역판 서문)

넷째, 혁명가들이 혹심한 탄압을 받던 시기에 작성된 글 중에서 필자를 확인하지 못해 필자를 명시하지 못한 경우가 있다. 이것은 엮은이가 의도한 것이 결코 아니라는 점을 밝혀 둔다.

그 외에도 다른 오류들이 편집 과정에서 있을 수 있는데, 이것들은 엮은이의 잘못이다.

이 자료집이 나오기까지 몇몇 동지들이 도움을 줬다. 인쇄된 문서를 타이핑해 파일로 만들어 준 박충범 동지와 책을 디자인해 준 장한빛 동지에게 감사드린다. 방대한 양의 원고를 나와 함께 검토해 준 책갈피 출판사 편집부에도 감사드린다.

2018년 7월 10일
엮은이 이정구

제1부
개혁주의

사회민주주의를 어떻게 볼 것인가

　　최근 진보정당들 내에서 '사회민주주의'를 둘러싼 논의가 활발히 벌어지고 있다. 진보정의당 노회찬 공동대표는 올해 초에 "집권을 목표로 하는 정당으로서 … 한국의 미래 모델과 사회 시스템을 만들어가자"며 사민주의를 당 노선으로 제시한 바 있다.

　　노회찬 대표는 "이제까지 한국의 진보정당들은 일종의 사민주의 정당으로 분류되는 것이 정확하다"고 덧붙였다. 글로벌정치경제연구소, 복지국가소사이어티 등 사회단체와 지식인들도 사민주의 논의에 적극 뛰어들고 있다.

　　사민주의는 노동조합에 기반을 둔 개혁주의다. 사민주의 정당의 등장은 노동운동이 부르주아 정당에 기대지 않고 독립적인 정치적 표현체를 갖게 됐음을 뜻한다. 노동운동이 성장할 때, 기존 부르주아 정당들로는 노동운동의 목소리를 대변하기 힘들기 때문이다.

김지윤, 〈레프트21〉 101호, 2013년 4월 1일. https://wspaper.org/article/12782.

한국에서 사민주의 정당도 강력한 노동자 투쟁을 거치며 탄생했다. 1987년 민주화 투쟁과 함께 터져 나온 노동자 투쟁 과정에서 노동자들은 자주적 노동조합을 건설했다. 1995년에 민주노총이 탄생했다.

1997년, 노동법 날치기 항의 총파업을 거치면서 의회에서 노동운동의 정치적 표현체의 필요성은 민주노동당 창당으로 이어졌다.

민주노동당은 "우리는 이 땅에서 자본주의 사회의 질곡을 극복"한다고 당헌에서 밝혔고 '부자에게 세금을, 서민에게 복지를' 같은 대중의 개혁 열망과 요구를 대변했다.

정경 분리

그러나 사민주의는 약점과 한계도 있다.

우선, 사민주의 정당은 자본주의에 대한 노동자들의 저항을 표현하는 동시에 그 저항을 체제의 틀 안에 묶어 두려 한다. 사민주의 정당들은 흔히 '사회를 바꾸는 길은 의회에서 다수 의석을 차지해 개혁 조처를 도입하는 것에 있다'고 주장한다. 그래서 사민주의 정당에 정치 행위는 의회 참여로 환원된다.

이 점에서 사민주의의 또 다른 한계가 발생한다. 부르주아 민주주의의 기본 전제 중 하나는 경제와 정치의 분리다. 정치는 선거에서 이기고 법안을 통과시키는 문제로 한정된다. 노동자들이 경제적 개선을 위해 벌이는 투쟁은 제한적이나마 합법적으로 보장되지만 정치와는 무관한 것으로 여겨지게 된다.

정경 분리는 개혁주의 정당과 노조 상근간부층의 관계에서도 적용된다. 파업과 임금인상 등 경제적 쟁점은 노조 지도자가 다루고 주로 선거로 여겨지는 정치적 쟁점들은 사민주의 의원들이 다루는 식이다. 과거 민주노동당과 민주노총도 이런 식의 가정을 바탕에 두고 있었다.

반면 마르크스는 "노동계급이 지배계급에 대항해 하나의 계급으로서 행동하며 외부에서 압력을 가해 지배계급을 굴복시키려 하는 운동은 모두 정치 운동"이라며 정치와 경제의 결합을 주장했다.

한편, 사민주의는 역사적으로 변해 왔다. 초기 사민주의 정당들의 고전적 개혁주의는 여러 개혁을 성취하면서 사회를 자본주의에서 사회주의로 점진적으로 변혁하길 지향했다.

1950~60년대에는 또 달랐다. 이제는 자본주의를 변혁하지 않고도 케인스주의 정책을 통해 경제 성장과 부의 재분배를 달성할 수 있다는 것이었다. 이런 '인간의 얼굴을 한 자본주의' 구상은 경제 호황 때는 언뜻 보아 합리적인 듯했다.

그러나 1970년대 경제 위기가 부활하자 사정이 달라졌다. 노동자들은 분노하고 기업주들은 두려워한 이 시기에 매우 많은 사민주의 정부가 들어섰다. 그런데 이때 집권한 사민주의 정부들은 경제 위기에서 벗어나려고 기존의 성과들을 공격하는 방법을 택했다.

대표적으로 1981년 프랑스 사회당의 미테랑 정부는 광범한 은행 대기업 국유화 같은 좌파 강령을 내세웠다. 자본가들은 자본을 해외로 대량 유출하고 투자를 보류하는 등 엄청난 압력을 넣는 것으로 응징했다. 그 결과 미테랑은 1982년 진로를 바꿔 사실상 신자유주의를 수용했다.

여러 나라에서 사민주의 정당들이 신자유주의 정책들을 수용했다. 영국 노동당을 이끌었던 토니 블레어는 이런 변절을 '제3의 길'이라고 포장했다.

민주노동당이 창당 강령에 "사회민주주의 한계 극복"을 넣은 것도 이런 서구 사민주의 정당의 전철을 밟지 말자는 것이었다. 따라서 사민주의를 "유럽의 많은 나라에서 확고한 성공 사례로 자리 잡은"(박상훈 후마니타스 대표) 사상으로만 평가할 수는 없다.

제3의 길

최근 경제 위기와 양극화, 정치 위기가 계속되며 한국의 사민주의 논의도 혼란을 겪고 있다. 무엇보다 사민주의 정당의 정치적 기반인 노동조합운동이 위기를 벗어나지 못하는 것이 혼란의 큰 배경일 것이다. 물론 노동조합운동의 위기에는 진보정당들의 위기와 분열도 다시 영향을 미쳤다.

과거 민주노동당은 고전적 개혁주의를 지향하는 좌파 사민주의 정당의 성격이 있었다. 부유세, 무상급식, 무상의료 등을 앞세우며 부르주아 정당과는 다른 진보적 의제들을 제시했다. 강령에서도 "사회주의적 이상과 원칙"을 말했다.

그러나 최근 진보정당들의 행보와 논의는 민주노동당 시절보다 후퇴하는 것 아니냐는 우려를 낳고 있다.

무원칙한 '묻지마 야권연대'를 우선시하느라 많은 진보적 의제들이 민주통합당 수준으로 용해되기도 했고 일부에서는 '민주당 왼쪽 방'으로 들어가자는 주장까지 나왔다.

대선 이후, 진보정의당 일부 지도자들이 '근본주의적 요구가 아닌 실현 가능한 정책과 생활 밀착형 정치'를 강조하며 대중 투쟁과 거리를 두려는 듯한 태도를 보이는 것도 우려스럽다. 진보정의당 지도부가 박근혜에게 전략적 동맹을 제안했던 것도 이런 맥락에서 나온 문제일 것이다.

그러나 진보정당이 이런 방향으로 계속 나간다면 민주당과의 차별성이 흐려져서 안철수 같은 세력에게 기회를 뺏기기만 할 수 있다.

지금 박근혜는 위기를 겪고 있고 민주당은 이럴 때조차도 대안으로 떠오르지 못하고 있다. 진보정당은 이런 정치적 모순과 위기를 파고들어야 한다. 위기의 중심에 있는 거대 정당과는 다른 급진적인 의제와 대안을 제시해야 하고 진보정당의 기반인 노동운동의 단결과 성장을 위해 노력해야 한다.

사회주의자들은 이런 방향을 제시하며 진보정당들의 진로 논의에 개입할 필요가 있다.

개량주의의 본질

소련 국가자본주의 체제가 무너진 후, 스탈린주의에 대한 비판과 사회주의에 관한 새로운 평가가 이루어지면서 많은 스탈린주의 좌익들이 사회민주주의나 유러코뮤니즘으로 나아가고 있다. 이들은 소위 '마르크스주의의 위기'의 혼란 속에서 서구에서 이미 몰락의 길을 걸었고 지금도 계속 그 세력이 약화되고 있는 대안, 즉 "선거를 통한 사회주의 건설", "사회주의로의 의회적 방식", "점진적인 개혁을 통한 사회변혁"이라는 기본적 슬로건을 내세우며 점점 혁명적 수사를 버리고 개량주의 쪽으로 우로 우로 나아가고 있다.

이러한 현상은 소련의 몰락으로 인한, 단순한 충격에서 비롯된 것이 아니라 그 정치적 뿌리와 함께 온 "개혁인가? 혁명인가?" 하는 문제가 연관되어 있는 것이다. 실제 남한 좌익의 경우, 소련 "사회주의 쿠데타" 이후 그 충격에서 헤어나지 못하다가 유러코뮤니즘 정당의

이 글은 국제사회주의자들(IS)의 내부회보 《등대》 1호(1992년)에 실린 것이다.

일종인 한노당 준비위를 만들더니 최근에는 진정추·사회당 추진위·민중회의를 중심으로 새롭게 뭉치면서 공공연하게 개량주의 정치를 선전하고 있다. 우리가 만나는 많은 독자들이 바로 이러한 정치에 동조하거나 지지하는 사람들이라는 사실에서 이것은 명백하게 드러난다. 또한 이들이 이번 대선에서 선거를 통해 자신들의 지지 기반을 확충하고자 많은 노력을 한 것에서도 알 수 있다.

그러나 우리에게 이들을 공격할 무기는 상당히 부족한 실정이다. 일반적인 원칙은 가지고 있으나, 이들의 본질을 설명하고 논증하여 이들의 정치가 결코 노동계급의 대안일 수 없음을 명백하게 밝혀 주지 못하는 부분들이 많이 있다. 따라서 여기서는 이들의 이론적 뿌리가 어디에 있으며, 또한 이들의 정치가 결코 궁극적인 해결책을 제시하고 있지 못함과 아울러 자본주의 체제를 끝장낼 수 없음을 밝히고, 노동자들의 해방은 개혁을 통해서가 아니라 집단적인 투쟁으로 이루어지는 혁명을 통해서만이 가능함을 입증하고자 한다.

개량주의와 혁명적 마르크스주의의 근본적인 차이점은 크게 세 가지 부분으로 나누어 볼 수 있다. 첫째, 자본주의를 어떻게 이해하는가, 둘째, 선거와 의회에 대해 어떠한 입장을 보이는가, 셋째, 국가를 어떻게 바라보는가이다.

우선 자본주의에 대한 개량주의자들의 입장을 이야기해 보면, 한마디로 말해서 "자본주의는 자기조절 능력이 있고, 마르크스의 예언대로 궁극적인 위기는 아직 도래하지 않고 있으며, 위기마다 새로운 모습으로 바꾸면서 잘 운영해 나가고 있는 끊임없이 발전하는 체제"라고 할 수 있다. 최초로 이러한 주장을 한 사람은 베른슈타인이었다.

스스로를 분열시키는 자본주의의 의심할 여지없는 경향이, 동시에 스스로를 통합시키는 동등한 경향에 의하여 균형을 이루게 된다. 카르텔의 성립, 신용제도의 확대, 그리고 점차 향상되는 교통·통신 수단 모두가 경제위기의 가능성과 심각성을 감소시켰다. 게다가 부르주아 사회는 점차 복잡해지고 있으며, 이것은 계급 대립을 감소시키는 결과를 가져왔다. 전체적으로 보아 산업은 소수의 대규모 단위들로 집중되어 가고 있지 않으며, 중간계급들이 수적으로 감소되어 가는 징후도 보이지 않고 있다. 또한 노동자들은 결코 전반적인 궁핍화의 수준으로 몰락해 가고 있지 않으며 오히려 번영하고 점차 분화되어 가고 있다. 간단히 말해서, 가까운 장래에 자본주의의 몰락이란 결코 있을 수 없을 것이다.

즉, 궁극적인 혁명의 길은 너무나도 불확실하고 실현 가능성이 없어서 당 정책의 정식화와는 어떠한 관련도 가질 수 없고, 당 활동의 목적과 목표들은 보다 가까운 것에서 구해져야 하며, 이것은 인민의 권리 신장과 노동자 계급의 물질적인 향상을 그 목표로 삼아야 한다는 것이다.

이러한 논리는 러시아에서는 경제주의자들로 나타났으며, 남한에서는 민중주의자와 민족주의 좌파의 주장으로 드러난다. 특히 서구에서는 제2차세계대전 이후 지속된 장기 호황의 시기에 이러한 논리가 맞는 것 같이 보였고, 따라서 혁명이 아니라 개혁을 통해서도 사회주의를 이룰 수 있다는 희망이 팽배하기도 했다. 점진적으로 자본주의의 모순을 극복함에 따라 언젠가는 사회주의가 이루어질 것이라는 환상을 가질 수도 있었다.

그러나, 1970년대부터 시작된 자본주의의 불황과 호황의 교차는 자본주의의 위기를 심화시켰고, 그때마다 사회민주당이나 공산당은 자국의 자본가를 지지하는 정책을 취함으로써 노동계급을 배신하였다. 그들은 자본주의의 동학인 '경쟁과 축적'의 압력 속에 자본주의는 끊임없이 이윤을 위해 경쟁해야 하며, 노동계급으로부터 더 많은 것을 빼앗아 와야만 한다는 것을 잊어 먹은 것이다.

최근의 세계적인 경제 불황 속에서 터진 영국의 주민세 반대 투쟁과 잇따른 광부들의 파업, 독일 노동자들의 총파업, 미국 흑인 폭동, 타이의 민중 봉기 등등은 현재 자본주의가 위기에 빠져 있으며 결코 영원히 발전하고 번영하는 체제가 아님을 명백하게 보여주고 있는 것이다.

로자는 베른슈타인의 논리를 다음과 같이 반박하고 있다.

베른슈타인은 자본주의의 위기관리 능력에 대해 과대평가하고 있다. 실제로 신용제도의 확대와 발달된 정보전달 수단, 그리고 카르텔의 성장은 자본주의적 생산 및 교환의 무정부성을 감소시키기보다는 오히려 증대시키는 경향이 있으며, 세계 시장이 더 이상 팽창할 수 없게 될 때 자본주의의 내부 모순들이 점차 부각될 것이다. 따라서 사회주의가 점진적으로 도입될 수 있다는 베른슈타인의 제안은 자본주의의 발전 방향에 대한 그릇된 견해에 기초하고 있는 것이다. 만일 자본주의의 몰락이 불가피하지 않다고 말하는 것이 타당하다면, 사회주의는 하나의 '단순한 이상'에 불과할 것이다. 즉, 베른슈타인은 자본주의 몰락의 불가피성을 부정함으로써 관념주의적 혹은 공상적인 사회주의 개념에 빠져 버렸다.

두 번째는, 의회와 선거에 대한 것이다. 개량주의자들은 "사회주의로의 의회적 방식"을 추구하면서 모든 것을 선거를 통해 해결하려고 노력한다. 왜냐하면, 그들은 자본주의를 끊임없이 발전하는 체제라고 여기므로, 자신들이 할 수 있는 가장 확실한 실천의 형태가 바로 선거라고 여기는 것이다. 즉, 착취는 자본주의의 일시적인 모습에 지나지 않으며, 프롤레타리아와 부르주아 내부에서의 점증하는 분화 때문에 어느 계급이든지 단일하고 동등한 이해를 가지고 있다고 말할 수 없다는 것이다. 뿐만 아니라 이들은 모든 계급들이 문명화된 생활 방식의 유지와 증진에 공통된 이해관계를 가지고 있다고 생각한다.(예를 들면, 환경문제·도시문제·공해문제·교통문제 등등.) 따라서 이제 사회는 계급으로 이루어져 있는 것이 아니라 '시민사회'로 변화되었으며, '시민사회'는 몇몇 원리들을 공동으로 수용하는 개인들의 연합체로서 관용, 협동, 개인적인 책임성 그리고 인간 생명의 불가침성의 원리 등을 포함하는 사회가 된다. 그렇기 때문에 사회민주주의자들의 임무는 첫 번째, 민주주의를 위한 투쟁에서 승리하는 것이며, 이것은 모든 노동자들이 완전하고 동등한 시민들로서 '시민사회'에 결합되도록 하는 것이다. 두 번째, 모든 노동자들이 발전된 산업문명의 물질적·정신적 혜택을 나누어 가지는 것을 확실히 보장할 수 있도록 '정치적 권력'을 사용하는 것이다. 즉, 당 활동의 중심은 의회 활동에 있으며, 선거에서 다수를 획득하는 것이 당의 핵심적인 문제가 되는 것이다.

정치적 민주주의는 노동자에게 그들의 이익을 일부분이나마 추구할 수 있는 기회를 마련해 주며, 선거 정치는 시민이라면 누구나 그것을 통해서 상품과 서비스를 요구할 수 있는 메카니즘을 만들어 주는 것이다. 직접적인 생산자로서의 노동자는 생산물에 대해 어떠한 제도적인 주장도 할 수 없지만, 시민으로서의 그들은 정치 체제를 통해서 그러한 주장을 개진할 수 있는 것이다. 더우기, 직접적인 생산자와 구별되는 그러한 시민으로서 그들은 바로 그 생산의 조직화 방식과 이윤의 배분 방식에 개입할 수 있다.

베른슈타인은 "민주주의는 사회주의의 논리에서 도출되는 당연한 결론이다. 사회민주주의자에게 있어 대의제 민주주의는 수단이자 목적인 동시에, 사회주의로 인도하는 매개자이자 미래 사회주의 사회의 정치 형태가 되었으며, 또 전략이자 강령인 동시에 도구이며 그 예언적 형상이 되었다"고 했다.

이러한 노골적인 '선거 정치'는 민중후보 진영에서도 그대로 드러난다. 그들이 말하는 노동자 자주관리와 민중대표자회의의 구성과 역할을 보면 이것이 선명하게 드러난다.

노동자 자주관리란 노동자로 이루어진 노동자평의회와 그 대표 기관격인 노동자 경영위원회가 경영의 최고 기관이 되며, 이 노동자 경영위원회가 전문경영인을 임명한다. 투자 전략, 생산 규모 등 생산·경영 전략과 관련한 중요 사항은 노동자 경영위원회에서 결정한다. 그리고 기존의 국회가 지역별 대표를 뽑는 것에 그쳤다고 한다면, 민중대표자회의는 계급·계층별 대표를 그 위에 더한 것으로 볼 수 있다.

이와 같은 개량주의자들과는 달리, 혁명적 마르크스주의자들은 선거를 여러 가지 투쟁 수단 중의 단지 하나로, "혁명적 사상과 정치를 선전·선동하는 연단"으로 생각했다.

1850년에 마르크스는, 선거에 대해, "많은 사람들에게 부여되는 보통선거가 계급투쟁을 촉발시키는 데 있어서는 비할 수 없는 큰 장점을 갖고 있기는 하지만, 기껏해야 다른 여러 수단들 중의 하나에 불과하다. 선거는 조직화와 선동 그리고 선전을 위해서 이미 만들어져 있는 장으로서만 이용될 뿐이다"고 했다.

엥겔스도 노동자들에게 선거권이 부여되고, 산업투쟁이 패배하여 침체된 분위기일 때에는 선거에 참여할 것을 강조하고 있다.

선거에 집중하는 것은 혁명에 대한 요구보다 훨씬 느리고 지루하다. 그러나 그것이 10배나 더 확실하고 게다가 훨씬 더 좋은 것은, 그것이 가장 완벽하고 정확하게 무장혁명으로 나가야 할 길을 가르쳐 주기 때문이다. 그리고 보통선거권이 노동자들에 의해 현명하게 사용된다면 그것은 지배자들이 합법성을 내던지도록 충동하는, 즉 우리들이 혁명을 일으킬 가장 유리한 상황을 만들어 준다는 것은 틀림없는 일이다.

실제로 볼셰비키는 의회 연단을 정치 폭로의 장으로 이용하였으며, 의회의 주요 활동인 입법 활동보다는 여러 지역의 공장을 돌아다니며 선동하는 것을 더 중요한 임무로 삼았고, 그렇게 실천하였다. 러시아사회민주당 의원단이 활동할 때마다 노동자들은 파업과 시위로 지지를 보냈다. 의원단은 항상 노동자들의 투쟁과 함께 했으며,

함께 행진해 나갔다. 의회 개원날에 파업이 있었고, 대정부 질문을 하는 날에도 의회 밖에서 지지 파업이 진행되었다. 그리고 의원단은 1913년과 1914년에 혁명적 분위기가 고조되고 있는 러시아 노동운동의 중심 역할을 했다.

이것만 보더라도 선거와 의회에 대한 서로의 입장이 너무나도 다름을 알 수 있다.

마지막으로, 국가에 대한 것이다. 이것은 혁명적 사회주의와 개량주의를 구별시켜 주는 가장 핵심적인 문제이다. 즉, 개량주의의 본질은 부르주아 국가 파괴를 주장하지 않는다는 점이다.

개량주의자들은 의회를 통해 모든 문제를 해결하려 하기 때문에, 결국 국가기구를 접수해서 이용하는 데 집중할 수밖에 없다. 즉, 기존의 부르주아 국가기구에 노동자 대표를 파견하여 영향력을 행사함으로써 국가를 노동자들에게 유리하도록 개조한다는 것이다. 베른슈타인은 국가에 대해서 다음과 같이 주장했다.

국가가 계급지배의 수단으로 이용되는 한, 사회주의자가 국가에 반대하는 것은 정당하다. 그러나, 민주주의의 확장과 더불어 국가는 일반 국민의 요구들에 보다 순응하게 되었으며, 그만큼 협소한 계급 이익만을 대변하지는 않게 되었다. 그 결과 사회주의적인 규범들과 제도들이 확립되고, 사회주의 원리들이 법률에서 표현되며 자본가의 활동 영역은 정부 개입에 의해 축소된다. 간단히 말해서, 민주주의는 사회주의로 향한 길을 열어줄 것이다.

따라서 이러한 역할을 하기 위해서는, 자본가들을 억누를 수 있는 강력한 정부가 필요하게 되었다. 그러나 이들은 그렇게 할 수 없었다. 왜냐하면, 전면적으로 충돌할 경우 자신들이 신봉하고 있는 부르주아 대의제도가 무너지기 때문이다. 그들은 의회와 기존의 국가를 보호하려고 하지 파괴하고자 하지 않는다.(예를 들면, 브라질의 PT 당은 올해 있었던 상파울로 투쟁을 단순한 대통령 사퇴 압력 넣기로 한정시키고, 선거를 통해 해결하려고 하였다.)

그들은 새로운 이론이 필요했다. 그리고 그것을 발견할 수 있었다. 바로 그것이 케인스주의와 복지국가 이념이었다. 그들은 이제 국유화 강령마저도 버리게 되었다.

1936년에 프랑스 인민전선은 다음과 같은 정책을 도입했다.

비록 임금이 오르고, 노동일도 짧아지며, 공공사업 계획이 확대되고 여행 및 휴가비 등이 오른다 하더라도, 구매력과 소비수요는 증대될 것이고 산업은 수요가 증대함에 따라 생산을 증대시키게 될 것이다. 그리고 불황은 극복될 것이다.

케인스는 "국가가 반드시 확보해야 하는 것은 생산수단의 소유권이 아니다. 만약 국가가 그 수단을 증가시키는 데 쓰이는 자원 전체와 그것을 소유한 사람에게 줄 기본적인 보상률을 결정할 수만 있다면, 필요한 일은 모두 할 수 있을 것이다"고 하면서, 국가는 직접적인 소유 대신에 개인의 기업이 일반의 이해에 입각하여 활동하도록 영향을 미침으로써 모든 사회주의적 목표들을 성취할 수 있다고 주장했다.(백기완 후보의 '재벌해체' 주장을 생각해 보자.)

즉, 만약 필요할 때에 국가가 개인의 기업을 통제할 수 있고 시장의 힘이 제멋대로 분출되는 것을 진정시킬 수 있다면 직접적인 소유란 불필요하며, 국가는 사적 부문의 작동을 조정하는 반순환적 정책을 추진할 수 있고, 복지 수단을 통해 시장에 의한 분배 결과를 완화시킬 수 있다는 것이다. 이러한 국가의 조정활동은 시민이 원하고 여론으로 나타나는 방향으로 자원을 배분하도록 사적 자본가들을 설득할 수 있다는 환상을 믿게 만든다.(국가는 토대로부터 분리되어 중립적인 위치를 가지며, "상대적인 자율성"을 가지고 있다는 이야기이다.)

다시 말해서, 국가는 헤겔이 주장한 바와 같이 "인류 이념의 최고 실현체", "이성의 형상이나 이성의 최고 실현체"로 둔갑하게 된 것이다.

엥겔스는 《가족, 사유재산, 국가의 기원》에서 국가를 다음과 같이 설명하고 있다.

국가란 일정한 발전 단계에 이른 그 사회의 산물이다. 그리고 국가는 사회가 해결 불가능한 자기 모순관계에 빠져 있다는 점과, 그 사회가 도저히 떨쳐 버릴 수 없는 화해 불가능한 적대감으로 분열됐다는 것을 스스로 인정하는 것 이상이 결코 아니다. 그러나 계급간의 경제적 이익관계가 얽혀 있는 이 계급들간의 적대감으로 인해 자신과 사회가 무익한 투쟁을 벌이지 않기 위해서는 외견상 사회 위에 군림하는 하나의 권력이, 즉 '질서'라는 테두리 안에서 그 사회를 유지하고 계급간의 갈등을 조화시킬 권력이 필요하게 된다. 그리고 이러한 권력, 즉 사회로부터 나왔지만 사회보다 상부에 위치하며 사회로부터 그 자신을 점점 소외시키는 권력이 바로 국가이다. 한편 국가가 계급 적대감을 막기 위한 필요에서 생겨났지만, 동시에 계급갈등 가운데에서 발생했기 때문에 일반적으로 가장 강력하고 경제적으로 지배적인 계급, 즉 국가라는 매개자를 통해 동시에 정치적으로도 지배적인 계급이 되어 피억압 계급을 정치·경제적으로 억누르고 착취할 수 있는 새로운 수단을 얻게 되는, 바로 그러한 계급의 국가가 된다.

국가라는 것은 바로 계급 대립의 산물이고, 이 국가는 중립적인 것이 아니라 지배계급이 피지배계급을 억누르고 착취하는 수단으로서 지배계급의 국가라는 것이다. 따라서 마르크스가 파리 코뮌의 경험으로 일반화시킨 "노동계급은 기존 국가기구를 쉽사리 장악할 수 없을 뿐만 아니라 그것을 자신의 의도대로 휘두를 수도 없다"는 진리를 상기할 필요가 있다. 왜냐하면, 모든 국가는 피지배계급을 억누르기 위한 "공권력"을 지니고 있으며 군대나 경찰은 고도로 관료화되어 있고 상명하달식의 명령 체계를 가지고 있는, 그야말로 모든 것이 지배계급만을 위해 움직이고 있기 때문이다.

따라서 프롤레타리아는 부르주아 국가기구를 그대로 인수받아서 사용할 수 없으며, 혁명적으로 부르주아 국가를 파괴하고 새로운 노동자 국가를 건설할 때만이 진정한 노동자 민주주의를 실현할 수 있다. 따라서 국가 파괴를 이야기하지 않는 것은 지배계급과 피지배계급을 화해시키려는 것이고, 결국 지배계급의 편에 설 수밖에 없는 것이다.

결론적으로 "자본주의는 자기조절 능력이 있으며, 영원히 발전하는 체제", "선거정치를 통한 의회주의", "부르주아 국가기구의 접수와 강화"를 주장하는 것은 서로 연관되어 나타나고 있는 하나의 정치사상이며, 결국 그 사상은 혁명을 통한 사회주의 건설보다는 개혁을 통한 자본주의 발전을 추구하는 것으로 이르게 된다. 따라서 끊임없이 계급화해 정책을 취하게 되고, 노동자 투쟁이 더 나아가려 할 때, 그리고 결정적인 순간이 되었을 때, 발목을 잡는 역할을 할 수밖에 없는 것이다.

　　이러한 사상과 이론은 진정한 노동계급의 사상과 이론일 수 없으며, 혁명적 사회주의자들은 이러한 개량주의적인 정치사상과 계속 투쟁해 나가야 할 것이다.

개량주의의 한계

자본주의에 내재적인 개량주의

자본주의의 형성과 발전의 역사는 노동계급 형성과 발전의 역사이기도 했다. 또한, 자본주의의 불균등 발전은 노동계급 정치의식의 불균등성으로 나타난다. 이 점에서 우리는 개량주의가 어떻게 자본주의 체제와 결부되어 있는가 하는 점, 즉 자본주의의 발전에 따라 개량주의가 취하는 구체적 모습은 다양하지만 시기마다 개량주의는 체제에 내재적임을 논증할 것이다.

자본주의의 초기에 나타났던 노동계급의 원초적 조직 형태는 소수로 이루어졌지만 노동자들이 더 나은 생활수준과 근로조건을 위해 투쟁하기 위한 조직형태였다. 이는 현재의 노동조합과 마찬가지로 자생적인 개량주의로 나타났다. 노동자들은 자생적으로 자신들

이 글은 《도대체 사회주의란 무엇인가》(1991년 12월 발간)에 실린 것이다.

의 개혁 요구를 발견하고 그것을 궁극 목표로 투쟁했다. 이러한 자생적 개량주의가 체제와 함께 발전하면 노조관료라는, 안정적이지는 못하지만 — 왜냐하면 이들은 자본주의 체제와 노동계급 양자의 압력을 모두 받기 때문이다 — 일정한 경제·정치적 이해를 공유하는 집단이 형성된다. 이들은 자본주의 체제 내에서 노동력 가격의 인상을 위해 일하는 전문가로서 활동하고 그 대가로 일정한 지위와 혜택을 누리는, 말하자면 노동력 판매 전문 중개사인 셈이다.

세계 자본주의 체제 하에서 자생적·개량주의적 노동운동이 발전해 왔다. 미국이나 영국 같은 경우, 노조 관료는 자체의 조직기구를 갖추고 그 안에 수만 명을 고용하고 있다. 그러나 우리는 심지어 불법화된 상황에서조차도 노동관료적 경향이 나타남을 목도해 왔다. 일례로, 1970년대초 프랑코 치하 스페인처럼 노조 활동 자체가 불법화된 상황에서조차, 파시스트 하에서 십여 년 동안 감옥생활을 해온 까마쵸라는 노동관료는 일반적인 서구 관료의 행동과 전혀 차이가 없게 행동했다. 또한, 폴란드의 바웬사 역시 야루젤스키 치하의 탄압으로 감옥 속에 갇힌 바 있지만 지금까지 관료로서 행동하였다.

이러한 현상은 그들의 품성이 관료적이어서 나타나는 게 아니라, 노조가 자본주의 체제에서 점하는 객관적 위상에서 비롯하는 것이다. 노조는 본질적으로 자본주의 체제 내에서 노동자들의 직접적인 경제적 이익을 방어하는 기구이다. 또한, 노조 관료는 사용자나 정부에 대해서는 노동자를 대표해서 판매협상을 담당하는 존재이기 때문에 파업은 그들에게 유용한 위협무기이다. 그러나, 그와 동시에, 관료들은 파업을 하고 있는 노동자들에게는 자신들이 자본가와 맺은 협상을 받아들이지 않으면 안 된다고 종용한다. 노조 관료는 어느 정도는 투쟁하지 않으면 관료로서의 자신의 지위가 — 형식적인 것뿐 아니라 이에 따른 물질적 혜택이나, 정치적 야망이 있는 경우에는 이후의 출세를 위한 발판까지도 — 평조합원들의 압력에 의해 박탈당하기 때문에 투쟁을 하지만, 이와 동시에, 협상이 파기되어 노동자들의 투쟁이 거세어지면 노조라는 안정적 구조가 파괴되기 때문에 투쟁이 어느 정도 이상으로 발전되는 것에는 완강히 반대한다. 노조 관료들이 개인적으로는 성실한 사람들이지만 노동계급의 자주적 해방의 가능성에 대해서는 냉소적인 이유가 여기에 있는 것이다.

앞에서 노동운동 내 개량주의는 자본주의의 초기부터 항상 존재해 왔음을 밝혔다. 마찬가지로, 개량주의는 파쇼 하에서든 군부독재 하에서든 간에 존재한다. 그런데, 이는 개량주의를 의회주의와 관련지어, 즉 개량주의의 정치적 표현인 사회민주주의로서만 국한해 이해하는 통속적인 견해를 비판하기 위해 특별히 강조될 필요가 있다. 물론, 어떤 나라들에서는 선거와 관련된 노조 관료 개량주의가 형성되어 있다. 영국의 노동당, 브라질의 노동자당(PT), 그리고 프랑스의 사회당의 경우, 관료들은 노조의 틀 안에만 머무르지 않고 정당의 지향성을 지닌 채 존재한다. 반면에, 미국이나 아르헨티나의 노동관료들은 사회민주주의 당으로 스스로를 표현하지 않는다. 그들은 지배계급 정당들과의 교섭을 통해 문제를 해결한다. 아르헨티나의 경우는 노조가 지배계급 정당인 — 그러나 민중주의 이념으로 치장된 — 페론주의자들과 연관을 갖고, 미국은 노조가 자신의 정치위원회를 통해 민주당 또는 공화당과 협상을 한다. 특히 미국은 노조 관료가 강력한 힘을 지니고 있는데도 이러한 상황인데, 이는 노동관료의 개량주의와 그 정치적 표현인 사회민주주의 사이에는 필연적인 관계가 없음을 보여 주는 것이다.

개량주의의 경제적 토대

자본주의 초기부터 자생적 개량주의가 존재하였음을 앞서 지적했다. 그리하여, 특히 노동자들이 밀어붙이면 체제가 노동자들의 요구를 수용할 수 있을 듯한 상황에서는 자생적 개량주의가 노동자들의 운동에 영향을 끼쳤다. 우리는 19세기의 영국 노동운동에서 그 예를 찾아볼 수 있다. 1850년대 영국의 노동운동은 엄청나게 극심한 탄압을 받았다. 이러한 상황에서 자생적 개량주의로서 나타난 것이 차티스트(인민헌장) 운동이었다. 온건한 노동자들은 이 운동을 통한 '도덕적 압력'으로써 정부로부터 양보를 받아 내리라고 기대했지만, 정부는 오히려 그 지도자들을 감옥에 처넣었다. 이에 따라 차티스트 좌파('물리력파')는 노동자들로부터 엄청난 지지를 받게 되었다. 그러나, 그 뒤 35년동안 영국 자본주의는 발전하여 노동자들의 생활수준이 높아질 정도로 양보가 가능해지자, 물리력파는 완전히 찌그러져 6-12명 선으로 축소되어 버렸다. 그 대신에 자유당이라는 자본주의 정당이 부르주아 개량주의를 표방하면서 등장하였다. 그러나, 그 뒤 영국 자본주의가 오랜 쇠퇴기로 들어서자 상황은 180도 뒤바뀌었다. 불황에 직면한 영국 지배계급은 그 전에 양보했던 것들을 다시 공격하여 상황을 역전시켜 버렸던 것이다.

이 같은 상황에서는 개량주의 지도자들이 노동계급에게 개량을 선물할 수가 없었다. 그러나, 주목해야 할 사실은, 그렇다고 해서 개량주의가 노동계급 속에서 영향력을 상실하지는 않았다는 점이다. 노동계급 속에서 지지를 잃어버린다는 것과 개량주의가 현실적으로 존재할 수 있는 토대가 소멸된다는 것은 명확히 구별되어야만 한다. 왜냐하면 개량주의는 자생적이므로 자본주의가 쇠퇴하는 시기에조차 관성적으로 영향을 미치고, 노조 관료들 역시 그러한 정치적 환상에서 깨어나려 하지 않기 때문이다.

역사적으로 노동운동이 크나큰 패배를 맛보았을 때는 사기저하와 함께 개량주의가 번성하였다. 노동자들과 경찰 간의 공방이 이루어질 때는, 젊고 급진적인 노동자들의 혁명적 압력을 받아들여 노동계급 속에서 전투적인 경향이 득세한다. 그러나 혁명적 상황으로 더이상 발전하지 못하고 패배기로 사기가 저하되면 개량주의적 지도자들은 좌경적 또는 극좌적 행동이 패인이라고 매도하면서 다시 득세한다.

그런데 자본주의는 자발적으로 노동자들에게 개량을 선사하지 않는다. 또한 개량주의는 젊고 전투적인 노동자들로부터 압력을 받는다. 일단 전투적 방식이 성공하면, 노동자들 사이에서 혁명적 사상이 받아들여지기는 수월해진다. 실제로, 1차 세계대전 이전에는 개량주의가 득세했으나 1919-20년 사이에 자본주의가 위기에 처하고 그 전에는 가능성으로만 존재했던 혁명의 성공과 노동자 권력의 수립이 러시아에서 현실화되자 혁명적 방식이 누구의 눈에도 성공할 듯이 보였다. 그리하여 유럽 노동운동의 절반 이상이 혁명적 사회주의자들의 지도를 받았다.

자본주의가 개량을 수용할 수 있는 호황일 때는 개량주의가 번성한다. 자본주의가 이윤율의 지속적 저하로 공황에 처해 노동계급의 생활수준이 공격을 받을 때는 개량주의가 축소되기는 하지만 여전히 존재한다. 이와 동시에, 노동자들의 아래로부터의 압력도 거세어진다. 결국, 개량주의와 혁명적 경향 중 어느 것이 승리하는가는 노동자들의 투쟁과 혁명적 사회주의자들의 지도에 달려 있는 것이다.

혁명가와 개량주의자 사이의 가장 본질적인 차이는 혁명가만이 노동자 권력을 믿는다는 점에 있다. 그런데 노동계급은 자신들의 권력으로 사회를 완전히 변화시킬 수 있는 가능성이 조금이라도 보이면 노동자 권력의 가능성을 확신하고 성취하기 위해 행동한다. 그러나 그 행동이 실패로 돌아가면 그러한 행동을 거부하게 된다. 영국의 경우를 보면, 과거 20년 동안 세 번의 대대적인 광부 파업이 일어났는데, 72-74년의 광부 파업이 성공하자 적어도 일부 노동자들은 노동자 권력의 가능성을 믿게 되었다. 반면, 84-85년의 파업이 쓰라린 패배로 끝나자 절대 다수의 노동자들이 사기가 저하되어 노동운동 내에서 "신현실주의(New Realism)" 정책이 유행하게 되었다. 그들은 패배의 경험 때문에 설사 자신들의 상황이 더욱 나빠지는 한이 있더라도 파업 대신 평화적 협상으로 대응하자고 주장했다. 또한, 올해 영국 전국노동조합평의회(TUC) 대회에서는 그 지도자들이 노동당을 정부에 앉히기 위해서 파업을 거부하자고 제안하기까지 했다. 이에 대해 한 혁명적 사회주의자가 "노동당이 한 일이

뭐가 있느냐"라고 비판을 하자, 그들은 "그래도!"라고 답변했다 한다.(International Labor Report) 이는 패배주의를 적나라하게 보여 주는 예이다.

개량주의에 대한 혁명적 사회주의자들의 태도

혁명적 사회주의자들이 개량주의에 대해 취해야 할 태도는 두 가지 예를 들어 얘기될 수 있다. 그 첫째는 개량주의에 영향을 받는 노동자들인데, 이들은 그 자체로 모순투성이다. 이러한 노동자들은 자신들의 계급적 이익을 방어하기 위해 계급의 독립적 정치조직이 필요함을 인정하면서도 자본가 계급의 관념을 상당 정도로 지니고 있다. 예를 들어, 단체행동을 하고 그 힘을 믿지만 여전히 민족주의적 편견을 지니고 있는 식으로 말이다. 이들은 투쟁의 상승기에 혁명적 지도자들과 더불어 싸우기도 하지만, 한편으로는 혁명가들에 대한 지배계급의 마녀사냥에 동의하기도 한다. 둘째 경우는 자본주의 사상을 완전히 받아들이고 지배계급과 자신을 동일시하는 노동자들로서 파업 파괴 노동자들(예: 구사대)은 물론이고 가장 후진적인 노동자들이 이에 속한다.

이 같은 노동자 계급 내부의 이율배반적 태도 때문에 혁명적 사회주의자들은 노동자들의 투쟁 속에서 그들과 더불어 싸우면서 동시에 그들의 사상에는 반대하는 투쟁을 병행해야 한다('in and against'의 원리). 심지어는 아주 개량주의적인 지도자들조차도 자본가 계급의 앞잡이로 매도해서는 안 된다. 일정한 상황에서는 개량주의적 노동자들이 혁명적 사상에 귀를 기울이는 것이다.

이러한 원칙 하에서 노동운동 내의 '경제주의'와 '정치주의'라는 두 가지 개량주의 편향을 다루어 볼 필요가 있다. 자생적 개량주의는 일관되게 정치와 경제를 분리시키는 것을 그 본질로 하는데, 일정 시기에는 경제주의적 개량주의를 취했던 똑같은 사람들이 또 다른 시기에는 정치 일변도의 개량주의로 변신하는 것을 볼 수 있다. 두 경우 중 어떤 모습으로 나타나든 개량주의는 레닌이《무엇을 할 것인가?》에서 경제주의를 비판했을 때의 바로 그 개량주의의 역할과 동일하다. 즉, 노동자들로 하여금 부르주아 개량주의자들을 추종하게 하는 결과를 낳는 것이다.

프랑코 집권 시 스페인이나 야루젤스키 집권 시 폴란드의 경제주의자들은 경제적 요구만을 위해 싸우다 어느 순간 갑자기 정부와 협상해야 한다는 정치주의로 비약하여 경제적 요구들을 무시하였다. 또한, 스페인공산당은 24시간 파업으로 평화적 정치개혁을 요구할 것을 주장했다. 거기에 경제적 요구는 하나도 들어 있지 않았다. 이유는 간단하다. 개량주의자들은 정치를 기본적으로 국가와의 협상으로 이해하기 때문이다. 남한에서 전노협 지도부가 5월투쟁의 한 부문을 이끌면서 5.18 시한부 총파업을 노태우 퇴진에만 한정시킴으로써 노동자들의 명실상부한 총파업 투쟁으로 발전시키지 못한 것도 정치와 경제를 분리시켜 사고하는 경제주의에 그 근원을 두고 있다.

혁명적 사회주의자들은 노동계급의 투쟁이 경제적 요구에 국한되어 있을 때는 정치적인 요구도 중요함을 주장해야 한다. 또한, 정치적 요구에 국한되어 있을 때에도, 둘 사이의 결합을 주장해야만 한다. 기본적으로 경제와 정치는 결합되어 있으므로, 어느 하나에 치중하는 행위는 진정한 노동계급의 아래로부터의 혁명적 투쟁이 아니라 개량주의를 초래하기 때문이다.

일상적 시기에 노동자들은 기본적으로 자신이 속한 기존 노조의 안정을 바라기 마련이므로, 혁명적 사회주의자들은 그들의 독립적 노조운동을 지지한다. 그러나 우리는 부문에 머물러서 부문화된 교섭만을 주장하는 개량주의자들과는 달리 노동자들의 투쟁을 일반화시켜서 궁극적인 계급 이익과 연관시켜야 한다.

따라서 혁명적 사회주의자들은 노조를 도매금으로 매도하고 기존 노조를 배제한 채 "민주노조" 건설이라는 이름으로 새로운 평조합원 운동을 건설하려는 발상을 경계해야 한다. 노동자들은 노조를 통해 스스로를 방어하고 자신과 기존 노조를 동일시한다는 점이 그 이유이다. 남한의 경우에도 노동운동이 87년의 대규모 산업투쟁을 통해 평조합원 운동으로서 건설되었을지라도 지금의 상황이 계급투쟁의 침체기이므로 — 비록 소 침체기이지만 — , 새로운 평조합원 운동 — 또 다른 "민주노조" 운동 — 건설을 제기하는 것은 잘못된 태도이다. 노동자들 스스로가 급진화하는 상황에서는 한 부문에서 또 다른 부문으로 운동이 확대되면서 그 전과는 다른 방식으로 노동운동이 전개된다. 따라서 일상적 시기에 투쟁 자체가 개별화되는 상황에서는 혁명적 사회주의자들은 파편화된 투쟁들을 조합하고 일반화하는 데 주력해야 한다.

노동자 투쟁이 패배기에 접어들면 노동자들의 대부분이 투쟁의 필요성에 대해 냉소적이고 패배주의에 빠져들곤 한다. 이러한 전반적 분위기는 독립적 노동조합의 지도자들에게도 영향을 미쳐 그들은 평조합원들에 대해 불신과 경멸적 태도를 가지게 된다. 혁명적 사회주의자들은 이러한 상황 속에서도 노조에 남아 지도부의 관료적 성격을 유보 없이 비판하면서 정부의 공격에 대해서는 그들의 노조 방어 노력을 무조건 지지해야 한다. 그러면서도 그들의 투쟁방식 — 사용자나 정부에 대한 양보를 통해 노조를 방어하려는 — 에 대해서는 비판적인 입장을 견지해야 한다.

우리는 두 가지 함정, 즉 노조 관료주의나 개량주의의 위험성을 간과하거나 아니면 수많은 노동자 대중이 자신들이 선출한 노조 지도자들을 지지하고 있다는 사실을 망각하는 두 가지 편향을 피해야 한다. 노조 개량주의는 불안정하기에 흔들릴 수 있고 분열될 수 있으므로 자본과 노동 사이의 세력관계에 의해 영향 받아 일부는 자본 쪽으로 일부는 노동대중 쪽으로 경도된다. 혁명적 사회주의자들은 노동자들에게 자본 측에 붙는 자들에 대해서는 조금치도 양보하지 않고 싸우면서 노조원들의 압력으로 좌선회하는 노조 관료들에 대해서는 정치적인 환상을 조금도 갖지 말면서 그를 지지하라고 말해야 한다. 체제가 수용할 수 있는 틀을 넘는 노동자 투쟁에는 반대하는 그들의 정치적 한계와 기회주의성은 노동자들의 투쟁 속에서만 비판·검증되어야 한다.

혁명적 사회주의자들은 개량주의가 취하는 정치적 형태 중 하나인 사회민주주의가 노동운동의 진일보인 동시에 퇴보이기도 하다는 점을 이해해야 한다. 만약 남한에서 다수의 노동자 조직들이 진지하게 사회민주주의 당을 모색한다면 — 현재는 주로 강단으로부터의 논의만 무성하고 실속은 없으나 — 종파적으로 반대하거나 자신의 존재는 잊은 채 환호성을 울리는 일은 혁명적 사회주의자가 행할 바가 아니다. 우리는 사회민주주의 당이 출현하게 된다면 그것이 노동계급의 독자적인 정치세력화라는 점에서 — 비록 자본주의적 노동자 정당이지만 — 지지하면서, 그와 동시에 의회주의의 위험에 대해 경고하고 그에 반대해 싸워 나가야만 한다. 하나 예를 들자면, 브라질의 PT당은 2500만 노동자들의 지지를 업고 등장했다. 이런 상황에서 무조건적 반대만 표명한다면 노동자 대중으로부터의 종파적 고립을 면치 못할 것이다. 그러나 PT당은 형성되자마자 다른 부르주아당들과 마찬가지로 행동하였다. 따라서 정치적 환상을 갖는 것은 노동자들의 자주적 해방의 기회를 스스로 저버리는 결과를 낳게 한다.

남한의 지배계급이 여전히 비합법 또는 심지어 합법 노조의 지도자들을 탄압하는 것은 20여년 간의 획기적 경제 성장에도 불구하고 남한 지배계급의 경제적 토대가 여전히 불안정함을 뜻한다. 이는 우리에게 상대적으로 더 많은 기회와 가능성이 열려 있음을 의미한다.

"스웨덴 모델"에 대한 올바른 이해

　'소득·임금 연대전략'은 본래 스웨덴의 '렌-마이드너 모델'을 참조한 것이다. 2006년 진보정치연구소가 내놓은 〈소득·임금 측면에서 노동계급 연대전략의 모색〉(이하 〈모색〉)이 비록 스웨덴과 한국의 다른 조건 — 자본주의 경제 상태와 노동운동의 조직화 수준 — 을 고려해야 한다고 했지만, 아이디어 자체는 '렌-마이드너' 모델에서 나온 것이다.

　'렌-마이드너 모델'은 스웨덴 사회민주당이 노동계급에게 개혁을 제공하면서도 자본가들에게도 이로운 방안을 제시하기 위한 것이었다.

　'렌-마이드너 모델'은 무엇보다 임금 수준을 중앙에서 결정하는 "임금 연대전략"이었다(민주노동당은 "임금 연대전략"을 "소득 연대전략"으로 바꿔 내놓았다). 즉, 스웨덴 같은 소규모 산업 경제가 세계

김인식. 〈맞불〉 24호, 2006년 12월 12일. https://wspaper.org/article/3679.

시장에서 살아남으려면 경쟁력을 갖춰야 하고, 세계 시장에서 경쟁하는 스웨덴 산업 부문 — 철강·자동차·전기 등 — 의 국제 경쟁력이 스웨덴 노동계급의 임금 수준을 결정한다는 이론이었다.

이론적으로 연대임금은 동일노동 동일임금을 뜻했다. 동일하지 않은 노동에 대한 동일임금이 아니었다. 애초 계획에도 용접공의 임금과 유치원 교사의 임금 간의 관계는 고려 대상이 아니었다. 그보다는 국제적으로 '개방된' 부문의 경쟁력에 따라 임금을 결정해야 한다는 사상이었다. 실천에서, 임금의 중앙집중적 결정은 상이한 노동자 부문의 임금 격차를 좁히는 효과를 냈다.

노동자들에게는 저임금과 열악한 조건의 3D 업종에서 자본가들을 제약하는 이점이 있었다. 반면, 자본가들에게는 가장 수익성 있는 기업의 임금을 통제할 수 있는 이점이 있었다.

그러나 이 정책의 문제점은 효율성이 떨어지는 자본가들이 임금과 경쟁자들의 압력을 받아 주기적으로 공장을 폐쇄하게 된다는 점이었다. 경제가 확장되는 시기(스웨덴 경제는 1950년대에 연간 3.5퍼센트, 1960년대에는 연간 4.4퍼센트 성장했다)에는 이 문제가 상대적으로 덜 부각됐다.

1950년대와 1960년대에 연대임금 정책은 꽤 성공적이었고 스웨덴 자본주의는 급속하게 성장했다. 진정한 문제는 노동력 부족이었다. 그래서 이민자들을 받아들이고 여성을 작업장으로 끌어들였다. 진보적으로 보이는 정책들(특히 육아 정책)은 대부분 노동력 확대 요구라는 맥락에서 비롯했다.

스웨덴 사회민주당은 자본가들에게는 높은 수익성을, 노동계급에게는 실질적인 빵조각을 제공하는 식으로 자본가 계급과 협상했다. 사회민주당은 자본가들에게 적당한 자본가처럼 굴라고 요구했던 것이다.

그러나 "스웨덴 모델"의 성공 자체가 위기를 낳았다. 스웨덴의 번영은 세계 경제의 성장에 크게 의지했다. 세계 경제는 스웨덴 사민당의 통제 밖에 있었다. 스웨덴의 위대한 진보의 시대는 자본주의 역사상 가장 긴 호황과 일치했다. 호황이 끝나고 1974년 석유 파동 뒤 스웨덴 경제의 문제가 밝히 드러났다.

1951년 이래 스웨덴 사회민주당의 산업 정책 목표였던 수출 지향 경제 때문에 거의 모든 주요 산업 부문이 무역 사이클에 매우 취약해졌다. 수요 감소 때문에 많은 스웨덴 산업 부문이 위기를 겪었다. 공장폐쇄와 해고가 뒤따랐다. 개량주의 왕관의 보석 중 하나인 완전고용의 운명은 스웨덴 정부의 정책이 아니라 세계 시장의 변덕에 의존하게 됐다.

게다가 스웨덴 자본주의는 스웨덴 국경 밖에서 성장했다. 이것은 사회민주당과 협상해야 할 물질적 이해관계가 적어졌다는 것을 뜻했다. 따라서 세금과 고임금을 지급할 필요가 줄어들었다.

사회민주당과 노동조합 간부층의 핵심 임무는 이런 계급 세력 균형에 심각한 변화가 생기지 않게 하는 것이었다 ― 계급 화해, 사회 개혁, 수익성 있는 자본주의라는 "스웨덴 모델"의 지속.

그러나 그 균형이 깨지기 시작했을 때 문제가 생겼다. 오랫동안 지속된 사회적 타협의 후유증 때문에 노동계급의 자기방어력이 약화된 것이다. 따라서 불황의 시기에 민주노동당이 노동계급에게 이런 정책을 설득하는 것은 상당히 심각한 문제를 낳을 수 있다.

스웨덴 '기적'의 종말

스웨덴은 지금까지 다양한 좌익들에게 상당히 매력을 주는 모델이었다. 사회민주주의를 목표로 하는 각 나라의 좌익은 스웨덴 사회민주당이 거둔 성과를 자신들의 이상으로 여겨왔다. 유럽의 사회민주당들은 '스웨덴 모델'을 자유시장 자본주의와 동유럽 체제의 '중간적 길'이라고 부른다.

80년대 후반 스탈린주의 체제가 몰락한 이후, 좌익들은 스탈린주의에 적대적으로 되거나 적어도 회의를 느끼기 시작했다. 이들은 자유시장 이데올로기가 그 힘을 맹렬하게 과시하자 스웨덴을 대안으로 제시해 왔다. 이러한 상황이 두드러졌던 곳이 동유럽 나라들이다. 그러나 이것이 이 나라들에만 특수한 현상은 아니다. 남한에서도 많은 좌익들이 스웨덴 사회민주주의를 브라질 노동당이나 유러코뮤니즘과 나란히 정치 대안으로 논의하고 있다. 94년 가을에 실시한 여

이 글은 《사회주의 평론》 2호 (1995년 3-4월)에 실린 것이다.

론조사에서는 조사 대상 노동자의 49.5%가 스웨덴식 사회민주주의 체제를 좋아한다고 대답하기도 했다.

그러나 이른바 '스웨덴 모델'이 성립됐던 역사적 배경을 더듬어 올라가서 현재 스웨덴 자본주의 체제가 겪고 있는 어려움이 어디서 오는지를 살펴보면, '스웨덴 모델'이 주는 매력은 금방 허물어지고 만다. 이 글에서는 '스웨덴 모델'의 본질이 무엇인지, 그것이 어떻게 가능했는지, 스웨덴 사회민주주의의 미래는 어떻게 될 것인지를 중심으로 다루겠다.

복지국가

스웨덴을 지상 낙원으로 생각하는 사람들이 갖고 있는 스웨덴에 대한 이미지가 단순히 소망에서 나온 환상이 아님을 인정하는 것에서 출발해야 한다. 최근까지 약 50년 동안을 계속해서 집권해 온 스웨덴 사회민주당은 실제로 개혁을 실시해 왔고, 노동자 계급은 실질적인 성과를 경험했다. 특히 노동자들이 받은 사회적 임금은 매우 높은 수준이었다. 복지예산 삭감이나 형편없는 의료 혜택만 경험한 사람들에게 스웨덴이 지상 낙원처럼 보이는 것도 무리는 아니다.

스웨덴에서는 전액 무료는 아니지만 누구나 부담 없는 비용으로 필요할 때 의료 혜택을 받을 수 있다. 그 결과 스웨덴의 유아 사망률은 매우 낮고 대표적인 장수국가 가운데 하나로 손꼽힌다. 의무 교육이 16세에서 끝나는데도, 90% 이상이 그 이후 최소한 2년간 교육을 더 받고 그 가운데 85% 이상이 3년간 교육을 더 받는다. 젊은이들 가운데 대학 수준의 교육을 받는 비율이 35%에 이른다.

스웨덴에는 8백50만 인구에서 12% 정도를 차지하는 1백만 명 가량의 이민자들이 있는데, 그들은 자신의 모국어로 교육받을 수 있고, 원한다면 스웨덴어를 외국어로 배운다. 이민자들이 민족별로 만든 30여 개 조직들과 지방별로 만든 1천2백여 개 조직들은 스웨덴 정부의 지원을 받는다. 정부 보조금을 받는 신문은 이민자들이 사용하는 12개 언어로 발간된다. 스웨덴 방송국은 핀란드어, 세르보크로아티아어, 그리스어, 스페인어, 폴란드어로 된 프로그램들을 내보내고 있고, 1986년부터는 인종 차별에 반대하는 취지에서 옴부즈맨 제도를 실시하고 있다.

인구의 18% 정도가 연금 생활자이고, 평균임금을 받던 산업 노동자들이 퇴직하면 총수입의 70% 이상을 보조금으로 받는다. 또한 연금 생활자들의 90% 이상이 자기 집을 가지고 있고, 20% 정도는 정부에서 파견하는 가정부들의 도움을 받는다.

정부의 육아 정책에 따라 4개월에서 6세 사이의 어린이들 가운데 48%가 공공기관의 도움을 받아 길러진다. 부모들 가운데 한 사람이 집에서 어린이를 돌보는 경우는 37% 정도이다. 의무 교육이 7세부터 시작되는데, 부모가 일을 하는 경우에 6세 이하 어린이들 가운데 적어도 98%가 공공 탁아소에 맡겨진다. 스웨덴 정부는 4개월에서 6세 사이의 아이가 있는 모든 부모에게 원할 경우 공공 양육 시설을 제공하려는 계획을 가지고 있었다. 비록 끔찍한 일로 여긴다는 여론이 압도적이어서 실패로 돌아갔지만 말이다.

직장에서는 남녀 평등에 관한 법이 엄격하게 적용된다. 사용자들은 여성 노동자를 단지 여성이라는 이유만으로 차별할 수 없다. 게다가 직장에서 평등을 확대하기 위한 적극적인 조치들을 취하도록 법률로 강제하고 있다. 1987년 자료에 따르면 제조업에서 여성의 시간당 평균 임금이 남성의 89.6%였다. 또한 여성이 전체 국회의원의 38%를 차지하고, 사회민주당 의원들 가운데 40%가 여성이다.

스웨덴 사회민주주의 체제가 정말 민주적일까

스웨덴은 한번도 나토에 가입한 적이 없고, 다른 나라 해방운동을 지원해 왔다. 아프리카민족회의(ANC)에 대한 스웨덴 정부의 지원에 답하기 위해, 넬슨 만델라는 석방 후 유럽 국가들 가운데 스웨덴을 맨 처음 방문했다. 이런 점에서 스웨덴 사회민주주의자들이 다른 나라 사회민주주의자들보다 진지해 보이는 게 사실이다. 그러나 그들이 사회민주주의자라는 점에는 차이가 없다.

또한 그들이 경영하고 있는 스웨덴 경제는 고도로 발달한 자본주의 경제이다. 산업의 85%가 개인 소유이고 단지 10%만이 국유화되어 있다(나머지 5%는 협동조합 소유이다). 그나마 실시된 국유화 가운데 많은 부분은 사회민주당이 정권을 잡았을 때 시행한 것이 아니라 1976~82년 사이에 우익 정부가 들어섰을 때 시행된 것들이다. 산업에 대한 개인 소유도 고도로 집중되어 있다. 1985년에 발표한 바에 따르면 최대 주식 소유자들이 개별 기업에서 차지하는 평균 주식지분은 29%에 이른다. 성인들 가운데 50% 정도가 약간의 주식을 가지고 있지만 대부분이 아주 작은 비중을 차지할 뿐이고, 극소수가 주식시장을 좌우하고 있다. 선두 100대 기업 주식의 47% 정도를 최대 주식 소유주들이 차지하고 있다. 거대 자본가들 가운데 발렌버그 가(家)가 가장 최고인데, 이 가문이 스웨덴 주식시장 가치의 3분의 1 이상을 소유하고 있다. 지난 50년 동안 스웨덴 노동자 계급이 실질적인 성과물들을 획득했지만, 그것이 지배계급의 재산을 사회화함으로써 획득한 것이 아님은 분명하다.

영원한 사회 평화?

스웨덴에서 자본과 노동 사이의 협상은 1932년까지 거슬러 올라간다. 그러나 사회적 평화의 뒷면에는 두 계급 사이의 세력균형과 협상의 내용이 세월의 흐름에 따라 변해왔다는 점이 숨겨져 있다.

사회적 평화가 언제나 변함없는 스웨덴의 특징은 아니었다. 스웨덴 최초의 노조는 인쇄공 조합으로 1846년에 만들어졌다. 그러나 주요한 노조 연합인 LO(스웨덴 노동조합 전국 조직)는 1898년에야 세워졌는데, 이 조직에 속한 노조원 수는 4만 명도 되지 않았다. 광업이나 임업 같은 몇몇 산업은 오랜 역사를 가지고 있었지만, 산업이 거대한 규모로 발전한 것은 비교적 최근에 와서였다. 1900년에도 인구의 48%가 여전히 농업에 종사하고 있었다.

새로이 형성된 노동자 계급과 노동조합 조직들은 얼마 지나지 않아 참정권 문제에 직면하게 되었다. LO는 1902년 4월에 보통 선거권을 요구하는 3일 총파업을 이끌었다. 1907년에 보수당 정부는 부분적으로 — 남성들에 국한하여 — 선거권을 허용하지 않을 수 없었다. 1919년에 스웨덴 노동자 계급은 보통·평등 선거권을 쟁취했다.

1909년에는 노조의 권리를 인정하지 않으려는 사용자들에 맞서 장기간의 총파업이 일어났다. 노조 관료들이 파업을 그만두고 작업을 하라고 지시했던 직장의 노동자들과 조합원이 아닌 노동자들까지 총파업을 압도적으로 지지했는데도, 결국은 사용자들이 승리해서 노조에 전국적인 임금 협상을 강요할 수 있었다. 노조가 패배를 극복하는 데는 몇 년이 걸렸고, 1920년에는 실업률이 노조원의 30%에 이를 정도로 높아졌다.

1910년에서 1930년까지의 기간은 노조 투쟁으로 점철되었다. 이러한 투쟁은 1931년 봄 아달렌 계곡(Adalen Valley)에서 벌어졌던 격렬하기로 유명한 투쟁에서 절정에 달했다. 이 투쟁에서 노동자 5명이 군인들의 총격으로 쓰러졌다.

스웨덴 지배계급은 노동자 계급의 전투성에 대해 다른 유럽 국가들의 지배자들과 비슷한 방식으로 정치적인 대응을 했다. 1889년 창당한 사회민주당 안에서 투쟁이 벌어졌고, 결과는 공공연한 개량주의 분파의 승리였다. 그러나 대부분의 유럽 국가들과는 달리 스웨덴이 제1차세계대전에 참전하지 않았다는 사실 때문에, 1914년에 세계 사회주의 운동에 일어났던 심각한 분열이 스웨덴 사회민주당 안에서는 즉시 확대되지 않았다. 스웨덴 사회민주당 안에도 전쟁에 찬성하는 경향이 있었지만 — 당원 3명이 러시아의 야만주의에 맞서 '서구 문명'을 지키기 위해 스웨덴이 독일 편에 가담해야 한다고 글을 썼다가 추방당했다 — 스웨덴 사회민주당은 전쟁 당사국 사회주의자들처럼 어려운 선택에 직면하지는 않았다. 중립국으로 남아있으면서 양편 모두와 교역할 수 있어서, 스웨덴에 있는 많은 산업들이 급격히 발전할 수 있었다. 그러나 자본가들이 기록적인 이윤을 즐기고 있던 바로 그 때, 노동자들은 식량 부족과 저임금의 쓴맛을 봐야 했다.

1차세계대전 무렵의 전투적 물결

이런 배경에서 대부분의 스웨덴 노동자들은 러시아 혁명을 환영했다. 1917년 봄 여러 대도시에서 상당한 규모로 시위가 벌어졌다. 사회 전반이 급진화된 영향으로 사회민주당 좌파가 분리해 나와 새로운 '중도주의' 당인 사회민주주의 좌파당(Social Democratic Left)을 결성했다. 이 당은 그 후에 다시 분리해 다수파가 공산당을 결성하게 된다.

당시 스웨덴에도 혁명의 파고가 닥쳤다. 1917년 가을이 되자 자본가 정부는 권력을 계속해서 유지하기가 불가능해졌고, 선거를 실시하지 않을 수 없었다. 선거 결과, 공식 사회민주당이 31.8%를 득표하면서 최대 정당으로 등장했다. 반면에 사회민주주의 좌파당은 8.1% 득표에 그쳤다.

다른 나라와 마찬가지로 스웨덴에서도 자본주의 체제가 겪고 있는 위기 상황을 안정시키는 데 핵심적인 역할을 한 것은 사회민주당이었다. 그들은 자유당과 연립정부를 구성했다. 사회민주당이 정부에 들어감으로써 좌익은 고립되었다. 1918년 내내 파업과 시위의 물결이 계속되었을 때 스웨덴 사회민주당은 그들의 큰형격인 독일 사회민주당과 마찬가지 역할을 했다. 비록 유혈 사태는 훨씬 적었지만 말이다.

스웨덴 사회민주당은 사회개혁과 계급 평화로 유명하다. 그러나 이러한 사회개혁과 계급 평화가 이루어진 것은 최초의 사회민주당 정부 아래서도, 1920년대도 아니었다. 아달렌 대학살 이후 1932년에 구성된 사회민주당 정부가 그 시작이었다.

이 때 사회민주당은 지금 '케인스주의' 정책 — 사회민주당원인 에른스트 위그포스가 만들어낸 — 이라고 부르는 것을 내세워 선거에 나섰다. 이 정책의 핵심에는 실업 노동자들이 평균임금을 받을 수 있는 공공사업이 포함돼 있었다. 선거에서 승리를 거두었는데도 사회민주당이 다수를 이루지 못했기 때문에, 정부를 구성하려면 극우 정당인(최초의 파시스트 정당인) 농업당(Agrarian Party)과 협상을 해야만 했다. 1933년에 사회민주당은 사회 개혁과 세금 인상에 농업당이 표를 던져준 것에 대한 대가로 농업 보호를 약속했다. 이것이 오랫 동안 계속된 사회 평화를 위한 최초의 정치적 토대였다.

사회민주당은 의회 내에서 다수파였기 때문에 많은 중요한 개혁들을 실행에 옮겼다. 농업당이 재무장을 둘러싸고 사회민주당과 불화를 빚으면서 단독으로 정부를 구성하려 시도한 1936년의 1백일 동안의 기간을 제외하고 말이다. 1934년에는 주택 건축에 대한 보조금 도입과 실업 보험제도가 수립되었다. 1935년에는 연금이 상당 정도 인상되었다. 1936년에는 도시 노동자들의 노동시간이 법으로 단축되었다. 1937년에는 어머니들과 가정을 이룬 젊은 부부들을 보조하는 정책들이 수립되었고, 1938년에는 의무적으로 모든 노동자들에게 2주간의 유급 휴가를 주도록 하는 제도가 도입되었다.

그러나 이러한 개혁의 다른 한 면은 LO와 스웨덴사용자연합 (SAF) 사이의 협상이었다. 이것은 1936년에 시작된 협상의 결과였다. 1938년에는 '쌀츠죠바덴 협약'으로 전국적인 협상기구 역할을 하는 노동시장위원회(Labour Market Council)라는 상설기구가 세워졌다. 사용자들은 스웨덴사용자연합(SAF)의 성원들이 집단해고 같은 행위를 못하도록 감독하는 데 동의했고, LO는 그 대가로 노동자들이 전국적인 협약을 받아들이고 다른 움직임을 보이거나 조합원들만을 고용하도록 압력을 넣지 않도록 통제하겠다고 약속했다.

사회 평화의 기초

이러한 계급화해 수단들은 비슷한 시기에 다른 나라들에서도 시도되었다. 그러나 스웨덴에서 가능했던 이유는 그 나라의 자본가들이 양보를 할 수 있는 여유가 있었기 때문이다. 예를 들어 영국 지배계급은 1931년에 맥도날드 정부에 양보를 할 수 없었다.

이러한 양보들을 떠받치고 있던 기초는 스웨덴 경제의 호황이었다. 스웨덴은 1930년대말 세계적인 재무장 움직임의 덕을 본 대표적인 나라 가운데 하나이다. 스웨덴 경제는 특히 독일의 무기 생산과 밀접하게 연결돼 있어서 철광석 같은 주요 원료들이나 볼베어링 같은 기계 부품들을 수출했다. 1939년에도 스웨덴이 여전히 중립을 지키고 있었지만, 중립이란 '독일에 우호적인' 태도를 취하는 것을 뜻했다. 사회민주당 정부는 나치에게 수출하는 것을 수수방관했다. 또한 나치가 러시아를 공격하기 위해 노르웨이에서 스웨덴을 거쳐서 핀란드로 가는 것을 허락했다. 1943년 이후 연합국들이 이길 것이 분명해지자, 중립은 점차 '영국이나 미국에 우호적인' 것으로 되었다. 연합국들의 압력을 받아 나치에게 수출하던 것들을 축소할 수밖에 없게 되었다.

따라서 전쟁이라는 추세를 이용해서 급속한 산업 팽창과 높은 이윤을 이루고, 그것을 기초로 사회 개혁을 한 것이 스웨덴 정부가 발전시킨 계급 협조의 첫 형태였다. 이러한 정책이 자본가들을 공격하는 것으로 나아가지는 않았다. 개혁에 드는 기금은 임금과 재산과 상속에 대한 세금에서 충당했다. 반면에 기업 이윤에 대한 세금은 매우 낮은 수준으로 유지되었다.

계급 협력 정책

그러나 사회민주당의 지배가 노동자들이 투쟁하지 못하게 만드는 묘약은 아니었다. 1945년에 다른 많은 나라들처럼 스웨덴에서도 매우 커다란 규모로 파업이 일어났다. 몇 년 동안 사회민주당 정부의 앞날이 불투명한 상태였지만, 사회민주당은 LO 지도부와 동맹하여

이 투쟁을 잠재우고 1940년대말에 있었던 정치·경제적 위기에서 벗어날 수 있었다.

개량주의자들이 살아 남을 수 있었던 것은, 스웨덴 자본주의가 전쟁에서 산업기반이 거의 손상되지 않은 극소수 나라 가운데 하나였고 전후의 재건 호황에서 이익을 볼 수 있었기 때문이다. 1946년에서 1950년 사이에 스웨덴의 국내총생산(GDP)은 매년 평균 4.5%씩 성장했다.

정치 상황은 사회민주당과 농업당의 연립 정부 구성으로 1950년에는 안정되었다. 이 동맹은 농업당 쪽에서 보면 농업에 대한 보호와 거대 규모로 체계화된 자본주의 농업으로 변하는 것에 대한 지지에 달려 있었다. 한편 사회민주당의 입장에서 보면, 경제에 대해 국가가 제한적으로 개입하는 틀 내에서 사회개혁이 지속되는 것이었다.

가장 중요한 요소는 '연대 임금 정책'이었다. 이 개념은 렌과 마이드너라는 두 명의 사회민주당 경제학자가 제시한 것인데, 1951년에 처음 채택되었다. 이 정책이야말로 세계경제가 성장하는 상황에서 스웨덴 사회민주당이 자본가들에게도 이득이 되는 방향으로 노동자들의 사회적 지위 향상을 꾀할 수 있었던 방법이었다.

무엇보다 렌마이드너 모델의 핵심은 임금 정책이었다. 임금 수준을 중앙에서 결정하는 것이 중심 개념이었다. 스웨덴 같은 소규모 경제국이 살아남고 발전하기 위해서는 세계시장에서 경쟁력을 갖추어야 하고, 경쟁력을 갖추기 위해서는 국제경쟁력을 뒷받침할 수 있도록 중앙 정부가 기본 임금 수준을 조정해야 한다는 것이 그 내용이었다. 철강, 자동차, 전기 기술같이 해외 시장에 '노출된 부문'이 국제 경쟁력을 갖추는 데 필요한 임금 수준이 스웨덴 노동자들 전체의 임금 수준을 결정하는 기준이 되었다.

처음부터 '연대 임금 정책'의 목표는 특별한 직종의 노동자들에게 전국에서 통일된 임금 수준을 부과하는 것이었다. 이러한 정책은 사용자의 지불 능력과는 상관없이 적용됐다. 말하자면 기업의 경영 상태가 어떠하든 같은 직종에서 일하는 노동자들은 똑같은 임금을 받는다는 것이다. 이것은 사용자들이 저임금과 열악한 노동조건으로 노동자들을 초착취하는 것을 제약함으로써 노동자들에게 분명 이득이었다. 그러나 사용자들 쪽에서도 경쟁력이 취약한 기업을 밀어내면서 동시에 이윤이 가장 크게 남는 기업들은 임금 수준을 통제할 수 있는 효과를 볼 수 있었다.

이익을 크게 보고도 재투자에는 소극적인 자산가들에게 불리한 세금 정책과 결합되면서, 이 정책은 스웨덴 자본주의가 투자를 계속하고 노동을 기계로 대체하도록 만드는 매우 강력한 압력으로 작용했다. 그 결과 생산성이 급격하게 증대했다. 생산성 면에서 커다란 기여를 기대하기 어려운 서비스 부문의 확대를 포함해서, 전체적으로 스웨덴 경제는 1960년대 내내 해마다 평균 4.9%씩 생산성이 향상되었다. 스웨덴 사회민주당이 자본가들을 '이성적인' 자본가로 행동하게 강제했던 것이다.

그런데 이 정책의 문제점은 경쟁력이 뒤지는 기업들이 임금 수준이나 자본이 탄탄한 다른 경쟁자들로부터 압력을 받아 도산하는 일이 정기적으로 일어날 수밖에 없다는 점이다. 경제가 확장일로에 있을 때 — 매년 평균 3.5%씩 성장했던 1950년대나 4.4%씩 성장했던

1960년대 — 는 이 문제가 별로 대수롭지 않았다. 노동자들이 한 산업이나 한 지역에서 다른 곳으로 옮겨가는 일을 돕기 위해 고안된 재훈련과 이동 정책으로 어느 정도 조정이 가능했다.

이 정책의 결과는 대단히 성공적이어서 50년대와 60년대에 스웨덴 자본주의는 급격하게 발전할 수 있었다. 노동력의 부족이 문제였을 정도였다. 급격한 성장을 유지하기 위해서 스웨덴 경제는 점점 더 많은 노동자들을 필요로 했다. 처음에는 농업 노동인구를 감소시킴으로써, 그 다음에는 이민 노동력을 흡수함으로써, 그리고는 여성들을 노동력 시장으로 끌어들임으로써 노동력 문제를 해결했다.

개혁의 동력

첫눈에 대단히 진보적으로 보이는 사회민주당 정책들 대부분이 노동력을 확대해야 할 필요에 따라 실행된 것이었다. 특히 육아시설이 대표적인 예인데, 이것은 여성들이 훨씬 손쉽게 노동력 시장으로 들어오게 했다. 그러나 대부분의 나라에서 여성들은 낮은 임금을 받는 '산업예비군'이 되었다. 직업 훈련 기회나 단일한 임금 수준, 그리고 차별에 반대하는 정책들이 시행되면서, 서비스 산업 등에서 임금도 낮고 기술도 없는 여성 노동자를 주로 고용하는 업종들은 생산성 향상과 경제 성장의 전반적인 흐름에 기여하지 못하는 방해물로 여겨지게 됐다. 스웨덴 경제에서 여성들의 참여율이 매우 높은 것은 자녀 양육 부담이나 직업 훈련 기회, 직장에서의 차별 같은 여성들의 참여를 가로막는 장애물을 최대한 제거함으로써 가능했던 것이다.

1951년 이후에 스웨덴 사회민주당은 개량주의자들이 보기에 기적처럼 보이는 성과를 올릴 수 있었다. 그들은 노동자들이 호황에서 실질적인 혜택을 누리는 동안 마찬가지로 높은 이윤을 누린 자본가 계급과 협상을 벌였다.

특히 노동자 계급에게 이득이 됐던 사회 개혁 가운데 많은 부분이 노동자들이 집으로 직접 가지고 가는 임금이 아니라 사회적 임금의 형태를 취했기 때문에, 전체 노동자들에게 돌아가는 혜택이, 높은 생활 수준을 누리고 있던 다른 나라들과 비교해도 훨씬 높았다. 같은 일을 흩어져서 하는 것보다 힘을 모아 하는 것이 효과적이듯, 서비스 시설을 이용할 수 있는 사회적 임금이 개인들에게 임금으로 주는 것보다 혜택의 질이나 수준을 높일 수 있게 했다. 더욱이 스웨덴 사회민주당이 했던 개혁의 성과들이 사회적 임금의 형태로 노동자들에게 돌아감으로써 '사회적 진보'라는 수식어에 더 잘 부합할 수 있었다.

위기

스웨덴 개혁 자본주의 성공의 열쇠가 바로 현재 스웨덴 자본주의가 겪고 있는 위기에 원인들로 작용했다.

첫째 원인은 스웨덴의 번영이 세계경제의 성장에 아주 많이 의존했다는 점과 관련이 있다. 세계경제는 스웨덴 사회민주당이 통제할 수 있는 영역 밖에 있는 것이다. 스웨덴 사회민주당은 영국 노동당과 달리 그들이 선거에서 승리한 시기가 세계 자본주의 호황과 일치하는 행운을 누렸던 것뿐이다. 영국 노동당은 영국 자본주의를 현대화시키는 짐을 짊어져야 했고, 그 성과가 나타났던 호황의 해에는 선거의 논리로 여당에서 밀려나야 했다. 그러나 스웨덴 사회민주당은 집권 초기에는 세계적인 재무장 추세 때문에, 그리고 스웨덴 경제가 성장을 거듭하던 때는 세계 자본주의가 역사상 가장 긴 호황을 달리고 있었기 때문에 유리한 조건을 누릴 수 있었던 것이다. 1974년 석유파동 직후 호황이 끝났을 때, 스웨덴 경제의 문제점은 적나라하게 드러났다.

자본이 거대한 규모로 집약되어 있는 산업들을 수출을 목표로 발전시키는 것이야말로 스웨덴 사회민주당이 1951년 이후 추구해 왔던 산업정책의 목표였다. 이것은 경제에서 주요 부문들이 거의 다 세계 무역 동향의 영향력 아래 있었음을 뜻한다. 대표적인 경우가 자동차 산업인데, 1988년에 자동차 산업의 생산품 가운데 76.4%를 수출했고 트럭과 버스는 91.7%를 수출했다. 자동차 산업이 극단적인 예라고 한다면, 1987년 통계를 보면 광산업 생산물의 61%, 화학 산업에서는 46%, 철강 산업에서는 51%, 목재 생산물의 46%, 펄프와 종이는 66%, 제조업 생산품(자동차를 포함해서)의 65%, 전기 산업과 전자공학 전체 생산물의 70%를 각각 수출했다. 이 수출품들이 주로 향하는 3대 수출 시장은 독일과 영국, 그리고 미국이다.

스웨덴 경제가 세계시장의 상태로부터 직접 영향을 받을 수밖에 없다는 점이 이제는 약점으로 작용하였다. 이것은 무역수지가 세계

시장의 상황에 따라 급격하게 변하는 것으로 나타났다. 예를 들어 1978년에 스웨덴 경제는 흑자를 봤는데, 그 다음 해에 세계경제가 불황으로 들어가면서, 특히 영국이 불황의 타격을 크게 받자 스웨덴 역시 적자로 급격하게 돌아섰다. 그 이후 1983년에 회복이 시작되어 87년에 완전히 흑자로 돌아서기까지 스웨덴의 무역수지는 계속해서 적자를 기록했다.

이처럼 스웨덴의 최대 수출 시장인 독일, 영국, 미국의 경제가 악화되고 수요가 감소하면 스웨덴 산업의 여러 부문이 불황에 빠졌다. 도산과 대량 실직이 뒤따랐다.

스웨덴이 처한 경제 위기를 과장해서는 안 되는데, 가장 최악인 1981년에도 국내총생산(GDP)은 단지 0.3% 하락했고 그 다음부터는 한 해 걸러 성장했다. 또한 실업률도 가장 최악이었던 1983년에 2.9%였을 뿐이다. 그렇지만 이 소규모 불황이 개량주의 환상의 중심 요소 가운데 하나인 '완전 고용'이라는 환상을 부숴 버렸다.

둘째로는 경제 성장의 결과 스웨덴 경제의 주요 부문들이 국제화됐다는 점이다. 여기에는 세 가지 측면이 존재한다. 스웨덴 지배계급은, 무역 블록이 진전되면서 주요 시장들로부터 자신들이 배제될까 봐 몹시 염려한다. 이 때문에 독일과 영국이 포함된 단일한 시장에서 톡톡히 이익을 보기 위해 가능하면 유럽공동체(EC)에 가입하려 기를 쓰는 것이다. 반면 유럽공동체 의장 자크 들로르의 안(案)이 영국 보수당에게 고약한 공산주의로 보이는 동안에는 유럽공동체(EC) 가입이 스웨덴 노동자들에게도 1920년대로 돌아가는 것처럼 보이기 때문에, 스웨덴 사회민주당은 가입에 반대했다. 유럽공동체(EC)에 가입하면 사회정책을 통제할 수 없게 되면서 자신들이 노동자 계급의 지지를 획득할 수 있는 능력이 축소된다고 생각했던 것이다. 결국 사회민주당은 마지못해 유럽공동체(EC) 가입을 받아들였지만, 개별 항목에서는 입씨름을 거듭했다.

국제화에 따른 또 다른 문제점은 스웨덴 자본 가운데 상당 부분이 활동 중심을 더 이상 스웨덴에 두지 않는다는 점이다. 스웨덴 출신 기업들이 해외에서 고용하고 있는 노동자들의 수가 45만인 반면에, 스웨덴 전체의 노동력 규모는 450만에 지나지 않고 특히 스웨덴 국내에서 산업 노동력은 150만 정도밖에 안 된다. 가장 극단으로 국제화한 예는 유명한 전기 용품 생산업체인 일렉트로룩스(Electrolux)일 것이다. 이 기업이 고용하고 있는 전체 노동자 수는 14만 5백 명인데 그 가운데 11만 1천 명이 해외에 있다. 또한 원격 통신 기기를 생산하는 업체인 에릭슨(Ericsson) 사는 7만 9백 명을 고용하고 있는데 그 가운데 50%가 해외에 있다.

경제에서 이러한 변화는 스웨덴 자본과 국가 사이의 관계 변화로 이어졌다. 거대 기업들은 더 이상 스웨덴에 묶여있지 않기 때문에 스웨덴 국가가 내리는 결정들에 완전히 종속되려 하지 않았다. 자본을 철수하겠다고 위협해서 다른 나라 정부들로부터 양보를 받아낼 수 있기 때문이다.

국제화의 셋째 측면은 스웨덴 자본이 다른 나라 자본들과 점점 더 융합하는 경향을 보인다는 점이다. 이것은 위에서 얘기한 국제화의 둘째 측면이 더 확대된 것이기도 한데, 자본 수출이라는 형태로 나타난다. 자본 수출이 늘어나면서 스웨덴 자본이 해외 자본과 합

병을 하거나 해외 자본에 인수되는 일이 더욱 잦아지고 있다. 예를 들어 1988년에 스웨덴 기업인 ASEA는 스위스 기업인 브라운 보베리 (Brown Boverei)와 합병해서 세계에서 가장 큰 전기 산업 가운데 하나인 ABB 사를 만들었다. 1990년에는 제너럴 모터스 사가 사브 (Saab) 사의 자동차 설계부를 인수했고, 스웨덴 정부의 개입으로 수포로 돌아갔지만 프랑스 자동차 회사 르노 사는 볼보 사를 인수하려 했다.

스웨덴 자본주의는 점점 더 그 자신의 국가를 넘어서려 한다. 그결과 스웨덴 자본은 점점 사회민주당과의 협상에 목을 맬 필요를 덜느끼게 됐고, 높은 세금이나 임금을 지불할 필요나 유순한 노동력의 대가로 다른 제약들을 받아들일 필요가 없다고 생각하게 됐다.

노동자 계급의 변화

위기의 세 번째 원인은 스웨덴 자본주의가 성장한 결과 노동력 시장의 구조가 변했다는 점과 관련 있다. 의료 시설, 탁아 시설, 교육기관 같은 사회 서비스와 다른 모든 시설들에서 막대한 일자리가 만들어졌다. 이러한 부문이 확대되면서 실업률이 낮아지고 여성들의 경제활동 참여율도 높아졌다.

그러나 이 모든 직종들은 전통적인 서비스 산업에 속하는데, 서비스 산업은 생산성 향상이라는 점에서 보자면 제조업보다 더 어려울 수밖에 없다. 용접하는 일을 로봇으로 대신할 수는 있지만, 보육원 교사를 로보트로 대신할 수는 없는 일이다.

그 첫째 결과는 제조업에서는 투자를 늘려 계속해서 생산성을 늘릴 수 있더라도, 서비스 부문이 경제에서 차지하는 비중이 늘어나면서 경제 전반의 생산성은 급격하게 떨어진 것이었다. 1960년대에는 경제 전반에서 연간 생산성 증가율이 평균 4.9%였는데, 1980년대에는 1.2%에 불과했고 지금도 계속 하락하는 추세이다.

이러한 상황에 '연대 임금 정책'이 가져온 예기치 못한 효과가 결합되지 않았다면 문제가 그렇게 심각해지지는 않았을 것이다. 이론적으로, '연대 임금 정책'은 똑같은 노동에 똑같은 임금을 주는 것을 뜻했다. 불평등한 노동에 똑같은 임금을 준다는 것은 '연대 임금 정책'이 의도한 바가 아니었다. 원래 계획에는 용접공들과 보육원 교사들의 임금 사이에 어떤 관련이 생길 거라는 생각은 포함돼 있지 않았다. 그 계획은 국제시장에 '개방된' 부문이 경쟁력을 지닐 수 있는 수준에서 임금이 결정돼야 한다는 것이었다. 그러나 실제로는 중앙에서 임금을 결정하는 것이 원래 의도한 효과뿐 아니라 다른 산업의 노동자들 사이에 임금 차이를 없애는 효과도 가져왔다.

장기간 완전 고용 상태가 존재했고 노동조합 조직률이 매우 높았기 때문이다. 노조의 압력과 노동자들을 고용하고 일정한 수준을 유지해야 하는 필요 때문에 서비스 부문의 사용자들은 제조업에 미치지는 못하지만 어느 정도 비슷한 수준의 임금을 지급하지 않을 수 없었다. 그 결과 1989년에 산업 노동자들의 시간당 임금이 10% 늘어났고 전체 임금 인상률은 9.5%였다.

이러한 상황은 더 많은 착취를 할 수 있도록 노동자들 내부의 분화를 가져오는 물질적 기반을 없애고 노동자들 사이에 평등주의 사상이 만연하게 된다는 점에서 노동자 계급에는 유리하지만, 자본가 계급의 입장에서는 노동자들이 부문을 넘어 일자리를 찾아 이동하게 자극하는 금전적 유인이 축소되기 때문에 결코 바람직하지 않았다. 그래서 연대 임금 정책이 실행되면서 노동력을 한 부문 안에서 더 효율적인 기업들로 계속해서 밀어 넣는 동안에는, 공공 서비스 부문에 고용된 노동자들이 일자리가 안정적이고 보수도 후하기 때문에 부문을 가로질러 직장을 옮기는 일이 거의 없었다.

또 다른 결과는 국제 시장에 노출된 부문과 보호받는 부문 모두에서 임금이 압력으로 작용하면서 국내 가격 수준이 높아지고, 공공부문 임금 비용을 보완해 주는 세금이 늘어난다는 점이다. 이러한 상황이 자본가들의 소비에 영향을 주고, 이것이 반대로는 축적에도 영향을 준다는 점이 문제다. 장기적으로 이러한 압력들이 인플레를 낳고, 수출 위주의 생산을 변화시키고 수입이 늘어나는 결과를 낳는다.

투쟁이 되살아나고 있다

앞에서 서술한 내용들 가운데 혁명적 관점에서 가장 흥미를 끄는 것은 이러한 상황이 노동력 판매 체계 자체에 끼치는 영향일 것이다. 스웨덴 노동자 계급은 아주 잘 조직돼 있다. 노동 조합에 가입할 자격을 가진 노동자 가운데 85%가 노동조합원이다. 육체 노동자의

90%와 사무직 노동자의 75%가 노동조합으로 조직돼 있다. 동시에 실질적인 완전고용 상태가 존재해 왔다.

이것은 노동자들이 자신감을 가질 수 있는 조건들이다. 같은 시기에 자본가 계급은 실질적인 양보를 했고 LO와 사회민주당이 거기에 대한 보답을 하리라 기대했다. LO와 사회민주당의 역할은 노동자들이 갖고 있는 자신감이 계급 세력균형의 커다란 변화로 이어지지 않도록 하는 것이었다.

전국적인 협상과 노조 기구에 대한 중앙 상근 관료들의 통제력이 여전히 강력한 힘을 발휘하고 있지만, 붕괴의 징후들이 이미 나타나고 있다. 1989년에 산업 노동자들의 시간당 임금이 10% 증가했는데, 그 가운데 4.6%만이 공식 협상의 결과였다. 나머지 5.4% 가운데 약간은 특수한 부문에서 나타나는 노동력 부족을 해결하기 위해 사용자들이 높은 임금을 유인으로 사용한 것이다. 그러나 부분적으로는 노동자들이 전국 관료들로부터 독립해서 성과물을 따낸 것이었다.

이 점을 어떻게 해석해야 하는가에 주의를 기울일 필요가 있다. 스웨덴에서는 지난 몇 년 동안 거대한 파업의 물결이라곤 존재하지 않았고, 관료들로부터 독립한 산업 행동 역시 거의 존재하지 않았다. 그러나 약간의 징조가 있음은 사실이다.

1990년 정부가 2년 동안 임금 동결을 공표하자 LO의 지도자들은 스웨덴 경제를 살리는 당연한 조치로 받아들여 환영했다. 그러나 평조합원들은 지도부의 이런 입장에 대해 대단히 불만스러워 했고, 스톡홀름에서는 이전 혁명가들로 이루어진 그룹이 짧지만 매우 효과적인 비공식적 파업을 조직할 수 있었다. 노동자들 사이에서 불만이 확산되자, 결국 정부는 그 정책을 포기할 수밖에 없었다.

이 모든 점들이 계급 화해, 사회 개혁, 호황을 달리는 자본주의라는 스웨덴식 모델이 끝나가고 있음을 가리키고 있다.

자기 지지자들을 공격하는 사회민주당

90년대 들어 세계 불황이라는 유령이 다시 고개를 내밀면서 스웨덴에도 위기가 재빨리 찾아왔다. 물론 90년에 스웨덴 주식 가격이 40% 이상 폭락했다고 해서 — 이것은 31년에 있었던 것보다 훨씬 급격한 하락이었다 — 스웨덴 자본주의가 지금 곧 몰락할 거라는 뜻은 아니다.

스웨덴 지배계급은 위기에 훨씬 강력한 방식으로 대처하고 싶어한다. 그들은 직업을 옮기게 하는 '유인'을 제공하고, 임금과 세금의 격차를 늘리기 원한다. 그들은 노동자, 특히 임시직 노동자들을 보호하는 엄격한 고용법을 원하는데, 이것은 사용자들의 권한을 늘리는 방향으로 고용법을 고치는 것을 뜻한다. 그들은 경제가 성장하는 시기에 노동력을 빨아들이기 위해 '국경 개방' 정책을 원한다. 또한 노동자들이 어떤 일이든 고분고분하게 하도록 하기 위해 실업 연금을 평균임금의 95%에서 75%로 낮추고, 공공부문의 고용을 대거 삭감하려 한다.

지배계급 안의 이러한 분위기에 힘입어 대표적인 부르주아 정당인 보수당과 자유당은 몇 년간 밀고 당기는 힘겨루기 끝에 1990년 10월 선거를 대비한 탄탄한 동맹을 구축할 수 있었다. 경제가 불황으로 접어들자 스웨덴 지배계급에게 부담이 큰 사회민주당과 동맹은 더 이상 매력이 없어 보였고, 그들은 점점 더 보수동맹에 매력을 느끼게 되었다.

옛 애인이 자기를 버리겠다고 협박하자 사회민주당은 자기 없이 사는 게 얼마나 힘든지 증명하려 애썼다. 사회민주당만은 자신들만이 스웨덴 지배계급이 바라는 것을 최소 비용으로 해결할 수 있음을 보여주려 했다. 1990년에 있었던 임금 동결 시도가 그 1막이었다. 그 이후에는 복지수준을 감축하는 것으로 나타났다.

경제협력개발기구(OECD) 가입 국가들에서 세금 수입이 국내총생산(GDP) 가운데 평균 39.4%를 차지하는데 반해 1990년에 스웨덴은 56%를 차지했다. 국내총생산(GDP)에서 61%가 공공부문의 비용으로 쓰이고 있고 그 가운데 절반 이상이 사회보장제도의 보조금으로 쓰였다. 그러나 이제 스웨덴 사회민주당은 위기 확산을 막기 위해 국영 기업에서 일자리를 줄이고 복지 수준을 감축하기 시작했다.

반면에 그들은 세금 법률을 '개혁'했다. 사용자들의 부담을 줄여서 더 많은 투자를 하게 만들기 위해서였다. 세금 제도 개혁을 주도했던 전직 사회민주당 장관인 에릭 에스브링크는 자기가 레이건 대통령의 정책에서 영감을 얻었노라고 공공연히 떠벌이기까지 했다. 그러면서 사회민주당 정부는 국가 예산을 지탱하기 위해 온갖 부가가치세를 걷어들이느라 정신이 없었다. 결과는 매년 높아만 가는 인플레율이었다.

정치적 대안이 필요하다

결국 사회민주당은 인플레와 실업이 급등한 데 대한 노동자들의 환멸로 50년 동안의 장기 집권을 마감할 수밖에 없었다. 91년 후반에 있었던 총선에서 보수 동맹이 사회민주당을 밀어내고 정권을 잡았다.

보수 동맹이라고 위기를 막아낼 수는 없었다. 임금동결과 파업금지 등의 정책에 반대해 노동자들이 사회민주주의에 등을 돌렸기 때문이다. 스웨덴 경제는 우익이 집권한 지난 3년간 급속도로 곤두박질했다. 보수 동맹이 정권을 잡고 더 노골적인 방식으로 노동자들의 생활 수준을 공격하였고 실업률은 14%라는 엄청난 수준으로 뛰어올랐다. 결국 보수 동맹은 집권 3년만에 다시 권력에서 밀려나고 사회민주당이 그 자리를 되찾았다.

그러나 다시 정권을 잡은 사회민주당은 옛 '복지국가의 명예'를 약속하지 않았다. 그들은 보수 동맹과 마찬가지로 복지기금을 삭감하고 국영 기업의 일자리 축소를 얘기할 뿐이다.

스웨덴 노동자들의 자라난 분노가 사회민주당의 50년 동안의 장기 집권을 끝장냈고, 다시 보수 동맹을 밀어냈다. 그 분노는 투쟁이 확대될 가능성을 가리키고 있다.

그러나 이 가능성에는 한계가 동시에 존재한다. 지배 체제에 대한 불만을 정치적으로 일반화하고 투쟁을 지도할 정치적 대안이 없기 때문에, 노동자 계급이 정치적 대안으로 사회민주당과 보수 동맹 사이를 왔다 갔다 하게 되는 것이다. 동유럽 여러 나라들에서 노동자들이 옛 공산당과 '개혁'파 정부 사이를 왔다 갔다 하는 것이나, 미국에서 오랜 기간 이어졌던 공화당이 밀려나고 민주당이 정권을 잡은 것에서도 이러한 예를 찾아볼 수 있다.

스웨덴 '복지국가'라는 신화를 딛고 일어설 스웨덴 노동자들에게 필요한 것은, '개혁' 자본주의가 진정한 대안이 아님을 알고 있는 혁명적 정치와 조직이다.

베네수엘라, 우고 차베스, 연속혁명

최근에 베네수엘라 대통령 우고 차베스는 자신의 정부가 좌경화하고 있다고 선언했다. 그는 이렇게 말했다. "트로츠키는 혁명이 연속적이어야 한다고, 혁명은 결코 끝나지 않는다고 말했습니다. 우리 모두 트로츠키의 말을 따릅시다."

차베스는 이미 국영 석유회사의 수입 일부를 이용해 빈민가에 다양한 복지혜택을 제공함으로써 베네수엘라 상층 계급들한테서 분노를 사고 있었다.

이제 그는 전력회사와 베네수엘라 최대 통신회사를 다시 국유화하겠다고 선언했다.

그는 정부 개각을 단행해 장관 두 명을 교체했다. 그들은 각각 차베스를 지지하는 선거 동맹에 포함된 두 사회민주주의 정당 소속 인사들이었다.

크리스 하먼. 〈맞불〉 30호, 2007년 1월 30일. https://wspaper.org/article/3827.

새 장관 가운데 한 명은 공산당 소속이고, 다른 한 명 — 노동부 장관 호세 라몬 리베로 곤살레스 — 은 차베스에게 "저는 트로츠키주의자입니다" 하고 경고한 인물이다.

곤살레스의 말에 차베스는 이렇게 대꾸했다. "나도 트로츠키주의자요. 나는 트로츠키의 연속혁명 노선을 따르고 있습니다."

차베스는 네 정당으로 이뤄진 자신의 선거 연합을 해체하고 "통합 혁명 정당"을 만들자고 호소했다. 그리고 새 정당에는 단지 국회의원들뿐 아니라 기존의 어떤 정당에도 속하지 않은 수많은 활동가들도 끌어들이자고 주장했다.

급진화

무엇이 이런 급진화를 불렀는가? 주류 언론은 항상 유력한 정치인들의 행동 때문에 정치적 변화가 일어난다고 보는 경향이 있다. 이런 경향은 좌파도 예외가 아니다.

그러나 베네수엘라 급진화의 추진력은 아래로부터 나왔다. 매우 온건한 개혁에 착수한 정부를 전복하려는 [우익의] 기도에 맞선 도시 빈민·노동자·농민 대중의 반발이 바로 그 추진력이었다.

차베스는 이런 아래로부터의 운동에서 핵심적 구실을 한 수많은 사람들의 정서에 호응하면서 좌경화했다.

좌경화 분위기의 최근 사례는 지난해 12월 초 대통령 선거에서 차베스가 62퍼센트의 득표율로 승리한 것이다. 이 선거 결과는 우익의 도전을 물리쳤음을 잘 보여 준다.

그러나 차베스의 선거운동은 차베스를 지지하는 선거 정당들에 대한 활동가들의 불만도 잘 보여 주었다. 그 정당들은 운동과 괴리 돼 있는 것으로 여겨졌고, 그들의 "관료주의"·"정실주의"·"부패"에 대한 불만이 끊임없이 터져나왔다.

차베스는 이런 정서에 반응하고 있다. 그러나 그의 급진적 조처들에는 여전히 한계가 있다.

베네수엘라의 대기업들은 대부분 아무 제약도 받지 않고 있다. 그리고 차베스는 최근 연설에서 "민족 부르주아지"의 구실이 여전히 중요하다고 주장했다.

차베스의 조처들은 부패와 관료주의 — 선거 연합 정당들뿐 아니라 선출되지 않은 위계적 국가 기구들에도 영향을 미치고 있는 — 를 저지하지 못할 것이다.

고위 공무원들 중에는 차베스 집권 전의 부패한 정권 시절에 임명된 자들이 여전히 많다. 그리고 군대에는 차베스를 증오하는 상층 중간계급과 가치관이 같은 직업 장교들이 득실거린다.

그런 인자들이 지금 당장 차베스에게 대들지 못하는 것은 사실이다. 그러나 그들은 자신들이 싫어하는 정부 정책들을 쉽게 방해할 수 있음을 알고 있다.

그래서 진지한 좌파 분석가들은 부패와 관료주의뿐 아니라 끝없는 지리멸렬에 대해서도 말하고 있다. 심지어 막대한 복지 비용조차 엉뚱한 데 낭비되고 있다.

부패에 대한 차베스 자신의 언급은 그가 이런 실책의 일부를 알고 있음을 보여 준다.

새 정당 결성 호소는 사회뿐 아니라 국가도 개혁하려는 노력에 모종의 방향을 제시할 수 있는 구조를 건설하려는 시도이다.

그러나 연속혁명은 위로부터 변화를 시행하려는 노력 이상을 의미한다.

카를 마르크스는 1848~49년에 일어난 혁명들을 분석하며 처음으로 연속혁명 사상을 창안했다. 레온 트로츠키는 1905년 러시아 혁명 뒤에 이 사상을 채택했다.

그들이 주장한 연속혁명은 민주적 정치 변혁 요구를 둘러싸고 시작된 운동이 노동자 대중을 동원해 행동에 나서게 만들고, 그 과정에서 노동자 대중이 혁명적 과정을 주도하게 되는 것이었다.

아래로부터의 대중 행동은 중간계급 지도자들이 외치는 민주주의 요구들에서 시작할 수 있다. 그러나 그런 행동에서 추진력을 얻은 노동자 대중은 자신들의 운명을 컨트롤하기 시작하고 온전한 사회 혁명을 위해 투쟁하는 방향으로 나아간다.

이런 일은 위로부터 차베스가 선포 하는 것 — 자신을 옹호하는 정치 세력들이 모두 단결해서 하나의 정당을 결성해야 한다는 — 만으로는 일어나지 않을 것이다.

차베스 지지자들 사이에는 베네수엘라가 어느 방향으로 나아가야 하는가를 둘러싸고 사뭇 다른 생각들이 있다. 이 말은 겉보기로는 통합된 정당 안에 서로 다른 네 경향이 존재할 것이라는 뜻이다.

첫째는 국회의원들과 일부 선출직 관리들 사이에서 발견되는데, 정부가 대기업이나 우익들과 더 타협해야 한다고 주장하는 경향이다.

둘째는 그 지지자들이 사회주의라고 부르는 것을 향해 나아가는 데 찬성하지만, 아주 천천히 나아가야 한다고 생각하는 경향이다. 그들은 혁명 과정의 속도를 늦추는 것이 단일 정당의 목표라고 생각한다.

국가 통제

셋째는 쿠바와 비슷한 사회를 건설해야 한다고 생각하는 경향이다. 베네수엘라에는 쿠바를 적대시하는 미국 때문에 쿠바를 모델로 여기는 사람들이 많다. 그들은 대중에게 더 풍요롭고 자유로운 생활을 보장할 수 있는 사회 운영 방식인 사회주의를 쿠바에서 찾는다.

1960년대와 1970년대에 쿠바 지도자들이 받아들인 사회 운영 모델은 옛 소련의 영향을 강하게 받은 것이었다. 이 말은 쿠바에서는 노동자·농민 대중이 정부 정책의 방향을 둘러싸고 토론하고 투표할 권리나 심지어 [국가로부터] 독립적인 노동조합을 건설할 권리조차 허용되지 않았다는 뜻이다.

오늘날 쿠바는 사회주의 사회 운운하지만 부와 소득이 엄청나게 불평등한 사회다.

쿠바 모델 지지자들은 아래로부터의 운동을 이용해 국가가 산업을 통제하고 단일 정당이 국가를 통제하는 체제를 건설하려 할지 모른다. 그러나 그들은 대중이 스스로 직접 결정하려 한다면 당장 운동을 저지하려 들 것이다.

그들의 태도가 실천에서 뜻하는 바는 지난해 봄에 드러났다. 베네수엘라의 새 노총인 UNT 대의원대회에서 다수파 대의원들은 노조 간부들을 제대로 선출하고 노조를 노동계급 민주주의의 기구로 만들자는 데 찬성했다.

그러자 소수파 대의원들은 선출을 저지하기 위해 대회장에서 퇴장해 버렸다. 그들은 사실상 노동자들이 자신의 지도자들을 선출하는 것은 혁명 과정에 맞지 않는다고 주장한 셈이다.

이것은 마르크스와 트로츠키가 주장한 연속혁명과 정반대이다. 그것은 노동자 대중이 민주적으로 자신의 운명을 스스로 결정하고 혁명 과정을 주도하지 못하게 방해하는 태도이다.

혁명적

마지막으로, 진정한 혁명적 경향이 있다. 이 경향의 활동가들은 노동자·도시빈민·원주민·농민 대중이 그들 자신의 요구를 내걸고 투쟁하도록 조직하는 것이 연속혁명의 의미라고 생각한다.

그런 조직 가운데 하나가 '계급투쟁 경향'(La Tendencia de Lucha de Clases)이다. 그들은 UNT의 다수파이고, 새 노동부 장관의 트로츠키주의와는 사뭇 다른 트로츠키주의의 영향을 받았다.

또 다른 조직은 '우리의 투쟁으로'(Por Nuestras Luchas)라는 조직이다. 이들은 도시 게릴라 전통과 자율주의의 영향을 받았고, 빈민·농민·원주민 조직화를 추구한다.

20세기의 위대한 혁명 운동들에서 연속혁명은 노동자들이 자신의 민주적 기구인 노동자 평의회를 아래로부터 건설하고 다른 피착취·피억압 대중을 지도한다는 뜻이었다.

작업장에서 착취에 저항하는 공동 투쟁으로 단결한 노동자들은 농민이나 도시빈민보다 투쟁 속에서 유기적 단결을 발전시키기가 더 쉽다는 것을 깨달았다.

베네수엘라에서 국회의원들에 대한 환멸은 광범해, "민중 권력"을 대안으로 얘기하는 사람들이 엄청나게 많다.

그러나 앞의 세 경향들은 단지 정부와 대중 사이에서 중재하도록 선출된 평의회들이 민중 권력이라고 생각한다.

혁명이 진정한 연속혁명이 되려면 노동자들이 이보다 훨씬 더 멀리 나아가야 할 것이다. 노동자들은 정부를 통제하기 위해 자기 자신의 민주적 기구들을 건설해야 하고, 여전히 베네수엘라에 만연한 빈곤과 엄청난 불평등을 끝장내기 위해 기존의 부패한 국가 구조를 대체하고 산업을 재편해야 한다.

이런 문제들이 토론되고 있다는 사실은 아래로부터의 운동 때문에 베네수엘라 사회가 얼마나 흔들렸는지를 보여 주는 징표이다.

그러나 이 운동이 갈 길은 아직 멀다. 혁명이 정말로 기존 사회를 뒤집는 데까지 나아가려면, 그래서 피착취 대중이 지배계급이 될 때까지 나아가려면 말이다.

'전진' 장석준 동지의 "사회연대전략"은
노동계급 분열 전략이다

11월 10일 권영길 의원이 국회에서 "사회적 연대 방안"을 밝힌 뒤 "사회연대전략"이 수면 위로 떠올랐다. "사회연대전략"의 핵심은 고임금 노동자들의 소득 양보다. 이 제안은 10월에 진보정치연구소가 내놓은 〈소득·임금 측면에서 노동계급 연대전략의 모색〉이하 〈모색〉에 근거한 것이기도 하다.

문성현 민주노동당 대표는 "사회연대전략"을 당의 위기 탈출 전략으로 보는 듯하다. 문 대표는 "우리끼리의 나눔"을 통해 "부유세·무상의료·무상교육 투쟁의 토대를 강화"해야 한다고 말했다(《이론과 실천》 2006년 12월호).

오건호 민주노동당 정책전문위원은 "사회연대전략"을 "참여에 기초한 요구"라고 규정했다. "사회연대운동은 자본과 국가에 대한 요구

김인식. 〈맞불〉 24호, 2006년 12월 12일. https://wspaper.org/article/3687.

일 뿐 아니라 노동운동이 스스로 이에 참여"해야 한다는 것이다.

그러나 "사회연대전략"의 배경은 불길하다. 민주노동당은 고소득 노동자의 저소득 노동자 국민연금 보험료 지원을 제안했다. 당연히 지배자들은 이를 반겼다. 노동당이 노동자들의 양보를 설득하겠다는데 이를 마다할 지배자들이 어디 있겠는가.

그러나 우리의 양보 제안이 지배자들의 양보를 끌어낼 수는 없다. 열우당은 기초연금 도입과 국민연금 후퇴(급여율을 낮추고 보험료를 올리는)를 연동시킨 민주노동당의 제안을 간단히 묵살하고는 국민연금만 개악하려 한다.

당내 의견그룹 '전진'의 이론가인 장석준 동지도 "사회연대전략"을 거리낌없이 옹호하고 있다(《이론과 실천》 2006년 12월호).

장석준 동지는 지난 7월에도 대공장 노조원의 임금 양보를 제안한 바 있다. 그러나 임금 양보 제안은 노동자들의 즉각적인 반발을 살 수 있어서인지 이번에는 슬쩍 말을 바꿔 "조세" 양보를 제안했다. 조삼모사다.

여기에는 정치와 경제의 분리 — 정당은 (의회) 정치를, 노동조합은 경제를 담당한다는 — 라는 사고도 한몫 한 듯하다. 장석준 동지가 관여한 〈모색〉도 "[임금 연대전략보다는] 소득 연대전략에 비중을 둬야 한다"고 권고한다. "임금 영역은 노동조합의 고유 영역"이므로 당이 임금 문제에 개입하면 "노동조합이 노조 운동의 자율성이라는 측면에서 강하게 반발할 수 있"기 때문이다.

장석준 동지는 "노동계급 내에서 생활 격차가 유례 없이 강화"돼 노동계급이 "하나의 계급을 이룬다고는 말하기 힘든 지경"이 됐기 때문에 "[계급 간 재분배만이 아니라] 노동계급 내에서도 조세를 통해 소득의 재분배가 이뤄져야 한다"고 주장한다.

노동계급 내 소득 격차가 존재하는 것은 사실이다. 비정규직의 시간당 임금은 정규직의 70.5퍼센트다(《노동리뷰》 12월호). 이런 현실 때문에 형편이 나은 노동자들이 요구를 자제해 저소득 노동자들의 생활수준을 개선하는 것은 가치 있는 일이라고 생각하는 사람들도 있다. 그러나 "사회연대전략"은 결코 저임금 노동자들을 위한 사회 정의의 실현 방안이 아니다.

노동계급 내 격차

먼저, 더 근본적인 것은 노동계급 내부의 격차가 아니라 계급 간 격차이다. 2005년 1백 개 상장사 임원의 평균 연봉은 약 4억 4천만 원이었다. 반면, 해당 상장사 노동자 평균 임금은 약 4천4백만 원이었다. 대략 열 배가 차이 난다.

게다가 기업들의 엄청난 이윤 증대(2001년 1백대 대기업 평균 영업이익은 3천억 원이 채 안 됐지만 2004년에 5천억 원을 넘었고 2005년에는 4천8백억 원이었다)를 고려했을 때, 노동계급 내 소득 격차를 완화하기 위해 정규직 노동자들이 양보하라는 요구는 그들의 분노를 자극할 뿐이다.

둘째, 노동계급 내 소득 격차는 자본주의의 고유한 특징이다. 자본주의에서 노동계급의 상이한 부문은 상이한 임금 에스컬레이터를 타는 경향이 있다. 첨단 산업이나 강력하고 잘 조직된 부문의 노동자들은 임금을 더 많이 올릴 수 있다. 나머지 노동계급은 고임금을 받는 강력한 부문의 노동자들과 자기 임금을 비교하면서 그 뒤를 쫓아간다.

이렇듯 한 부문의 에스컬레이터가 움직이는 속도는 다른 부문의 에스컬레이터 속도에 동일한 방향으로 영향을 준다. 한 부문의 에스컬레이터에 속도가 붙는다면 다른 부문의 에스컬레이터도 그리 될 것이고, 역으로 한 부문의 에스컬레이터 속도가 더디면 다른 부문의 에스컬레이터도 그리 될 것이다.

그래서 노동자의 세력이 증대하면 노동계급 내부의 임금 격차가 상당히 감소하는 것이다. 예컨대, 1914년 이전에 영국 숙련 노동자의 임금은 비숙련 노동자 임금의 갑절이었다. 1950년대에 그 격차는 10~15퍼센트 차이로 감소했다.

따라서 강력한 노동자들의 임금 인상이 낮다면 취약한 노동자들은 더 형편 없는 임금을 받게 될 것이다.

셋째, 우리가 양보하면 저들도 내놓을 것인가? 그 답을 구하기 위해 이렇게 물음을 던져 보자. 현대차 노동자들이 저소득 노동자들을 위해 요구를 자제하면 현대차 경영진은 그 돈을 비정규직들에게 송금할까 아니면 자신의 은행계좌에 집어넣을까? 당연히 후자다.

장석준 동지는 "조직 노동자들이 조세·사회복지 기여금의 추가 부담을 먼저 결의하고 이를 바탕으로 자본과 부유층이 증세를 받아들이도록 압박"하자고 했다.

그러나 노동운동의 역사에서 노동계급의 양보가 자본가를 압박하는 데 도움이 된 적은 한 번도 없다. 예컨대, 1998년 현대차노조의 해고 반대 투쟁 때, 김광식 집행부는 양보를 거듭했다. 그럴수록 사측은 공세를 더한층 강화했다. 그나마 해고 규모를 줄인 것은 현장 노동자들의 공장점거 파업이었다.

우리도 양보하고 저들도 양보하는 것이 공평한 것도 아니다. 한국의 조세 제도가 공평하지 않기 때문이다. 가령, 노동자들의 근로소득세는 자영업자 종합소득세의 갑절이다. 8만 6천7백 명의 수십억대 부자들이 보유한 금융자산은 2백30조 원이지만 한 푼의 보유세도 부과하지 않고 있다.

한편, 장석준 동지는 임금과 이윤을 똑같이 통제할 수 있다고 생각하는 듯하다. 그러나 임금과 이윤은 질적으로 다르다. 임금은 생산비용에서 없어서는 안 될 부분이다. 이윤은 그렇지 않다. 이윤은 생산과 판매 뒤에 남는 것이지만 임금은 그렇지 않다. 임금은 노동자와 자본가 양측이 협상을 하지만 이윤은 그렇지 않다.

또, 이윤은 상품의 판매 가격에서 생산비용을 뺀 뒤 남는 것이다. 따라서 이윤을 통제하기 위해서는 가격도 통제해야 한다. 그러나 가격 통제는 지극히 복잡하며 신자유주의 자체를 제거하지 않는 한은 사실상 불가능한 과제다.

무엇보다 이윤은 자본주의의 동력이고 기업이 원활하게 운용되고 있는지를 알 수 있는 가장 신뢰할 만한 지표다. 그러니 자본가들이 노동자들의 양보에 굴복해 이윤 추구를 자제할 리 만무하다. 자본가들은 대중 투쟁의 압력에 직면해 양보의 대가가 양보하지 않는 대가보다 작다고 여길 때 비로소 양보할 것이다.

세계 노동자 운동의 역사는 이 점을 잘 보여 준다. 영국에서 현대 복지국가의 토대를 놓은 것은 대규모 노동쟁의에 대한 자유당 정부의 대응이었다. 글래스고 전기 노동자들의 노동쟁의가 뒷받침한 임대료 납부 거부 운동이 벌어지자 총리 로이드 조지는 1915년에 임대법을 도입했다. 또, 1921년 11월 '전국실업노동자운동'은 가장 중요한 개혁 중 하나인 가정 있는 남자에게 실업수당 지급 요구를 쟁취했다.

투쟁을 통한 연대

그러나 장석준 동지는 "투쟁을 통한 연대"가 "작동"하지 않기 때문에 "노동자들도 조세나 사회복지 기여금을 추가 부담"하는 "행동"을 해야 한다고 본다.

물론 오늘날 1987년 노동자 대투쟁 때처럼 공장을 뛰어넘는 연대 투쟁이 활발히 벌어지는 것은 아니다. 그리고 이런 변화에는 "형식적 민주화"도 무시 못할 요인으로 작용했을 것이다. 국가보안법의 부활, 공무원노조 불인정 등에서 보듯이 한국의 자유민주주의가 여전히 낮은 수준에 머물러 있고 불안정하지만 말이다.

그러나 장석준 동지가 간과하고 있는 매우 중요한 변화 중 하나는 노동조합 상근간부층의 등장과 안착화이다. 우리는 민주노총 정규직 노조 지도부 일부가 비정규직 투쟁을 배신하거나 외면하는 현실을 자주 목격한다.

그러나 장석준 동지가 소속된 '전진'은 노동자들의 연대를 해치는 노조 지도자들의 투쟁 배신과 회피를 비판하지 않는 경우가 많았다. 그들이 민주노총 '중앙파' 소속일 경우엔 특히 그랬다. 이것은 또한 '전진'이 현장 노동자들의 전투성 제고를 위한 노력보다는 '대공장 이기주의'를 비난하거나 산별노조의 조직과 제도 형식에 집착하는 것과도 관련 있다.

결론을 짓자면, 연대는 시혜나 자선이 아니다. "사회연대전략"은 연대를 시혜나 자선으로 대체하는 것이다. 이런 시혜로는 결코 "투쟁을 통한 연대"를 강화할 수 없다. 오히려 시혜를 받는 상대방에게 모멸감만 줄 뿐이다.

무엇보다 이것은 결코 "노동계급의 연대를 강화할" 수 없다. "노동계급 내에서도 조세를 통해 소득 재분배가 이뤄져야 한다"는 장석준 동지의 주장은 '정규직의 양보로 비정규직의 처우를 개선하자'는 지배자들의 주장과 궤를 같이한다. 이런 논리의 부정적 효과는 명백하다. 양보를 통한 노동계급 내부의 '소득 재분배'를 위해선 단결과 투쟁이 필요하지 않다. 양보해야 하는 노동자와 시혜의 대상이 된 노동자들 사이의 분열만이 있을 뿐이다. 우파 언론과 지배자들은 이 틈을 파고들어 온갖 이간질로 틈을 더욱 벌려놓을 것이다. 이것은 결국, 부자·기업주들에게 재분배를 요구할 노동계급의 단결과 투쟁이라는 진정한 힘을 약화시킬 것이다.

이처럼 노동계급 일부의 양보를 요구해 분열을 조장하는 전략이 "진보정당이 본래 해야 했던 것"이라는 장석준 동지의 주장은 터무니없다. 물론 이 길이 개량주의적 사민주의 정당들이 갔던 막다른 길이기는 하다. 자본주의 체제에 대한 급진적 도전이 아니라 '사회적 타협' 등을 추구했기 때문이다.

그러나 계급 협력을 추구하며 노동자들의 단결과 투쟁을 제한하던 길로 민주노동당이 가서는 안 된다.

당내 좌파의 과제는 노동계급을 분열시키는 "사회연대전략"이 아니라 노동자들의 진정한 행동을 어떻게 발전시킬 수 있을까를 진지하게 모색하는 것이다.

개혁주의는 왜 개혁에서도 한계를 드러내는가

　　근래 마녀사냥 국면에서 많은 개혁주의자들이 한계를 드러내며 민주적 기본권도 일관되게 방어하지 못하는 태도를 보였다. "사회를 이상적, 도덕적으로 바꿀 수 있다는 것을 가정해서는 안 된다"(박상훈 후마니타스 대표), "미국 광우병 쇠고기, 한미FTA, 강정마을 해군기지 등은 … [구시대적인] 반미민족주의 프레임"(주대환 사회민주주의연대 대표) 등의 주장도 했다.

　　이런 한계는 개혁주의 논리와 전략에서 비롯하는 것이다.

　　개혁주의는 문제가 있는 체제를 그대로 두고도 국가 등 자본주의의 기구를 이용해 체제가 낳는 모순과 문제들을 개선해 나갈 수 있다고 보는 사상이다.

　　그래서 개혁주의자들은 의회를 '공정한' 정책을 입안하고 지배자

김준효. 〈레프트21〉 113호, 2013년 10월 12일. https://wspaper.org/article/13640.

들을 설득해 개혁 과제를 달성할 매우 중요한 통로로 본다. 현실 가능한 정책들을 제시하며 선거에서 지지를 얻고 의석을 늘려나가야지 '과격한 이상주의'에 빠져서는 안 된다는 것이다. 이는 개혁주의의 주요한 물질적 기반이 자본가와 노동자 사이에서 타협과 중재를 맡아하는 노동조합 상근 간부층에 있다는 것과도 관련 있다.

개혁주의의 이런 주장은 국가 기구를 제대로 운영하기만 하면 계급을 초월해 사회 전체의 이익을 실현하는 도구로 쓸 수 있다는 전제를 깔고 있다.

마르크스는 이런 견해를 낱낱이 반박했다. 마르크스는 국가는 대중 '전체'를 대표하기는커녕 언제나 한 계급이 다른 계급들을 지배할 수 있게 해 주는 도구 노릇을 한다고 주장했다. 그는 부르주아지와 유기적으로 결합된 자본주의 국가는 자본주의 체제 유지를 가장 중요한 임무로 삼은 "부르주아지 전체의 공동 업무를 관장하는 위원회일 뿐"이라고 주장했다.

실제로 자본주의에서 진정한 권력은 선출된 대통령이나 의원들에게 있지 않다. 주요 행정기구들, 사법부, 경제의 핵심 부분들, 언론의 대부분, 군대와 경찰 같은 진정한 권력 기구는 선출되지 않은 자들의 손에 있다. 하층민 출신 인사가 어렵게 이 안에 들어가게 되더라도, 시장 원리에 따라 움직이는 권력 기구를 거스르기 힘들다.

우리 삶에 진정으로 중요한 영향을 끼치는 결정들은 대부분 이 선출되지 않은 자들이 내린다. 무기 수입, 민영화 계획, 복지제도 축소 등 중요한 활동을 계획하고 조직하는 과정 또한 민주적 통제에서 완전히 벗어나 있다.

설령 의회가 이들을 거슬러 '합리적'인 정책을 결정한다 하더라도, 사법부는 그 법을 자본가들의 입맛에 맞게 '해석'해 준다. 자본가들은 투자 중단, 자본 도피, 환투기 공격 같은 방법으로 거의 항상 정부를 굴복시킬 수 있고, 때에 따라 군부 쿠데타 같은 더 '과격'한 조처도 취할 수 있다.

타협

개혁주의자들은 제도권 내에서 점진적 개혁을 통해 체제의 병폐들을 해결할 수 있다고 주장한다. 이를 위해 개혁주의자들은 자본가들이 받아들일 만한 타협책을 만들려 고심한다.

그러나 이처럼 병폐를 낳는 원인(체제)을 인정하는 상태에서 결과만을 개선하려는 시도는 한계에 부딪힌다.

예컨대, 노동계급의 빈곤 상태를 해소하려면 노동자·민중이 의료·교육·주택 등 필수재를 자유롭게 이용할 수 있어야 한다. 그러려면 국가가 복지 서비스를 대규모로 제공해야 하는데, 그 재원을 마련하기 위해서는 부유층에 세금을 많이 걷어야 한다. 복지가 확장되는 만큼 시장도 줄어들게 된다. 이는 자본가들의 이윤 추구를 제약한다.

개혁주의 전략의 한계는 지금과 같은 경제 위기 시기에 더욱 두드러진다. 불황으로 이윤이 줄어들수록 자본가들은 노동계급의 희생을 발판으로 자신의 특권을 지키려 한다. 이를 위해서라면 민주주의 권리도 쉽사리 '보류'할 수 있다.

이런 상황에서도 체제 내에 안주하려는 개혁주의자들은 개혁마저도 일관되게 추구하지 못하게 된다.

이런 맥락에서 독일의 사회주의자 로자 룩셈부르크는 개혁주의자들의 전략을 "사회주의자가 부르주아 국가를 정복하는 것이 아니라 부르주아 국가에 정복당하는 것"이라고 비판했다.

따라서 현 체제의 개혁과 민주적 기본권을 위해 싸울 때조차 강력한 계급투쟁으로 '인간보다 이윤'이라는 지배자들의 우선순위 자체에 도전하는 것을 근본에 둬야 한다.

이런 투쟁으로 우리는 민주적 기본권뿐 아니라 과거 투쟁으로 쟁취한 모든 성과를 방어해야 한다. 복지를 확대하고 개선해야 한다고 국가를 압박해야 한다.

사회주의자들은 이런 투쟁에 앞장서고 개혁주의자들과 함께하면서도, 왜 혁명적 입장과 대안이 필요한지를 주장하고 실천에서 입증해야 한다.

의회를 통해 변화를 이룰 수 있을까?

왜 혁명이 필요하다고 주장하는가? 분명히 더 나은 방법이 있지 않을까?

새로운 사회의 원리에 따라 합법적·제도적으로 투표할 수 있는 사회주의자 의원들을 선출하는 것은 어떨까? 그것이야말로 영국의 정치 전통에 더 부합하지 않을까? 그리 되면 많은 불필요한 폭력을 막을 수 있지 않을까?

첫째, "영국의 전통"은 혁명에 근거하고 있다. 국왕에 대한 의회의 우위를 확립한 것은 올리버 크롬웰과 그의 신형군(New Model Army)이 초래한 온갖 제도 변화였다. 다시 말해, 혁명적 강압에 의해서였다.

어떻게 노동자들이 처음에 투표권을 획득했는가? 폭력이 수반되곤

콜린 바커. 격주간 〈다함께〉 39호, 2004년 9월 17일. https://wspaper.org/article/1523.

했던 격렬한 대중 시위를 통해서였다. 여성은 어떻게 투표권을 얻었는가? 여성 참정권론자들의 투쟁을 통해서였다.

민중의 권리와 민주주의를 확대시킨 사소한 조처들조차 모두 대중의 집단 행동으로 쟁취한 것이다.

둘째, 폭력 문제를 추상적으로 논의해서는 안 된다. 노동운동의 역사에서 두드러진 사실은 노동운동이 매우 평화적이었다는 점이다. 자신들의 권력과 특권을 지키기 위해 지속적으로 폭력적 수단에 의존했던 자들은 지배계급이었다.

물론, 경찰과 군대의 폭력 위협에 맞서 노동자들은 자기방어 수단을 개발해야 한다.

그러나 그런 수단 — 모든 진정한 혁명에서 필수적인 — 중에서 가장 중요한 것은 벽돌이나 총탄이나 바리케이드가 아니다. 그것은 사병들이나 경찰과 벌이는 정치적 논쟁이다. 그들이 지배계급에 봉사하기를 그만두고 민중의 편으로 넘어오게 해야 하는 것이다.

"사회주의로 가는 의회의 길"에는 치명적 약점이 많다. 일단 국회의원으로 선출되면 그들은 자신을 뽑아 준 대중의 통제로부터 급속히 벗어난다. 소환권도 없다.

의원들은 선거구민의 염원이 아니라 소속 정당의 지도자들에게 충성한다. 영국 유권자의 대다수가 이라크 공격에 반대했지만, 정부는 이를 무시하고 전쟁을 강행했다.

의회 선거 일정, 곧 4~5년마다 한 번씩 치르는 선거는 사회적·정치적 투쟁의 진정한 속도와 맞지 않다. 정부는 인기가 형편없이 떨어져도 계속 집권할 수 있다.

의회는 국가를 통제하지도 못한다. 고위 공직자, 경찰 간부, 군 장교, 판사 등은 선출되지 않고 임명된다. 흔히 그들은 그들만의 반(反)민주적 의제를 추진한다. 심지어 자신들에게 제기되는 불만을 처리하는 과정을 통제하기까지 한다.

우리 삶에 진정으로 중요한 영향을 끼치는 결정들은 대부분 국가의 외부에서, 즉 자본주의 기업들의 이사회에서 내려진다. 거기서는 우리는 말할 것도 없고 국회의원도 발언권이 없다.

의회는 법률 일반을 다루지만, 정부의 진정한 활동은 대기업들과의 계약, 무기 판매, 병원·학교 사유화 계획, 난민 추방 등 특정 업무들을 처리하는 것이다.

이 모든 것이 민중의 삶에서 아주 중요한 쟁점들이다. 그러나 그 쟁점들은 우리가 "선거로 뽑은 가짜 대표들", 곧 국회의원들의 권한과 능력 밖에 존재한다.

독일의 위대한 사회주의자 로자 룩셈부르크가 1백 년 전에 말했듯이, 사회주의로 가는 의회의 길을 주장하는 사람들은 실제로는 완전히 다른 목표, 즉 자본주의를 약간만 변형한 형태를 제안하고 있는 것이다.

우리가 사회주의로 가는 "의회의 길" 따위는 없다고 생각한다면 의회를 활용하는 것에 결단코 반대한다는 말인가? 전혀 그렇지 않다.

버너데트 데블린(Bernadette Devlin)이 북아일랜드에서 국회의원으로 선출됐을 때 그녀는 사회주의자 국회의원으로 행동했다. 그녀는 많은 시간을 할애해 전국을 돌며 노동자들에게 보수당에 반대하는 파업을 벌이라고 호소했다.

1972년 데리에서 '피의 일요일'(Bloody Sunday) 사건이 발생한 다음 날 하원의장은 그녀에게 발언권을 주지 않으려 했다. 그녀는 하원 회의장을 가로질러 가서 당시 내무부 장관이던 레지널드 모들링(Reginald Maudling)에게 주먹을 날렸다.

그렇게 해서 그녀는 TV 인터뷰에 등장할 수 있었다. 그녀는 자신의 의원 자격을 이용해서 북아일랜드 가톨릭과 영국의 북아일랜드 지배에 반대하는 사람들 모두의 분노를 대변했다.

제1차세계대전 당시 독일의 국회의원이던 혁명적 사회주의자 칼 립크네히트는 자신의 임무가 "창문을 통해 발언하는 것", 즉 의회 연단을 통해 반전 선동을 하는 것이라고 말했다.

의회는 똥더미이다. 그러나 그 똥더미 위에 서게 되면 더 많은 사람들에게 말할 수 있다. 국회의원(또는 지방의회 의원)으로 선출되는 사회주의자들은 사회주의적 선동에 유용한 메가폰을 얻게 되는 셈이다. 그렇다고 해서 의회가 똥더미라는 사실이 바뀌는 것은 아니다.

민중 혁명의 실제 가능성이 있는 상황에서는 반동 세력이 "의회의 길"을 소리 높여 외칠 것이다.

그런 상황에서 민중 운동을 저지하고자 하는 사람은 의회를 지지할 것이다. 그리 되면 "의회주의"와 아래로부터의 사회주의 사이에서 진짜 투쟁이 벌어질 것이다.

의회를 통해 사회를 변화시킬 수 있을까?

1990년대 들어 의회를 통해 사회를 변화시킬 수 있다는 생각이 널리 퍼졌다.* 얼마 전까지 말로나마 "우리는 의회를 활용할 뿐 대안으로 여기지는 않는다."고 했던 좌익들도 "합리적 방법"만이 변화를 가져다 줄 것이라고 좀더 분명하게 주장하고 있다. 총선이 다가오면서 이런 움직임이 더욱 두드러지고 있다.

이런 환상은 김영삼 정부가 민주주의로 완전히 이행했다는 판단에 바탕을 두고 있다. 그들은 특히 "합법적 참여 공간"이 확대되었다는 점에 관심을 기울인다.

이 글은 《사회주의 평론》 8호 (1996년 3-4월)에 실린 것이다.

* 이 글을 쓰고 있는 1996년 1월말은 아직 총선 전술을 얘기하기에 이른 때이다. 국제사회주의자들(IS)은 후보를 내지 않고 총선이 있기 일주일 전쯤 〈사회주의 노동자〉를 통해 표적기 선동만을 할 것이다. 이 글은 의회주의를 비판하고 선거 전술에 대한 원칙을 분명히 하기 위해 쓴 것이다.

통치방식의 변화와 더불어 합법공간이 확대되고, 선거의 정치적 비중이 높아지고 있다. … 지배세력의 통치전략의 수정은 우리 사회에도 정치적 자유와 민주주의를 일정한 수준에서 제도화에 이르게 하고 있으며, 그에 따라 각종 민간단체와 언론에 대한 국가의 직접적, 강압적 통제가 완화되면서 시민사회의 자율성과 합법적 참여공간이 확대되고 있다.[*]

1987년 이전과 비교해서 언론·집회·결사의 권리들이 확대된 것은 사실이다. 군사 독재자들은 쿠데타를 통해 여러 차례 의회를 해산했고, 부르주아 야당의 활동조차 가로막았다. 1987년에 야당의 정치 활동이 완전히 자유롭게 되었고, 최근에는 시민운동을 대안으로 삼는 자유주의자들과 비(非)친북계 개량주의 좌익이 전보다 많은 자유를 누리고 있다.

혁명적 사회주의자들은 이런 사실로부터 사회주의 혁명의 현실성을 오히려 한층 더 강조한다. 우선, 김영삼 정부의 '민주주의'가 너무나 형편없고 불철저하기 때문에 노동자들이 누리는 권리가 매우 보잘것없다. 따라서 노동자들은 투쟁을 통해서만 자신의 권리와 연결되는 더 많은 민주주의를 쟁취할 수 있다. 다른 한편, 부르주아 민주주의는 아무리 확대되더라도 노동자들과 자본가들 사이의 평등을 가져올 수 없다. 따라서 부르주아 체제를 파괴하는 사회주의 혁명만이 노동자들의 진정한 대안이다. 노동자 민주주의는 결코 부르주아 민주주의의 양적인 팽창이 아니다.

---

[*] 한국민주청년단체협의회, 《자주의 길》, 43쪽.

그러나 개량주의 좌익들은 1987년 이후의 변화 가운데 부르주아 대의제도가 확대된 것만을 중요하게 생각한다. 또 그들은 1987년 이후의 변화(개량)를 이루어 낸 동력이 바로 노동자 투쟁이었다는 점에 거의 관심을 갖지 않는다. 심지어 그들은 지배계급의 일부가 그 동력이라고 생각하기도 한다. 이것은 사회의 변화를 계급투쟁의 관점에서 파악하지 않는 태도이다. 때문에 그들은 사회를 변화시키면서 자신을 조직한 이 나라의 노동자 계급과 그 운동의 발전에 대해서도 진지한 관심을 기울이지 않는다. 특히, 동유럽과 소련의 몰락을 사회주의의 몰락으로 보았던 스탈린주의자들은 혁명을 집어던진 뒤 자신의 목표를 부르주아 대의제도를 발전시키는 것으로 한정하고 있다.

이런 관점은 혁명적 사회주의와는 완전히 다른 결론으로 이어진다.

첫째, 그들은 "합법공간(의회)"의 확대가 곧 정치적 자유와 민주주의라고 주장한다. 그러나 그 "정치적 자유와 민주주의"가 과연 어떤 계급을 위한 것인지에 대해서는 의문을 갖지 않는다.

둘째, 그들은 "자유와 민주주의"의 시대에 사회를 변화시킬 수 있는 힘은 "의회"에 있다고 생각한다. 이들은 현실 정치라는 합법적 수단으로 점진적인 개혁을 성취해 나가는 정책을 찬양하며, 민주주의 사회에서 혁명을 부르짖는 것은 광신도들이나 하는 짓이라고 주장한다.

이렇게 부르주아 대의제도를 이용하여 사회를 변화시킬 수 있다고 주장하면서 혁명에 반대하는 다양한 주장들이 개량주의 혹은 의회주의이다. 의회주의자들의 주장처럼 과연 노동자 계급이 의회를 통해 제도를 개혁해서 점진적으로 사회주의에 이를 수 있을까?

이 나라에서 의회주의가 퍼지기 시작한 것은 길게 잡아야 10년도 안 되지만, 이 짧은 시기에 남한 좌익은 전세계 의회주의의 1백 년 전통을 압축해서 배우고 있다.

아직 이 나라에는 노동자들의 대중적인 지지를 받는 사회민주주의 정당, 즉 부르주아적 노동자 당은 없지만, 이미 민주노총의 정치세력화 논의에서도 의회주의를 대안으로 삼는 사회민주주의 이념은 입에 많이 오르내리고 있다.

남한에 존재하는 의회주의 조직들은 거의 스탈린주의의 변신,* 즉 유러코뮤니즘 조직들이다. 유러코뮤니즘의 본질은 공공연한 개량주의이며 베른슈타인주의나 카우츠키주의와 거의 구별이 되지 않는다. 유러코뮤니즘 우파는 이탈리아공산당의 '역사적 타협'처럼 지배자들과 제휴하는 것일 뿐 급진적 전망이라곤 없다는 점에서 베른슈타인주의의 복사판이다. 유러코뮤니즘 좌파는 의회를 통해 사회주의를 신속하게 건설하는 것을 주장한다는 점에서 카우츠키주의의 복사판이라고 할 수 있다.

이 나라의 의회주의 조직들은 이념에서는 베른슈타인주의나 카우츠키주의와 다를 바가 없지만, 노동조합으로 조직된 노동자들의 광범한 지지를 받고 있지 못하다는 점에서 서구의 사회민주주의 정당보다도 가치가 더 없다.

---

* 남한 좌익의 우경화에 대해 자세히 알고 싶으면 《사회주의 평론》 2호에 실린 '진보정당 건설 논의와 혁명정당'을 참고하시오.

(중략)

의회주의가 노동자들의 대안이 될 수 있을까

유러코뮤니스트들의 의회주의적 대안과 내용은 비슷하더라도 사회주의자들이 좀더 진중하게 대해야 할 것이 있다. 그것은 이 나라 전투적 노동조합 투쟁의 전통이 낳은 진지한 노동자들이 "노동자들의 정치세력화"의 대안 가운데 하나로 생각하고 있는 의회주의이다.

노동자의 정치세력화는 수많은 노동자들의 열망이다. 여러 설문조사에서 노동자들 가운데 상당수가 노동자들의 정당이 있어야 한다고 답변했다. 국제사회주의자들은 노동자들이 정치세력화해야 한다는 생각에 진심으로 지지를 보내면서, 어떤 이념을 가지고 정치세력화할 것이냐가 진정으로 중요하다고 덧붙여 왔다.

그런데 민주노총 정치위원회와 일부 지도자들은 노동자의 정치세력화가 의회를 통해 영향력을 확대하는 것이라고 생각한다. 정치투쟁은 의회를 통해서나 할 수 있는 것이라고 생각하기 때문이다. 노동조합의 투쟁은 해마다 벌어지지만 그 자체로 노동자들의 정치적 영향력이 커지지는 않는다는 것이 이들의 공통된 지적이다.

국가는 임금과 노동조건에 대한 정책을 통하여 노자관계에만 영향을 미치는 것이 아니라 물가, 교육, 복지, 주택, 교통정책 등을 통해서 작업장 바깥에서의 노동자들의 소비와 여가활동에도 영향을 미치기 때문에 노동

조합 운동이 작업장내의 경제투쟁만으로는 노동자들의 생활조건의 실질적인 향상을 기대할 수 없게 된다.[*]

이 말에는 부분적인 진실이 담겨 있다. 노동조합은 계급 전체의 조직이 아니라 계급 일부분의 조직이며, 자본주의 체제 '안에서' 노동자들의 조건을 개선하려는 조직이기 때문이다. 그래서 마르크스주의자들은 노동조합과 함께, 노동조합 투쟁을 체제에 대한 공격으로 연결하는 정치조직이 반드시 필요하다고 주장한다.

그러나 민주노총의 일부 지도자들은 이와는 정반대의 대안을 말한다. 노동조합의 투쟁으로는 정치적 성과를 거둘 수 없으므로 의회를 통해 해결해야 한다는 것이다. 이런 생각은 노동자와 사장 사이의 투쟁은 비정치적인 경제투쟁이므로 정치투쟁, 즉 사회를 변화시키는 투쟁과는 별개라는 생각에 바탕을 두고 있다. 노동조합은 임금과 노동조건을 둘러싼 경제투쟁을 하고 정치투쟁은 노동자를 대변하는 국회의원이 한다는 것이다. 결국 민주노총의 일부 지도자들은 노동조합이 체제의 결과와 싸우는 것이지 체제 그 자체에 맞서 싸울 수 없다는 한계, 즉 정치와 경제의 분리를 고스란히 둔 채 여기에 바탕을 둔 "노동자 계급의 정치세력화"를 주장하는 것이다.

'정치'에 대한 이런 방식의 강조는 작업장에서 벌어지는 노동자들의 투쟁이 지닌 강력한 힘을 경시하는 태도와 맞물려 있다. 그래서 노동

---

[*] 김영대, '민주노총 창립과 노동자의 정치세력화', 〈민주노총 제5차 정책토론, 노동자의 정치세력화, 어떻게 할 것인가?〉, 15쪽.

자의 정치세력화를 주장하는 민주노총의 일부 지도자들은 경제투쟁에만 한정되어 있는 파업이 더 이상 효과적인 무기가 아니라는 생각을 하면서 '정치'주의로 급속하게 돌아서고 있다.

우리는 이제 형식적 민주주의를 통해 실질적 민주주의를 실현해야 하는 단계에 와 있다. 따라서 민주화 과정에서 선거가 차지하는 비중은 예전에 비해 절대적인 중요성을 가질 만큼 높아졌다. 선거에 참여하는 주요한 전술로 투표블럭을 선택하든 대표파견을 선택하든 15% 수준의 조직률로는 의미 있는 대응을 하기에는 역부족이다. 따라서 민주노총은 총력을 기울여 조직률을 높이기 위한 사업을 계획적으로 배치해야 한다.[*]

국제사회주의자들 역시 민주노총이 조직률을 높이려고 노력해야 한다고 생각한다. 그러나 그것은 더 많은 노동자들을 투쟁에서 단결시키기 위한 것이지 김영대 씨처럼 "표"를 위한 것은 아니다. 노동자들은 자신의 직접 행동을 통해서만 진정으로 단결할 필요를 깨달을 수 있으며, 또 행동으로 성취한 단결을 통해서만 더 큰 투쟁을 벌일 수 있다. 또 노동자들이 자신의 후보를 당선시키거나 노동자 정당을 만들기 위해서라도 선거에 의존하지 말고 오히려 투쟁에 의존해야 한다.

정치를 단지 선거를 통해 국회의원이 되는 것으로만 여기면 필연적으로 노동조합 투쟁과 정치투쟁이 연결되는 것은 더욱 어려워진다.

---

[*] 같은 글, 24쪽.

사회 변화를 위해 노동자들이 단지 표만 많이 찍으면 된다면 노동자들의 아래로부터의 투쟁은 아무짝에도 소용없기 때문이다. 의회주의의 관점에서는 노동조합의 조직률을 투표수와 관련짓고 노동자들을 선거구별로 재조직하려는 것도 무리는 아니다.

> 조합원 주소록의 전산화 및 거주지별 조직화로 최소한의 활동을 전개할 수 있는 기반을 갖추어야 할 것이다. …
> 지역본부는 과거 임단투 중심의 활동보다는 앞으로 지역 차원의 정치활동이나 지역주민단체와의 연대에 많은 노력을 기울이고 … 노동자를 비롯한 국민의 이해를 대변하고 일상적으로 신뢰를 줄 수 있는 사회세력으로 뿌리내리려는 노력이 중요하다.* (강조는 인용자)

노동자들이 선거를 기다려야 할까?

그러나 선거를 통해 노동자들이 정치세력화할 수는 없다. 왜냐하면 선거는 노동자들이 힘을 표출할 수 있는 방식으로 굴러가지 않기 때문이다.

첫째, 선거는 노동자들의 모순된 의식의 단지 일면만을 보여 준다. 물론 이것 자체가 아에 의미 없다고 볼 수는 없지만, 그렇다고 선거 결과가 노동자 의식의 척도라고 생각해서는 절대 안 된다. 다른 말

---

* 같은 글, 25쪽.

로 하면 노동자들의 의식이나 단결된 정도를 선거가 효과적으로 반영할 것이라고 생각해서는 안 된다. 민자당을 아주 싫어하는 노동자들이 선거 때 이러저러한 이유로 민자당에 표를 찍거나, 정주영에 맞서 싸운 노동자들이 다른 때에는 그에게 표를 던졌던 것은 노동자들의 의식이 낮기 때문이 아니다.

노동자들은 주로 투쟁을 벌이거나 집단 행동을 할 때에 자신감을 갖는다. 그 투쟁의 규모에 따라서 사장을 아예 무시하기도 하고, 경찰과 국가기구가 노동자의 편이 아니라는 사실을 깨닫기도 한다. 그러나 집에서 혼자 TV를 볼 때나 사장 앞에 불려 가 욕설을 들을 때 노동자들은 이런 자신감을 갖기 어렵다.

그런데 선거는 대체로 노동자들의 자신감 없는 상태를 반영한다. 왜냐하면 선거란 노동자 한 명 한 명을 집단적인 힘에서 분리해 내어 파편화한 상태에서 실시되기 때문이다. 노동조합 투쟁에 비유하자면 냉각기와 같은 역할이다. 지배자들은 "행동으로 하지 말고 몇 달 후에 있을 선거에서 공정하게 투표로 결정하자."고 말한다. 그러나 집단행동을 멈추는 순간 노동자들의 자신감은 사그라들고 만다. 선거는 이렇게 노동자의 모순된 의식 가운데 한쪽만을 그것도 아주 협소하게 표현한다.

거대한 노동자 투쟁은 선거나 의회를 통해 분출될 수 없다. 주로 선거를 노동자 의식의 징표로 생각하는 사람과 선거를 통해 노동자들을 정치세력화하려는 사람들은 혁명적 투쟁을 통해 획득될 노동자들의 혁명적 의식을 과소평가하는 것이다.

둘째, 선거는 마치 세상이 평등한 것처럼 위장한다. 몇 만 명을 고용하고 있는 정주영, 이건희나 그에게 고용되어 있는 노동자들이나 똑같이 한 표씩 행사할 권리를 가지고 있다. 그래서 지배자들은 주먹 쥐고 "으싸으싸"하는 것보다 선거가 백 배나 이성적이고 합리적일 뿐 아니라 공평하기도 하다고 주장한다. 그러나 선거는 자본가와 그에게 착취당하는 노동자들 사이의 불평등을 위장하는 역할을 할 뿐이지, 절대로 계급관계를 뒤집어 엎을 기회를 주지 않는다.

마찬가지 이유 때문에 의회도 노동자들의 효과적인 무기일 수 없다. 아무리 노동자 의원이 국회에 있더라도 자본가들의 착취할 권리를 박탈하는 법안을 통과시킬 수는 없다. 기본적인 악법 폐지조차 다른 의원들에게 가로막혀 처리가 지연될 수 있다. 또 그것이 설사 국회에서는 통과된다 하더라도 1989년에 노태우가 노동악법 개정안을 반려했던 것처럼, 또 다른 힘에 의해 좌절되기 십상이다. 그리고 법이 개정되더라도 노동자들이 집단행동을 통해 힘을 발휘하지 않는 한 군 장성들과 경찰, 사장들이 고분고분 따르지 않을 것이다.

바로 얼마 전에 있었던 일을 예로 들어보자. 작년 6월 지자체 선거 직전에 서울시장 후보 조순은 서울 지하철 노동조합에게 자신을 믿고 투쟁을 자제해 줄 것을 당부했다. 조순이 당선된 후 서울 부시장 이해찬은 노동조합과의 약속을 이행하기 위해 지하철 해고 노동자 복직을 주장했다. 그러자 전경련 회장단이 즉시 모임을 갖고 해고자 복직에 반대했다. 이 일이 있자마자 해고자 복직 문제는 쑥 들어가 버렸다. 이해찬 같은 온건한 자들이 추진하려는 정책에도 이런 일이 일어나는데 진정으로 노동자의 이해를 대변하려는 의원들이 있다면 어떻게 하겠는가? 노동자 의원들은 필연적으로 두 가지 갈림길에 서게 될 것이다. 노동자를 위한 정책을 포기하든지 아니면 노동자들에게 의회를 무시하는 전면적인 투쟁을 호소하든지. 요컨대 계급투쟁의 핵심적 문제들은 의회를 통해서 절대 해결할 수 없다.

어떤 독자들은 이쯤에서 서유럽에 있는 사회민주당들을 떠올릴 것이다. 그런 당들은 지금 커다란 반발 없이 노동자들을 위한 정책을 국회나 정부를 통해 실시하고 있지 않은가?

그러나 민주노총 정치위원회가 지향하는 영국의 노동당, 스웨덴의 사회민주당은 착취체제 자체를 부정하지 않는 노동자 당은 결코 노동자들의 이익을 제대로 대변할 수 없음을 보여 주었을 뿐이다. 지금 서유럽의 사회민주당들은 집권을 위해 자신들이 자본주의 체제를 손상시키지 않고 운영할 수 있다는 것을 지배자들에게 확신시키려고 점점 더 우경화하고 있다.

이 나라 정부가 아직 노동자들의 정치조직을 인정하지 않고 있기 때문에 사회민주주의는 이념과 논의로만 존재한다. 그러나 만약 노동자들의 거대한 투쟁이 분출하면서 노동자 당이 탄생한다면, 사회주의자들은 그것이 아무리 부르주아적 노동자 당일지라도 노동자계급의 독립적인 정치세력화라는 의미에서 적극적인 지지를 보낼 것이다. 동시에 그것이 노동자들의 진정한 대안이 아니라는 것도 타협 없이 주장할 것이다. 그래야 진지한 노동자들을 진정한 혁명적 대안으로 이끌 수 있을 것이다.

노동자 운동을 노동조합 투쟁만으로 환원하는 경향은 그 생각을 근본으로 변화시키지 않고도 '정치'를 강조할 수 있다. 그것은 기성 부르주아 정당을 지지하는 것으로 나아갈 수도 있고 독립적인 노동자 당의 건설로 나아갈 수도 있기 때문이다. 문제는 끊임없이 왔다 갔다 하는 추처럼 개량주의와 노동조합주의가 공존하면서 노동자들을 헷갈리게 하는 것이다. "정치사상에 대한 일반화가 없는 현장의 자기 행동은 자기행동 없는 추상적인 정치적 일반화로 나아가며, 그 역이 될 수도 있다. 정치와 경제 사이의 장벽 — 부르주아 이데올로기의 주된 버팀목 중의 하나 — 은 손상받지 않고 남아 있게 되는 것이다."*

사회주의자의 임무는 노동자 계급의 운동에 아무런 도움이 안 되는 개량주의와 노동조합주의 모두를 넘어서는 것이다. 초보적인 행동에 바탕을 둔 노동조합 투쟁이 체제에 저항하는 투쟁으로 발전하도록 이끌 수 있는 정치조직만이 노동자들의 진정한 정치적 대안이 될 수 있다.

의회주의는 왜 성공할 수 없는가

앞에서 살펴 보았듯이, 세계적으로 이미 1백 년 전에 등장했던 의회주의가 이 나라에서는 최근 7~8년 동안 급속히 확산되었고 아직 그 본성이 입증될 기회가 없었기 때문에 환상이 많이 남아 있다.

그러나 이념적으로 번성했을 뿐 아니라 집권까지 했던 서구의 의

---

* 이언 버철, 《서유럽 사회주의의 역사》, 갈무리, 290쪽.

회주의 정당들은 의회주의가 결국 어떤 결말을 맞는지 여러 차례 보여 주었다. 지금 영국 노동당은 노동자들의 복지를 삭감하고 일자리를 빼앗는 민영화 정책을 지지한다. 남한의 상황에 견준다면, 한국통신 노동자들이 민영화에 반대해서 싸우는데 이른바 '노동자 당'이 민영화를 지지하는 꼴이다. 이탈리아사회당은 부정부패 사건으로 대중의 분노를 사서 몰락했으며 사회당 당수 크락시는 외국으로 도망갔다. 남한으로 치자면 전두환·노태우에 대한 원성이 그들에게 쏟아지고 있는 것이다.

사회민주당과 거의 구별이 되지 않게 유러코뮤니즘으로 변신한 공산당들의 처지도 다를 바가 없다. 영국공산당은 쇠퇴를 거듭하다 결국 당을 해체해 버렸다. 선거를 통해 공직을 확보하려고 했던 프랑스공산당은 미테랑 정부에 4명의 장관을 두었는데 노동자 복지를 삭감하는 정부의 긴축정책에 반대하지도 못했다. 스페인공산당은 스스로 독립적인 조직을 포기하고 좌파연합에 가담하였으며 네덜란드 공산당은 아예 녹색좌파연합의 일원이 되었다.

세계 노동자 운동에 뒤늦게 등장한 이 나라 의회주의자들은 이미 파산한 쓰레기 더미 위에서 희망을 부르짖고 있는 '낙천주의자'들인 셈이다. 더욱이 오늘날 세계경제는 장기 불황을 겪고 있어서, 이미 여러 차례 호황의 덕을 본 서구의 의회주의자들보다 미래가 더 어두운데도 말이다.

물론 이 나라 지배자들이 위기를 해결할 방법으로 개량주의 정당을 공식정치 안으로 끌어들인 적이 없기 때문에 노동자 투쟁이 상승하게 되면 부르주아 정당들에 대한 환멸이 개량주의자들에 대한 환상으로 이어질 가능성이 있다. 그러나 설사 그 가능성이 실현되더라도 의회주의의 본질이 드러나는 데에는 서구처럼 긴 세월이 필요하지는 않을 것이다.

어떤 독자들은 서구와 같은 실패를 반복하지 않을 수도 있다고 생각할 수 있다. 서구의 의회주의 정당들이 의회를 통해 사회주의를 도입하지 못한 것은 그들이 도덕적으로 타락했기 때문이라고 말이다.

그러나 사회주의자들은 의회주의가 노동자 계급의 궁극적인 이해와 거리가 먼 이유가 단순히 몇몇 지도자들의 잘못 때문이라고 생각하지 않는다. 실패는 무엇보다, 서구 사회민주당들과 유러코뮤니즘 정당들이 착취 체제를 그대로 둔 채 정부나 의회를 통해 노동자들의 이해를 대변할 수 있다고 믿었던 데에서 비롯했다. 그리고 남한판 베른슈타인주의와 카우츠키주의도 같은 확신에 바탕을 두고 있으므로 그들은 같은 미래를 향해 나아가게 될 것이다.

의회를 통해 사회를 변화시키려는 개량주의가 실패할 수밖에 없는 이유는 다음과 같이 세 가지로 요약할 수 있다.

첫째, 의회에서 다수를 차지한 사회주의자들이 '점진적'으로 사회주의적 조치들을 도입하고 있는 동안에, 실질적인 경제력은 여전히 옛 지배계급의 수중에 남아 있기 때문이다.

노동자들이 여전히 자본가들로부터 착취를 당하면서도 정치적 영향력을 발휘할 수 있다는 생각은 공상에 불과하다. 어떤 나라든 사회민주당 정부가 들어서서 노동자들에게 유리한 정책을 수행하려고 할 때는 자본가들의 사보타주가 있었다. 1964년과 1966년에 집권한 헤럴드 윌슨의 영국 노동당 정부는 자본가들의 반발에 부딪혀 이런 정책들을 철회하지 않을 수 없었다. 1981년 프랑스에서 미테랑 사회당 정부가 들어섰을 때도 자본가들은 해외로 돈을 빼돌렸고 자녀들을 다른 나라로 보냈다. 미테랑은 자본가들의 이윤을 보장해 주기 위해 정책 방향을 노동자들을 공격하는 것으로 돌리지 않을 수 없었다. 자본주의 체제를 그대로 두고 정부를 인수한 의회주의 정당들은 한결같이 자본주의가 잘 발전할 수 있도록, 다시 말해 노동자들을 효과적으로 착취할 수 있도록 하는 역할을 담당했다.

둘째, 자본주의 국가기구가 결코 중립적이지 않기 때문이다. 국가기구는 단지 정부만이 아니라 경찰, 군대, 사법부, 공무원, 국영기업 경영자 등 많은 부속기구를 가진 거대한 조직이다. 또 국가는 거의 모든 폭력 수단들을 장악하고 있고 각각의 기구들은 자본주의를 유지하기 위해 위계적으로 짜여 있다.

만약 모든 국가기구가 정부의 명령에 따라 고분고분 움직인다면 정부를 인수한 의회주의 정당은 국가기구를 동원해 자본가들의 사보타주를 막을 수도 있을 것이다. 그러나 아무리 민주적인 나라일지라도 선출되지 않는 기구, 예컨대 군대 같은 폭력 기구들이 더 강력한 힘을 가지고 있다. 특히 자본주의 독점과 다국적화가 강화되면서 국가기구 운영에서 핵심적인 의사결정권이 극소수에게 집중되었고, 이에 따라 국회의원은 물론 정부의 각료들조차 실질적인 권한이 점차 줄어들고 있다. 영국의 노동당 당수였던 토니 벤은 핵 연구에 대해 책임을 지는 장관직에 있었고 네 차례나 각료에 임명되었지만, 미국의 핵무기가 영국의 어느 기지에 있는지 전혀 알 수 없었다. 이것이 '민주적'으로 운영되는 국가의 실상이다.

최근에는 이 나라의 군대도 민주화될 수 있으며 그러면 군의 정치 개입은 꿈도 꾸지 못할 일이 될 것이라는 생각이 퍼지고 있다. 그러나 국가의 진정한 힘은 폭력 기구에 집중되어 있기 때문에 이것은 순진한 공상에 불과하다. 정치 군인이 따로 있는 게 아니다. 군부는 지금도 그 누구보다 깊숙히 정치에 개입하고 있다. 이것은 정부에 속하지 않은 장성들이 오랫동안 김대중에 대해 반대해 왔던 것을 보아도 알 수 있다. 강창성이나 장태완 같은 자들을 민주적 군인이라고 부르고, 이런 사람들이 민중정부가 펴는 정책을 지지할 것이라는 생각하는 것은 그야말로 한여름 밤의 꿈이다.

국가기구가 전혀 중립적이지 않다는 것을 비극적으로 보여준 대표적 사례가 칠레이다. 사회당, 공산당과 다른 여러 정당들의 연합 후보였던 아옌데는 1970년에 대통령으로 당선되었다. 모든 나라의 사회주의자들은 칠레가 '사회주의로 가는 새로운 길'을 보여 주었다고 주장했다. 아옌데는 집권하면서 경찰과 군대의 자율성을 전혀 침해하지 않을 것이며, "헌법에 규정된 것 이외의 어떠한 무장조직"(즉 노동자 민병대)도 허용하지 않을 것이라고 약속했다. 노동자들은 1972년부터 독립적인 조직의 필요성을 절감하고, 공장 모임들에 근거를 둔 코르돈을 만들었다. 이 조직은 우익의 위협에 대항한 가장 훌륭한 조직이 될 수 있었다. 그러나 아옌데 정부는 경찰과 군대에게 한 약속을 지키기 위해 이 조직을 허용하지 않았고 오히려 군부 지도자를 정부로 끌어들였다. 이렇게 유지되던 아옌데 정부는 1973년에 아옌데가 임명한 참모총장 피노체트의 쿠데타에 의해 역사에서 사라졌다.

전국연합을 비롯한 남한판 베른슈타인주의자들과 카우츠키주의자들은 평화적 이행을 강조하며 "거리의 정치"가 더 이상 필요하지 않다고 주장하고 있다. 아옌데도 똑같은 생각을 했다. 그러나 그는 군부 쿠데타가 일어났을 때 그것을 저지할 수 있는 힘이 남아 있지 않다는 것을 발견했다. 노동자 투쟁은 서랍에 넣어두었다가 겨울 — 위기상황 — 이 되면 언제든지 꺼내 입을 수 있는 외투가 아니다.

셋째, 의회 민주주의를 통해서는 대중행동을 표출할 수 없기 때문이다. 의회주의자들이 "합리적인 방법"으로 사회를 변화시킬 수 있다고 의회에 대한 환상을 부추기는 것은, 결과적으로 사회를 변화시킬 수 있는 단 하나의 힘인 대중행동을 가로막음으로써 사회 변화를 불가능하게 만든다.

의회주의자들은 "합법 공간"인 의회가 모든 계급의 이해를 대변하며 그렇기 때문에 노동자들도 의회 민주주의를 이용하여 사회주의로 나아갈 수 있다고 생각한다. 그러나 모든 계급을 만족시키는 모든 계급의 민주주의는 있을 수 없다. 노동자 계급은 착취 질서, 즉 부르주아 국가기구를 완전히 파괴한 후에야 노동자들의 진정한 민주주의를 누릴 수 있다.

노동자 국가는 타인의 노동을 착취할 권리를 폐지할 것이며 자본가, 금리생활자, 관료, 경찰·군대의 간부 따위가 갖고 있는 선거권을 박탈할 것이다. 또 노동자들은 인쇄공장과 비축된 종이, 호텔 등을 지배자들로부터 빼앗음으로써 출판과 집회의 자유를 더욱 완전하게 누릴 것이다.

사회주의자들은 선거에 대해 어떤 태도를 취하는가

지금까지 의회를 통해 사회를 변화시킬 수 있다는 환상에 대해, 또 부르주아 민주주의를 다리 삼아 노동자 민주주의로 나아갈 수 있다는 착각에 대해 비판했다. 대의제도는 자유민주주의에 대한 환상을 부추김으로써 자본주의 착취 질서를 감추고 그것을 유지하는 제도임에 분명하다.

그러나 의회를 통해 계급투쟁의 핵심적 문제들을 해결할 수 없다는 것을 분명히 하는 것이 의회와 선거에 대해 어떤 타협도 할 수 없다는 것을 뜻하는 것은 아니다. 사회주의자들은 자신들에게 의회에 대한 환상이 없다고 해서 노동자 대중도 그러할 것이라고 멋대로 착각하지 않는다. 사회주의자는 계급 **전체**의 "의식과 실제 준비 상태를 정신 똑바로 차리고" 살펴야 한다.

대부분의 노동자들은 여전히 의회에 대한 환상을 가지고 있으며 선거에 참여한다. 오로지 혁명적인 말을 하여 자신의 순수성을 자랑하는 데에 자족하는 사회주의자만이 의회주의에 대해 욕설을 퍼붓는 것에서 그칠 것이다. 그런 일은 별로 어려울 것도 없다.

혁명적 사회주의 사상을 간직할 뿐 아니라 이것을 계급투쟁에 적용하고 계급에 뿌리내리려 하는 사회주의자들만이 말뿐 아니라 행동을 통해서 의회가 별볼일없음을 입증하려 할 것이다. 따라서 사회주의자들은 조직의 규모와 영향력에 따라 후보를 내거나 표찍기 선동을 통해 선거에 참여할 수 있다.

어떤 방식으로 참여하든 가장 중요한 원칙은 첫째, 선거보다 의회

밖의 투쟁이 훨씬 더 중요하다는 것을 잊지 않는 것이다. 따라서 선거운동을 투쟁으로 오해하거나 투쟁을 당선을 위한 압력쯤으로 이해하는 것을 경계해야 한다. 후보를 냈을 때에도 선거운동이 아니라 대중행동에 개입하는 것이 중심이 되어야 하며, 후보는 조직에 종속되어 통제받아야 한다. 그러나 후보가 조직을 통제하는 지위를 가지고 있는 의회주의 조직들은, 선거 참여가 대중행동에서 참모부가 아니라 후원부대 역할을 할 뿐임을 잊고 있다.

그 다음으로 중요한 원칙은 의회가 별볼일없고 수다스런 공간일 뿐이라는 쓰디쓴 진실을 계속해서 말하는 것이다. 자신들이 지지하는 후보가 당선되면 어떤 것을 이룰 수 있다는 식의 주장은 의회에 대한 환상을 부추기는 것이다. 선거 때마다 부르주아 후보에게 표 찍는 "사소한 일"에 과도한 의미를 부여하여 보이코트를 주장하면서도 민중후보나 노동자 후보가 나오면 그가 노동자들의 바람을 들어 줄 것처럼 환상을 갖고 있는 좌익들이 있다. 사회주의자는 그 어떤 후보도 노동자들의 행동을 대신해 줄 수 없음을 분명히 해야 한다.

사회주의자들은 특정 시기의 정치 상황을 구체적으로 판단하여 보이코트나 선거 참여를 선동해야 한다. 레닌은 혁명적 대중행동이 대단히 급속히 발전해 나가고 있는 상황에서나 보이코트를 선동할 수 있다고 주장했다. "적극적 보이코트는 … 명확하고 정확하고 직접적인 구호가 없이는 생각할 수조차 없다. 무장봉기만이 그러한 구호가 될 수 있다."*

---

* 토니 클리프, 《레닌》, 책갈피, 273쪽.

이런 상황에 비추어 보아 다가올 총선에 보이코트를 선동할 수 없다는 것은 너무도 명백하다. 학생 좌익 가운데 부르주아 정당에 대한 환멸의 표현으로 보이코트를 주장하는 경우도 있을 것이다. 이것은 대개 고립으로부터 나오는 미숙함이다. 계급 전체를 고려하지 않고, 누구를 조직하고 지도하려고 하지 않는다면 "마지막 심판의 날"을 기다리며 혁명적 문구를 못 쓸 이유가 어디에 있겠는가? 그러나 노동자 대중이 아직 의회에 기대를 걸고 있는 시기에 보이코트를 선동하거나 기권하는 것은 의회에 대한 환상을 부추기는 개량주의자들에게 노동자 대중을 맡기는 행동과 다름없다.

국제사회주의자들은 이러한 원칙 아래, 선거가 있기 며칠 전 노동자 계급 전체의 관점에서 광범한 지지를 받는 후보에게 아무런 환상도 갖지 말고 표를 던지라고 주장할 것이다.

자본주의 하의 선거 - 선거주의 비판

  89년부터 밀어닥친 남한 경제의 불황은 그 심각함을 더해가고 있
다. 부도 업체가 속출하고 파산하는 기업이 늘어남에 따라 실업률
도 급격히 증가하고 있다. 주가(株價)는 연일 하한가 기록 경신을 하
고 있다. 체제 전체에 걸쳐 불안정성이 확산되고 있으며 이 상태가 더
심각해져 재기 불능의 영구 불황(위기)*에 직면할지도 모른다는 불안
감이 지배계급에게 어두운 그림자를 드리우고 있다. 그리고 그들 내
부에서는 경제 불황의 타개책을 둘러싸고 심각한 의견차가 드러나고
분열이 심화되어 정치적 불안정성이 증대되고 있다.

  단시일 내에 경제가 다시 호전되기는 어렵다는 점을 감안해 볼
때, 국민당 창당, 민자당의 내분, 특혜 또는 정치자금과 관련한 여러
의혹 사건, 선거부정 폭로 등을 통한 지배계급 내분의 자기 폭로 과

이 글은 《국제사회주의》 2호 (1992년 가을)에 실린 것이다.

*   독자들은 동유럽과 옛 소련의 현 경제 상황을 상기할 수 있을 것이다.

정은 단지 서막에 지나지 않는다. 이러한 지배계급 내 분열의 초기 국면은 조직된 노동자 계급의 투쟁과 마주치면, 한편으로는 점진적 부르주아 개혁의 필요성을 역설하는 자유민주주의적 경향과 다른 한편으로는 노동자 계급에 대항하여 자신들을 보호할 공공연한 투쟁과 억압의 필요성을 주장하는 권위주의적 경향 사이에서 절망적인 모순에 빠지게 된다. 후발 자본주의인 남한과 같은 나라의 부르주아지는 경제 불황의 골이 깊어질수록 둘 사이에서 더욱 오락가락하며 더욱 방황하게 될 것이다.

아무튼, 경제 정책을 통한 경제 회복 조치들이(산업구조 조정정책이 그 핵심이다) 별 실효성을 거두지 못하자 지배계급은 점점 더 '고전적인 방식', 즉 노동자 계급을 공격하는 것(예컨대 총액 임금제*)에 의존하고 있다.

지배계급의 공격에 노동자계급은 일방적으로 당하고만 있지는 않다. 노동자 계급은 부문적 요구 투쟁을 중심으로 아직 충분하지는 않지만 자신감을 조금씩 회복하고 있으며, 이러한 요구는 자연스럽게 총액 임금제 분쇄, 고용안정 쟁취와 같은 정치적 요구와 결합되고 있다. 산술적 투쟁 건수로 보면 예년에 비해 낮은 수준이지만(형이상학자들만이 투쟁을 산술적 수치로만 평가할 것이다), 국가 개입 및 억압의 정도에 비추어 볼 때, 계급적 이익의 방어 투쟁에는 충분한 역

---

*   불황기에 임금의 축소는 이윤의 급격한 하락을 막는 가장 중요한 수단 가운데 하나다.

량을 갖추고 있음을 보여주고 있다.* 또한 대규모 직장의 투쟁들(현대자동차, 서울지하철)은 팽팽한 계급세력 균형에 비례하여 일정한 사회적 긴장감을 조성하였다.**

좌익 일부의 비관적 평가와는 달리, 노동자 계급은 앞서 나아가는 민주주의 요구 투쟁들에 힘입어 방어적인 투쟁을 공격적인 선제 행동으로 바꾸어 나아가기 위한 가능성을 시험하고 있다.

그러나 이러한 팽팽한 계급세력 균형과 사회적 긴장을 두 계급간의 화해와 중재를 통해 해결하려는 프티부르주아지의 관점과 동일한 정치를 펴려는 사람들이 있는데, 전국연합, 진정추, 민정추, 민중회의의 민중주의 좌파 지도자들이 바로 그들이다. 이들은 본질적으로 서로 화해할 수 없는 자본주의 선거와 대중투쟁을 기묘하게 절충한 '선거투쟁'으로 노동자 투쟁을 선거 운동에 종속시키려 하고 있다. 87년의 경험에서 조금도 배우지 못한 이들의 92년도판 '대선투쟁' 방침은 그 다양한 목소리에도 불구하고 경제 불황의 여파로 파멸의 위험에 직면한 프티부르주아지의 열망과 완전히 일치한다. 보다 효율적인 대자본의 압력에 의해 도태당하고 있는 프티부르주아지의 열망이 반독점 민주주의 동맹으로 그들의 '대선투쟁' 방침에 반영되었다는 것

---

* 전노협의 통계에 따르면, 6월 19일 현재 임금 인상률은 기본급 기준 15.5%로, 정부의 총액 5% 저지선을 넘고 있다. 5% 내외로 임금 협상이 마무리된 '총액 임금제 중점 관리 대상 업체'도 실은 각종 수당의 신설 및 인상, 상여금의 확대 등으로 실제로는 5%를 넘었다.(그러나 그렇다고 해서 총액임금제 자체를 물리치지는 못했다. 이것은 팽팽한 계급세력 균형을 반영한다.)

** 덧붙여서 말하자면, 이들 대규모 노조들의 투쟁들은 노동조합의 상부에 강한 자기 억제의 중심을 가진 보수적 기구들이 형성되고 있음을 보여주었다.

말고 달리 무엇이 그들의 정치를 더 잘 설명할 수 있을까?

좌익 내에서 지금 논의중인 '대선투쟁' 방침은 '범민주 단일후보론', '민족민주 후보론', '독자후보론'으로 정리할 수 있다. 이 중에서 "부문별 대중투쟁을 국민정서에서 일탈하지 않는 방향으로 벌여" 재야의 '힘'을 모은 뒤 이를 기초로 민주당과의 '정책연합'을 실현하여 김대중을 '비판적'으로 지지한다는 '범민주 단일후보론'과 '강력한' 후보를 앞세워 힘을 과시한 뒤 "민주당에도 이익이 되고 재야에도 이익이 되는 접점을 찾아내어" 정치협상을 이끌어 민주당과 연대한다는 '민족민주 후보론'은 비록 방식은 서로 달라도 민주당과의 연합을 염두에 두고 있다는 점에서 같은 입장으로 볼 수 있다. 전국연합 지도부 및 장기표씨의 민사협이 주도하는 이러한 흐름과는 별도로 민중회의, 진정추, 민정추 등은 '불사퇴 민중후보'를 내세워 지지를 모은 뒤, 이를 발판으로 대선을 전후하여 합법적 진보정당을 건설하고 대선 후의 정국에 대처한다는 '독자후보론'을 입장으로 내놓고 있다.

이 입장들을 비판적으로 고찰하기 위해서는 우선 자본주의에서 의회와 선거제도를 그 핵심으로 하는 부르주아 대의제도의 역할과 계급적 성격에 대한 인식이 필요하다. 우리는 이에 기초하여 부르주아 민주주의 및 그 형식적 제도에 대해 사회주의자가 견지해야 할 원칙을 정립할 수 있을 것이다.

---

*   김대중 선거 운동을 담보로 민주당의 대선 공약에 전노협·전교조의 합법화, 국가보안법 및 노동악법의 철폐, 토지공개념과 금융실명제의 실시 등을 넣는 것을 말한다.

부르주아 대의제도-반노동자 기구

지구상에 존재하는 모든 나라들은 방식과 정도의 차이는 있지만 의회 및 선거제도를 골간으로 하는 부르주아 대의제도를 갖추고 있다.(물론 형식적인 의회조차 없는 나라도 꽤 있다)

역사적으로 자유주의적 자유 및 평등이라는 관념은 봉건제의 계급적·신분적 특권을 폐기하려는 부르주아지의 요구로부터 나왔다. 부르주아적 자유와 평등은 신분적 예속을 타파했다는 점에서, 또 부르주아 의회제도는 이전 시대에 비해 개인 및 집단의 정치적 자유가 확대된 기초 위에 서 있다는 점에서 어느 한 시기에는 진보적인 것이었다.

그러나 본격적으로 자본주의 체제가 작동되면서 부르주아적 자유와 평등은 노동력을 사고 팔 자유, 즉 착취할 자유와 착취받을 '자유'의 기초 위에 서 있다는 점 때문에, 그리고 철저히 지배계급의 이익에 봉사하는 법률 앞의 '평등'에 기초하고 있기 때문에 소수의 지배계급을 위한 자유이고 평등이며 다수 대중에게는 억압의 한 형식에 지나지 않음이 드러났다. 이와 함께 부르주아 의회제도 내의 각 개인 및 집단은 지배계급의 물질적.사상적 헤게모니에 의해 계급적 성격이 탈각된 상태에서 파편화되고 원자화되어 선거에서의 한 표, 또는 무기력한 소수로 남게 되었다. 이 때문에 몇 년에 한 번씩 하는 선거에 출마한 각 정당의 후보들은 선거가 끝난 후부터 다음 선거까지는 자신이 소속된 당이나 스스로의 판단에 따라 움직이면 되었다. 자신을 뽑아준 유권자의 의사에 어긋나는 행동을 해도 소환되는 일은 결코 없었다.(가까운 예로 3.24 총선 때, 민자당의 공천에서 탈락되어 무소속 및 국민당 후보로 출마하여 당선된 후 다시 민자 당에 입당하거나 국민당을 탈당한 작자들을 생각해보라.) 이처럼 의 회제도는 부르주아지의 이해관계만을 대변하는 글자 그대로 부르주 아 대의제도가 되어 의회는 수다스런 부르주아 대변자들의 웅변 장 소에 지나지 않게 되었다.

그러므로 혁명적 사회주의자는 형식적 민주주의라는 우상을 숭 배할 수 없다. 마르크스주의자는 항상 부르주아 민주주의의 정치 적 형태를 사회적 본질과 구별해 왔으며 형식적 자유와 평등이라는 외피 뒤에 숨겨진 자유의 부재와 사회적 불평등의 본질을 밝혀 왔 다. 그 본질이란 다름아니라 부르주아 국가는 그 형태의 다양함에 도 불구하고(군부독재이건 민주공화정이건) 임금노동 제도를 철폐 하지 않는 한 부르주아 독재일 수밖에 없다는 것이다. 그래서 마르 크스는 부르주아 대의제도를 기초로 한 부르주아 민주주의는 평의 회(소비에트)에 기초한 사회주의적 민주주의로 대체되어야 한다고 주장했다.

부르주아 대의제도가 두 가지 서로 다른 작동 방식으로 노동자 혁 명을 억누르는 역할을 해왔음은 잘 알려져 있다. 첫째 방식은 부르주 아 대의제도가 없거나 있다 하더라도 유명무실화되어 있는 나라들에 서 지배계급이 부르주아 대의제도의 도입 및 활성화를 양보조치로 내 놓은 경우였다. 이러한 방식의 대표적인 경우는 '피의 일요일'을 시작으 로 하여 10월 총파업과 소비에트의 등장으로 그 절정을 이룬 러시아 의 1905년 혁명을 차르가 헌법을 공표하고 '두마'(국회)를 설립하는 것으로 잠재우려 한 것이었다.* 최근의 예로는 89년말 챠우세스쿠의 타도로 절정에 달한 동유럽의 민주혁명에 스탈린주의 관료 지배계급이 내놓은 부르주아 의회제도의 활성화였다.** 또한 남한에서 87년 6월 항쟁의 7·8월 노동자 대파업 투쟁으로의 성격 변화를 부르주아 야당 설립의 자유와 대통령 직선제를 그 핵심으로 하는 부르주아 대의제도의 활성화로 억누르려 한 것도 이와 동일한 것이었다.

두번째 방식은 비교적 잘 발전된 의회제도를 가진 나라의 노동운동 내부에서 등장했다는 점에서 첫번째 방식과 차이가 있다. 이것은 의회의 계급적 성격과 역할에 대한 몰이해에서 비롯했는데, '수정주의'로 역사상에 그 모습을 드러낸 이 기회주의적 경향의 대표자는 독일 사회민주당(SPD)의 베른슈타인이었다.*** 그에 따르면 자본주의는 발전과 함께 스스로 모순을 해소하는 적응력이 강한 체제로서 자본주의적 생산양식의 모순은 노동조합과 사회개혁을 통하여 그리고 신용체계와 카르텔·트러스트로 점진적으로 해결된다는 것이다. 그는 이러한 과정을 통하여 자본가는 점점 더 단순한 경영자의 역할(정주영식의 '부유한 노동자')로 전락하고 나중에는 자본가가 없어지고 회사의 운영권은 자본가의 손에서 떨어져 나간다고 주장했다. 따라서 그에게 중요한 것은 "사회주의 정당이 낡은 구호들[이를테면 부르주아 국

---

* 이러한 챠르의 의도는 대중의 혁명적 봉기로 무산되었다.

** 이들 동유럽 국가의 권력 형태는 형식적으로는 의회제였다. 공산당은 간판만 있는 군소 '제휴 정당'과 형식상의 연립정부를 구성하고 있었다.

*** 이 기회주의적 경향의 경제적 토대는 노조 관료들이었다.

가의 파괴, 생산의 사회주의적 조직화, 프롤레타리아 독재]에서 벗어나 민주사회주의적 개혁정당으로서 진정한 모습을 보여주기 위해 용기를 가지는 것"이었고, 따라서 그는 다음과 같이 외쳤다. "사회주의의 궁극적 목표가 무엇이든 그것은 나에게 의미가 없다. 문제는 운동 그 자체이다." 베른슈타인의 이러한 수정주의는 '정통' 마르크스주의자 카우츠키에 의해 정치적으로 완성되었는데, 그에 따르면 "프롤레타리아가 자각한 계급으로서 의회활동에 참여하는 순간 의회제의 성격은 변화하기 시작하며 그것은 이제 더는 부르주아지의 손 안에 든 도구에 불과한 것이 아니게 된다"는 것이다. 따라서 정치투쟁의 목적은 "의회에서 절대 다수를 장악하고 의회의 지위를 국가 안에서 통치권을 행사하는 기구로 격상시킴으로써 국가권력을 장악하는 것"으로 규정되었다. 독일사회민주당이 1918~23년의 독일혁명 과정에서 부르주아 민주주의를 넘어서 전진하던 노동자 계급의 혁명을 부르주아적 한계 내에 머무르게 하기 위해 의회와 모순 관계에 있던 노동자평의회(레테)를 파괴한 것은 당연한 논리적 귀결이었다. 사회민주당은 그 자신이 소수파의 위치에 있던 국회를 보존하기 위해 다수파를 획득하고 있던 노동자·병사 소비에트를 해체시켜 버렸던 것이다.

　세계 최초로 선거를 통해 '사회주의로의 의회적 길'을 걸었던 칠레 좌익의 실패는 보다 비극적이었다. 칠레의 경험은 선거에 임했던 칠레 좌익의 전략적 관점이 남한 좌익의 그것과 유사하다는 점 때문에 이

---

* 　독자들은 이 인용과 이 글의 뒷부분에 인용된 남한 '좌익'의 말의 유사성에 놀랄지도 모른다.

자리에서 살펴볼 필요가 있다.

1970년 칠레의 대통령 선거에서는 공산당, 사회당, 그리고 급진당(급진적 부르주아 개혁을 정강으로 채택하여 중간계급의 지지를 받았다)의 선거연합인 민중연합(Unidad Popular)의 민중후보 아옌데가 당선된다. 민중연합은 칠레가 "제국주의에 종속되어 제국주의 자본과 구조적으로 결합된 극소수의 독점 부르주아지에 의해 지배당하는 자본주의 국가"이므로 칠레혁명의 과제는 "제국주의 및 독점의 지배에 종지부를 찍고 칠레에서 사회주의 건설을 시작하는 것"이라고 선언했다. 이러한 반제·반독점 민중민주주의 강령을 기초로 행정부를 장악한 아옌데는 주요 기간산업을 국유화하고 토지개혁을 실행하는 한편 민중의 생활을 보호하는 정책들 — 물가·임금 연동제, 주택 개선, 의료비 감면 — 을 폈다. 그러나 이러한 개혁 정책들은 부르주아지의 고의적인 생산 감축, 공장 폐쇄, 매점매석 등의 사보타주와 그 완결인 군부 반혁명 쿠데타로 3년 만에 실패로 끝났다.

실패의 가장 중요한 원인은 다른 무엇보다도 부르주아 국가와 충돌하여 노동자 혁명으로 나아가던 노동자 계급의 아래로부터의 행동을 협소한 반제·반독점 강령으로 위에서 억누른 데 있었다. 민중연합의 아옌데 정권은 부르주아 국가의 진면목인 군대, 경찰 등의 폭압적 국가기구, 그리고 부르주아지의 행정기구와 부르주아 의회를 그대로 둔 채, 대통령이 가지는 행정권을 이용한 개혁을 통하여 점진적으로 사회주의를 이루려고 했다. 철저히 단계론적 혁명전략에 따라 민중연합의 공산당과 사회당과 급진당은, 자본가의 공급기피와 매점매석과 투기 등 사보타주를 생산자와 소비자를 직접 연결함으로써 무력화시켜 가던 공급물가위원회(JAP)와 공장점거 및 자주관리를 통해 노동자 권력의 맹아로 성장해 가던 꼬르돈 인두스트리알(Cordon Industrial)을 해체시켜 버렸다. 해체의 명분은 다음과 같은 것이었다.

> 이봐요 동지들, 우리가 그어 놓은 선은 여기[부르주아 국가를 그대로 둔 상태에서 점진적이고 '평화적'인 사회주의로의 이행]까지이니 더이상은 넘어가지 마시오. 당신들은 우리가 제시하는 정책을 지지하고 따라오기만 하면 됩니다. 이 선을 넘는 것은 공연히 자본가를 자극하여 경제를 악화시키고 반혁명의 빌미를 제공할 수도 있으므로 결과적으로는 자본가들을 도와주는 일일 수도 있소.

노동자 계급의 사기가 저하되자 진짜 반혁명이 시작되었다. 그렇게도 온건하게 다루었던 자본가 계급의 응답은 유혈낭자한 쿠데타였다. 아옌데를 비롯한 10만여 명의 좌익이 피살되거나 체포되었다. 가장 비극적으로 민중주의적 계급협조주의를 청산당하였던 것이다.

점진적인 개혁을 통해 사회주의가 위로부터 도입될 수 없는 것은 다음과 같은 이유 때문이다.

첫째, 의회에서 다수를 차지한 선의의 '사회주의자'들이 '점진적인' 사회주의적 조치들을 취하고 있는 동안에도 경제의 실질적인 지배력은 자본가 계급의 수중에 있다는 점이다. 칠레의 아옌데 정부, 독일 사민당의 바이마르 공화국 정부의 '사회주의자'들은 자본가들의 사보타주(공장폐쇄, 생산감축, 매점매석, 물가인상, 자본의 해외도피

등) 때문에 결국에 가서는 노동자들에게 유리한 조치들을 철회하지 않을 수 없었다.

둘째, 국가기구가 중립적이 아니라 철저히 자본주의 체제를 유지하기 위해 만들어졌다는 점 때문이다. 만약 국가기구가 초계급 중립적이어서 특정한 정부가 명하는 바를 무엇이든 수행하는 '수동적' 조직체들이라면 실제로 이러한 기구는 자본의 반혁명 기도를 중지시키는 데 이용될 수 있을 것이다. 그러나 자본가 국가의 여러 기구들 — 군대, 경찰, 사법부, 공무원 — 의 관료적 위계질서의 상부에 있는 자들은 자본가와 단지 그 직능을 달리할 뿐 의식과 이해관계는 완전히 일치하는 부르주아 계급이다. 그 중에서도 자본가 국가의 진면목인 군대 및 경찰의 위계적 상명하달 체계는 이 조직의 최상부에 있는 자들이 마음만 먹으면 사병이나 폭동진압 경찰을 자기 뜻대로 움직이도록 조직되어 있는 것이다. 정부의 사전명령이나 의회의 승인 없이 이루어진 유혈진압이나 셀 수 없이 많은 쿠데타 시도들이 이를 잘 보여준다.

세번째 이유는 의회민주주의가 어떠한 혁명운동도 그것을 통해서는 표출되지 못하게 하는 구조적 메카니즘을 가지고 있기 때문이다. 남한의 개량주의 좌익은 바로 이 점에 대한 몰이해 때문에 대중운동의 논리와 선거운동의 논리 사이의 근본적 차이를 이해할 수 없다.

대중투쟁의 역사가 말해주듯, 대중은 스스로의 행동을 통하여 실제로 사회가 변화되기 시작할 때에야 비로소 자신들이 사회를 이끌어 나갈 수 있다고 믿는다. 혁명적 사회주의자의 주장이 설득력있는 현실적 대안으로 다가가는 때는 수십만, 수백만의 근로대중이 공장, 광산, 사무실 등을 점거하고 총파업에 참여함으로써 사회가 실은 그들의 손에 의해 돌아가고 있었다는 점을 깨달을 때이다.

그러나 이러한 투쟁이 정치적 지도의 결여로 지배계급의 타도와 노동자 권력의 수립으로 나아가지 못하고 주춤거리면 투쟁의 방향을 둘러싸고 선진 노동자와 후진 노동자들 사이에 분열이 생겨나며, 결국은 타협을 위해 어정쩡한 중도적 입장에 선 노동자의 견해가 투쟁의 방향으로 채택된다. 그러나 적당한 타협선을 찾는 사이에 적전분열은 더욱 심화되어 그나마 유지하고 있던 단결도 깨져 자신감이 떨어지기 시작한다. 이 결정적인 시기에 자본가들은 반격을 도모한다. 일정한 양보조치와 함께 매스미디어를 동원한 '언론 플레이'를 시작한다. 경제위기가 노동자들의 '이기심' 때문이라고 공격하면서, 우선 '산업평화'가 급하니 몇 주, 몇 달 혹은 몇 년 후에 있을 합법적인 '선거를 통하여' 권리를 실현하라고 노동자들을 설득한다. 이때쯤이면 노동자들의 머리 속에는 자신들이 투쟁의 최고조기에 가지고 있던 생각이 허망한 것이었다는 자괴감이 찾아든다. 파업을 중지하고 중간계급의 이러저러한 견해들을 전파하는 TV가 기다리는 가정으로 돌아오면서 투쟁 전의 노동자로 다시 돌아가게 된다.

그리하여 마침내 이후에 선거가 치러질 때 투표는 노동자 투쟁의 '높은 의식 수준'이 아니라 '사그라진 분위기'를 반영하게 되어, 선거에서의 승리를 기대하던 좌익 개량주의 정당들을 아연실색케 만들고 이들은 노동자들이 아직 "진보적 이념을 받아들일 준비가 안 되어 있다"고 평가하며 그들을 경멸의 눈빛으로 바라보게 된다. 그래서 그 출발은 '진보적'이었던 개량주의 정당들은 다음번 선거에서는 좀 더 온건한 정책으로 승부해야겠다고 다짐하며 점점 더 부르주아 야당과 거의 다를 바 없는 이름뿐인 '공산당', '사회당', 노동당, 민중당으로 체제 내에 순응해간다. 이것이 바로 사회민주주의적 개량주의 정당과 유러코뮤니즘적 개량주의 정당이 걸어 왔던 길이다.

이렇듯, 의회제도는 노동대중의 불만을 체제 내로 흡수하는 형식적 민주주의의 생색내기에 불과하며 그 선거 과정은 노동대중에게 스스로 집단적 행동으로 자신들의 요구를 실현한다는 의식이 아니라 "누구에게 표를 던질까"라는 수동적인 환상을 부여함으로써 결국은 지배계급의 지배에 정당성과 합법성을 부여하는 수단 노릇을 하게 된다.

의회제도의 이러한 근본적 한계 때문에 마르크스와 레닌은 노동자 계급은 자신들의 해방을 위해 자본가 국가를 파괴할 뿐만 아니라 스스로를 지배계급으로 조직하여 완전히 새로운 원리에 바탕을 둔 노동자 국가를 창조할 때에만 사회주의의 건설을 시작할 수 있다고 주장했던 것이다.

"어떠한 타협도 안 된다?"

그러나 진정한 혁명의 변증법은 부르주아 민주주의 및 그 형식적인 제도를 단지 말로써 거부하고 회피하기만 하면 되는 문제가 결코 아니다. 마르크스와 레닌은 혁명적 상황이 아닌 경우에는 반동적인 부르주아 의회라는 '돼지우리'조차도 활용할 줄 알아야 한다고 주장했다.

부르주아 국가의 파괴 및 새로운 원리에 기초한 노동자 국가의 수립이라는 명제와 국가기구의 일부로서의 의회제도의 활용이라는 명제는 우익 기회주의자들과 초좌익들에게는 일종의 형용모순처럼 보인다. 우익 기회주의자들은 의회제도에 대한 비판을 무정부주의자의 비판으로 몰아 세우고 '사회주의로의 의회적 길'로 나아가는 반면 초좌익들은 그것을 원칙상 일체의 타협에 반대하는 것으로 이해한다.

마르크스는 그들이 이해하는 바의 '형용모순'을 다음과 같은 간단한 말로 해결하고자 했다. "어느 사회의 지배적인 관념은 지배계급의 관념이다." 즉, 일상적 시기에 다수의 노동자들은 지배계급의 관념을 받아들이고 있다는 것이다. 또한 역사적 경험들은 심지어 혁명적 시기에조차 많은 노동자들이 의회제도에 여전히 환상을 가진다는 것을 보여 주었다.

그러므로 진지한 혁명가에게 중요한 것은 대중 속에서 의회제도의 진정한 본질을 대중에게 입증하는 것이지 대중과는 외따로 있으면서 스스로를 대중과 분리하는 것이 아니다. 계급투쟁의 역사를 돌이켜 보면, 자본주의의 압력에 대해 일체의 타협을 거부하는 '좌익적' 슬로건으로 스스로를 자본주의로부터 고립시켜 자기들만의 사회주의 이념에 따라 행동했던 사회주의자들은 그것이 결과적으로는 사회주의를 실현할 수 있는 유일한 힘인 노동자 계급으로부터도 스스로를 고립시킬 수밖에 없었기 때문에 비참한 파멸을 맞이해야 했다.

그래서 사회주의자들은 타협을 해야 했다. 정치에서 '타협'이란 어떤 요구들에 대한 굴복, 일부 요구의 포기를 뜻하는 것이다. 사회주의자들은 싸움이 적에게 유리한 경우에는 그 싸움을 피해야 했고*,

---

* 독일 제국주의와 소비에트 러시아 사이의 브레스트-리토프스크 강화조약을 생각해 보라.

반동적 노조에 들어가서 활동해야 했으며, 의회라는 '돼지우리' 속에서도 활동해야 했다.

예를 들어 제3차와 제4차 두마에의 참여에 동의한 것은 혁명적 요구들의 일시적 포기라는 점에서 타협이었다. 그러나 이것은 절대적으로 우리에게 강요된 타협이었다. 왜냐하면 계급세력의 균형이 우리가 당분간 혁명적 대중투쟁을 지도하는 것을 불가능하게 했으며 오랜 기간에 걸쳐 이러한 투쟁을 준비하기 위해서 우리는 심지어 그와 같은 '돼지우리'[두마를 이르는 말이다] 속에서조차도 활동할 수 **있어야 했기** 때문이다. 역사는 그 문제[타협]에 대한 볼셰비키당의 이러한 접근이 완전히 옳았음을 입증했다.(On Compromises, 레닌 선집 영어판 제2권 p.171.)

레닌은 부르주아 의회 및 선거에 참여하는 타협을 합법적인 기회의 활동, 즉 의회 및 선거의 본질에 대해 보다 많은 대중에게 말할 수 있는 선전·선동의 기회로 이해했다. 의회와 선거가 부르주아 민주주의의 본질을 폭로하고 그것의 파괴를 선전하는 데 이용되어야 한다는 것이다.

의회주의란 물론 공산주의자들에게는 '역사적 폐기물'이다. 그러나 우리들에게 쓸데없는 것이라고 해서 계급한테도 대중한테도 쓸데없는 것이라고 생각해서는 안 된다. 그리고 이 점은 대단히 중요한 것이다.
공산주의자인 여러분들은 노동자 계급의 후진층 수준으로 함께 가라앉아서는 안 된다. 그 점은 대단히 명백하다. 여러분들은 오히려 그들에게 쓰디쓴 진실을 말해 주어야 한다. 여러분들은 그들이 갖고 있는 부르주아 민주주의적이고도 의회주의적인 편견을 그 본래의 이름으로, 즉 편견이라고 불러주어야 한다.(《'좌익' 공산주의-소아병》.)

하지만 레닌과 볼셰비키가 언제나 의회와 선거에 참여하는 것이 옳다고 주장한 것은 아니다. 의회 참여와 보이코트는 계급세력들과 그 상호관계에 대한 엄밀한 과학적 평가가 뒤따랐다. 예컨대 레닌은 1905년 두마의 보이코트를 예로 들면서,

1905년 8월 차르가 자문 '의회'의 소집을 선포했을 때, 볼셰비키는 모든 야당들과 멘셰비키의 반대에도 불구하고 그 의회를 보이코트할 것을 요구하였고 그 '의회'는 1905년 10월 혁명으로 사실상 휩쓸어져 날아가 버렸다. 보이코트는 당시에는 올바른 것으로 입증되었다. 그러나 그것은 반동적 의회에 참여하지 않는 것이 일반으로 옳기 때문이 아니라 우리가 객관적 상황을 정확하게 평가하였기 때문인데, 당시의 상황은 대중파업이 처음에는 정치파업으로, 그 다음에는 혁명적 파업으로, 그리고 마침내는 봉기로 빠르게 발전하고 있었던 것이다.(같은 책, p.303)

진정으로 문제가 되는 것은 부르주아 민주주의 일반이 '역사적으로 폐물이 되었다'는 말(또는 선언)과 대중에 의한 그 말의 실천적인 극복 사이의 괴리였다.

왜냐하면 중요한 문제는 부르주아 민주주의가 오랫동안 존재해 왔는가

아니면 짧은 동안 존재해 왔는가가 아니라 근로인민 대중이 소비에트 체제를 받아들이고 부르주아 민주주의 의회를 해체할(또는 그것의 해체를 허락할) 준비가(이념적으로, 정치적으로, 실천적으로) 얼마나 되어 있는가이기 때문이다.(같은 책, p.323)

심지어 볼셰비키는 권력장악 이후에도 제헌의회를 보이코트하지 않았다. 즉, 제헌의회는 아직도 후진 대중에게는 낡은 것이 아니었다. 소비에트 민주주의의 확대를 위해 부르주아 민주주의의 반동성이 후진 대중의 경험 속에서 검증될 필요가 있었던 것이다.

소비에트 공화국의 승리 몇 주 전에도 그리고 심지어는 그 승리 **이후에**조차도 부르주아 민주주의 의회에의 참여는 혁명적 프롤레타리아에게 해를 끼치기는커녕, 실제로는 혁명적 프롤레타리아가 후진 대중에게 왜 그런 의회들은 없어질 만한가를 입증하는 것을 도와주고, 그것들의 성공적인 해체를 손쉽게 해주며, 부르주아 의회주의가 '정치적으로 폐물'이 되게 하는 것을 도와주었음이 입증되었다.(같은 책, p.323)

이렇듯 레닌은 의회라는 공간을 선전·선동의 기회로, 대중을 조직하는 하나의 수단으로 생각했지 결코 단순히 의석 확보를 위한 투쟁공간으로 격하시키지 않았다. 즉, 의회와 선거라는 공간을 부르주아 민주주의의 본질을 폭로하고 체제의 전복을 주장하는 합법적 공간으로 활용했다. 그러나 합법적 공간의 활용에 모든 역량이 집중되어야 한다고는 결코 주장하지 않았다. 합법적 활동을 유일한 개입

분야로 한정하지 않았으며 따라서 활동의 중심은 지하 세포조직을 중심으로 한 공장 속에 굳건히 남아 있었다. 왜냐하면 "대중의 행동은, 예컨대 대파업은 혁명기나 혁명적 상황일 때만이 아니라 언제나 의회적 행동보다 중요하기 때문"에. 즉, 합법 투쟁과 비합법 투쟁은 후자의 기초 위에서 서로 결합되어야 했다.

볼셰비키가 불가피하게 강요된 타협 속에서도 굳건히 견지했던 노동자 계급의 사상적·정치적 독립이라는 원칙은 특별히 강조할 필요가 있다. 볼셰비키는 1917년 9월에 자신의 농업 집산화 강령을 일시적으로 포기하고(이것은 타협이다) 농민과의 동맹을 바란다는 것을 보여주기 위해 농민의 정치적 대표자인 사회혁명당의 농업강령을 그대로 받아들였지만 사회혁명당의 지도 이념에 대한 비판을 결코 유보하지 않았다. 또한 1903~1912년까지 볼셰비키는 멘셰비키와 공식적으로 같은 사회주의 정당 내에 있었는데도 조직적 단결을 이유로 멘셰비키에 대한 이념적·정치적 투쟁을 멈추는 일은 결코 하지 않았다. 그러므로 볼셰비키가 생각한 적당한 타협 형태의 선결조건은 모든 개량주의적·기회주의적 견해들에 대한 정치적·사상적 비판의 자유였다. 그래서 볼셰비키는 기회주의자들에게 듣는 '종파주의자'라는 비난을 찬사로 알고 자랑으로 여겼다.

부르주아 대의제도에 대한 사회주의자의 태도는 다음과 같이 정리될 수 있다.

첫째, 의회 및 선거에의 참여(타협) 여부는 계급세력들과 그 상호관계에 대한 엄밀한 과학적 평가에 기초하여 정한다.

둘째, 참여(타협)로 결정된 경우에는 의회 및 선거를 선전·선동의 기회로, 대중을 조직하는 하나의 수단으로 삼지 결코 의석 확보를 위한 공간으로 격하시키지 않는다. 그러므로 합법적 활동을 유일한 개입 분야로 한정하지 않으며 따라서 활동의 무게중심은 의회 및 선거의 바깥에 굳건히 남아 있어야 한다.

셋째, 이런 모든 활동은 노동자 계급의 정치적·사상적·조직적 독립에 기초해야 한다.

"남한의 부르주아 민주주의"

남한의 부르주아 민주주의에 대해 간단히 말하자면, 그것은 불균등·결합 발전의 법칙을 완전히 확증하는 것이다. 역사적으로 남한의 국가는 그 출발부터 후진적 경제에 부르주아 민주주의 제도를 이식했다. 그러나 남한의 부르주아 민주주의 정치체제는 경제적 토대의 취약함 때문에 "근대 정치의 문명화된 결점들과 구체제의 야만스러운 결점들"이 결합될 수밖에 없었다. 근대적 정치체제는 그 실체를 완전히 갖출 수 있기도 전에 권위주의적으로 일그러져야만 했다.

그럼에도 불구하고, 일체의 정치적 반대를 억누른 권위주의 체제에 의해 폭력적으로 수행된 급속한 자본 축적 과정은 부르주아 민주주의 정치체제에 대한 대중의 환상을 오히려 강화시켰다. 마르크스가 유럽의 후발 자본주의 국가인 독일을 언급하면서 말한 "입헌적 정치체제의 실상을 공유하지 못하면서도 그것의 모든 환상들은 고지식하게 공유하고 있는" 상황이 초래된 것이다. 그리고, 이와 함께, 권위주의 체제에 의해 권력으로부터 소외된 부르주아 개량주의에 대한 환상도 증대되었다.

1987년의 6월 항쟁과 7-8월의 노동자 대중파업은 지배계급 일반에게 부르주아 민주주의로의 이행이 더 이상 미룰 수 없는 일임을 인식시켰다. 왜냐하면 6월 민주화 투쟁의 7-8월 노동자 대중파업으로의 발전과 같은 상황 전개 자체가 억압적 통치체제가 가장 우려하는 바(민주주의 투쟁에서 시작하여 노동자 혁명으로 전환되는 영구혁명)의 단초를 보여주었기 때문이다. 계급투쟁은 피지배계급뿐 아니라 지배계급도 가르친다. 지배계급은 부르주아 민주주의 정치체제라는 노동자 혁명에 대한 방패를 가지고 싶어했다.

그러나 87~92년에 이르는 부르주아 민주주의체제로의 이행과정은 기만적인 것에 불과했다. 남한 사회가 워낙 모순이 중첩되고 심화된 체제인지라 부르주아 민주주의의 기본적 권리들 — 언론·출판·집회·결사 — 의 부분적 허용조차도 지배계급의 원래 의도(이른바 '비(非)TK파 부르주아지'와 중간계급을 포섭해 노동자 계급을 정치적으로 고립시킴으로써 지배체제의 안정을 이루는 것)대로 귀착되기보다는 더 폭넓은 민주주의 투쟁과 특히 노동자 계급의 투쟁이 본격화되는 계기로 작용했다. 그래서 우리는 지난 수년간(그리고 지금도) 끊이지 않고 이어지는 민주주의 투쟁들과 산업투쟁의 분출을 보아왔다. 전노협의 출범, 민자당의 창당 반대 투쟁, 골리앗 파업투쟁, 강경대군 타살 항의 투쟁 등등. 지배계급은 서둘러 자신들이 허용한 자유들을 다시 억압하고 축소해 나가야 했다.

이러한 사실은 남한에서 부르주아 민주주의 체제로의 이행이 결코 순탄치 않을 것임을 예고한다. 그 출발부터 노동 대중과 적대적으로 마주한, 그리고 권위주의 체제보다는 노동자 계급을 더 두려워하는 후발 자본주의 남한의 자유주의적 부르주아지가 민주주의적 과제를 철저히 해결할 수 있다고 기대하는 것은 모래 위에 집을 짓는 것처럼 허망한 일이다. 그렇다면 급진적 프티부르주아 민주주의자들이 그 과제를 수행할 수 있을까? 남한 운동의 경험은 그들이 기껏해야 '소박한 민주주의'의 대표자이며 그들의 정치는 자신들의 나약함과 소심함을 대신하여 권위주의 체제에 대항하여 싸워줄 수 있지도 않는 '진보적' 부르주아지에게 압력을 넣는 것일 뿐이라는 점을 보여주었다. 민주주의적 과제의 철저한 해결은 오직 노동자 계급의 투쟁을 통해서만 가능할 것이다. 그러나 민주주의 투쟁의 내적 동력이 노동자 계급에 달려 있다는 바로 그 이유로 민주화 투쟁은 필연적으로 노동자 계급의 정치적·경제적 해방의 전망인 사회주의적 과제와 결합될 수밖에 없을 것이다.

그러므로 혁명적 사회주의자는, 본질적으로는 부르주아지의 요구임에도 불구하고 겁 많은 (프티)부르주아지가 외면하고 지나가는, 그리고 그것 없이는 노동자 계급의 자기 해방이 심각한 어려움에 봉착한다는 점에서 노동자 계급의 요구이기도 한 민주주의적 자유 — 언론, 출판, 집회, 결사 등 — 를 쟁취하기 위한 투쟁에 계급적 내용을 불어넣는 일을 자신의 임무로 삼을 수 있어야 한다.

현 정세와 같이 팽팽한 세력균형 속에 산업투쟁보다는 중간계급들의 민주주의 투쟁이 상대적으로 앞서 나아가고 있는 상황에서 민주주의 투쟁을 경시하는 것은 자칫 그나마 '물밑'에서 진지전으로 전개되고 있는 노동자 계급의 투쟁에 찬물을 끼얹는 것이 될 것이다. 더구나 그 성격상 서로 모순 관계에 있는 선거운동과 대중투쟁을 교묘히 절충한 '선거투쟁'으로 대중의 투쟁을 대체하려 한다면, 산업투쟁뿐 아니라 민주주의 투쟁조차도 당분간은 억눌릴 운명에 처할 것이다.

이제 선거 이야기로 들어가 보자. 사회주의자는 노동자들이 선거에만 관심을 가지고 집단적 투쟁을 삼가는 것을 결코 바라지 않는다. 그러므로 사회주의자의 진정한 관심과 활동은 선거와 무관하게 진행되는 노동자 투쟁에 있어야 한다. 오직 노동 대중의 집단적 행동만이 계급세력의 균형을 변화시킬 수 있기 때문이다. 그러나 사회주의자는 선거에 기권주의적 태도를 취해 개량주의자들을 기쁘게 하지 말아야 한다. 선거주의에 취해 있는 개량주의자들에게 노동자들을 내맡기는 잘못을 저지르지 않기 위해, 그리고 노동자들에게 선거는 결코 노동자들의 조건을 개선해 주지 않는다는 점을 설명하기 위해 사회주의자는 선거에 참여해야 한다. 지금이 혁명적 정세도 아닐뿐더러 노동자들이 여전히 선거와 개량주의에 대한 환상을 가지고 있기 때문이다.

비판적 지지 ─ 강요된 타협

선거에 참여하는 가장 좋은 방식은 사회주의자들 자신의 후보를 출마시켜 부르주아 민주주의의 본질을 드러내는 선전·선동을 조직하는 것이다. 만약 혁명 정당이 있다면 문제는 아주 수월해질 것이다. 사회주의자 후보를 내고 연단과 유세장에서의 선전·선동을 통해 부르주아 대의제도의 기만성과 반동성을 폭로하며, 그 당이 발행하는 신문이 두마 참여 때 볼셰비키의 <프라우다>가 했던 역할을 한다면 더 바랄 나위가 없다. 그러나 불행히도 우리는 그렇게 할 역량을 갖추고 있지 못하다. 그러므로 차선책을 선택할 수밖에 없다. 그것은 비판적 지지 전술로서 일종의 타협이다. 그것은 여전히 부르주아 개량주의에 환상을 가지고 있는 노동자 계급에게 동류의식과 연대감을 나타내기 위해 필요한 강요된 타협이다. 그 방법은 출마한 후보 중에서 상대적으로 가장 노동자 계급의 이익에 부합하는 공약을 제시하는 후보에 대한(이것 때문에 노동자들은 환상을 가진다) 환상을 가지고 있는 대중에게 그 후보를 표 찍기에 한정하여 지지할 수 있음을 밝혀 보다 많은 노동자들에게 개량주의에 대한 비판과 사회주의 선전의 기회를 갖는 것으로 요약될 수 있다. 비판적 지지 전술은 부르주아 개량주의에 대한 비판을 결코 유보하지 않는다는 점에서 지배계급에 대한 타협은 아니다. 그러나 그것은 부르주아 개량주의 사상을 받아들이는 노동자 계급의 압력에(일시적으로 혁명적 요구를 포기한다는 점에서) 타협하는 것이다. 즉, 지배계급에 대한 타협이 아니라 노동자 대중에 대한 타협이다.

이번 대통령 선거에서 사회주의자는 비판적 지지 전술을 통해 평소에는 접근조차 힘들었던 범위에 있는 선진적 노동자들을 만날 수 있을 것이다. 가령 김대중에게 환상을 가지고 있는 노동자가 있다고 해보자. 사회주의자임을 숨기지 않으면서, 김영삼을 낙선시키기 위해 김대중에게 표를 던질 수 있음을 밝힌다면 그 노동자는 일단 사회주의자의 말에 관심을 가질 수 있을 것이다.* 그때 사회주의자는 왜 김대중의 개량주의 정부가 부르주아 '민주주의'의 가면을 쓴 자본가 독재인지, 왜 노동자 민주주의가 부르주아 민주주의보다 몇 천 배는 족히 더 민주적인지를, 대통령 후보자가 무엇을 해주기를 바라고 투표하는 선거 방식이 아니라 왜 대중 자신의 집단적 투쟁만이 사회를 변혁시키는 유일한 길인지를 설명할 수 있을 것이다. 만약 김대중이 당선된다면 사회주의자의 부르주아 개량주의에 대한 비판은 곧 현실로 입증되어** 노동자들은 사회주의자를 지지할 것이며 그것은 곧바로 노동자 계급의 혁명적 정치세력화로 연결될 수 있을 것이다.

민중후보를 지지하는 노동자들에게도 사회주의자는 똑같은 전술을 취할 수 있다. 당선 가능성에 관계없이 그에게(만약 그가 사퇴하지 않는다면) 표를 던질 수 있음을 전제하면서, 그러나 민중후보가 제시하는 강령과 공약도 그에게 표 찍는 행위를 통해서가 아니라 노동자들의 자주적이고 집단적인 행동을 통해 권력을 장악할 때만 가능하다는 점을 설명할 것이다.

요컨대 사회주의자의 진정한 관심은 선거를 부르주아 민주주의 및 그 형식적 제도(부르주아 대의제도) 비판을 위한 선전·선동 수단으로 삼는 데 있지 선거과정 자체를 통한 목적 달성(지배계급 야당 후보의 당선 운동을 통한 '민주정부'의 수립이나 선거 캠페인을 통한

---

* 만약 경우에 따라 김대중에게 표를 던질 수도 있음을 밝히지 않는다면 그 노동자는 사회주의자의 말에 무관심으로 일관할 것이다.

** 김대중의 선거 공약(公約)이 얼마 가지 않아 공약(空約)이 될 것이므로.

'진보정당'의 건설)에 있지 않다. 그러나 사회주의자가 양 후보 모두에게 표 찍을 수는 없으므로, 선거가 임박하면 어느 후보를 지지하는 노동자들이 더 투쟁적인가에 대한 판단에 기초하여 그에게 표를 던지면 될 것이다.*(사회주의자는 노동자들이 분열해 있을 때 좀더 계급의식적인 선진 노동자와의 연대감을 택한다.)

"민주대연합" — 정치전략에서의 멘셰비즘

그러나 선거과정 자체를 통한 목적 달성에 진정한 관심을 가지면 주객이 완전히 전도되어 부르주아 민주주의에 대한 비판을 유보하는 데서 더 나아가 그것을 거의 찬미할 수밖에 없다. 또한 지배계급 야당과의 '연합'에 의해 수립될 정부는 마치 현재의 정부와는 그 질을 달리하는 정부인 양 제시되지 않으면 안 된다. 왜냐하면 지배계급 야당(민주당)과의 '연합'을 통해 수립될 '민주정부'(범민주 단일후보론) 또는 '민주연립정부'(민족민주후보론)가 개량(개혁)을 통해 대중의 삶의 조건을 획기적으로 바꿀 수 있다는 관념을 유포할 때만 대중은 민주대연합 후보(김대중)에게 기꺼이 표를 던지려 할 것이기 때문이다. 똑같은 이유에서 민주대연합론은 부르주아 개량주의자 김대중에 대한 비판을 할 수 없다. 그의 부르주아 개량주의에 대한 비판은 감표 요인이 되어 그들의 목적에 부합하지 않으므로.

---

* 이때 사회주의자가 투표하지 않는다면 그것은 대중을 속이는 일이 될 것이다.

그래서 민주대연합론은 '민주정부'의 성격을 '파쇼정부'에 대비되는 민주주의 (선거)혁명정부의 위상으로 격상시켜야 했다.

파쇼정권이 아니라 민주정부에서 언론, 출판, 집회, 결사의 자유 등 일반 민주주의적 제 권리가 보다 용이하게 보장되는 것은 당연하다. … 전노협, 전교조 등의 합법화 및 국가보안법, 집시법 등 제반 악법의 폐기, 약화가 이뤄진다. … 민주정부 아래에서 민중의 자유는 더욱 보장되고 정치적으로 더욱 빠른 성장을 할 조건이 확보된다.(《연대와 전진》 제5호 p.24)

대중의 정치적 자유가 보장되는 부르주아 민주공화정의 수립. 이 것은 자유주의적 부르주아지에게 권력을 잡도록 압력을 가하여 전 자본주의적 사회관계의 잔재를 철폐하고 프롤레타리아 계급의 성장을 촉진할 부르주아 민주공화정을 세운 뒤 그때 비로소 사회주의 혁명을 위한 투쟁을 일정에 올린다는 전형적인 멘셰비키 2단계 혁명전략의 제1단계에 해당하는 전략이다. 짜리즘(제정 러시아 국가)이 파쇼정권으로, 자유주의적 부르주아지가 '진보적' 중소 부르주아지로, 차리즘의 타도가 선거를 통한 파쇼정권의 패퇴(선거혁명)로 둔갑했을 뿐 그 사상적 전제는 완전히 일치한다. 그러나 러시아의 상황과 다른 것이 있는데, 러시아의 경우 노동자 계급이 러시아 사회민주노동당으로 조직되어 있었는데 비해 남한은 그렇지 못하다는 점이다. 즉, '파쇼'정권에 반대하는 '진보적' 중소 부르주아지에게 압력을 가하여 '파쇼정권'과의 투쟁으로 '견인'하기 위해서는 그 수단이 필요한데 그것이 없는 것이다. 그래서 민주대연합론에게 그 수단은 불가피하게 반제·반독점(반파쇼) "진보적" 민주주의 민중전선으로서 국민회의가 되어야 했다.

(중략)

　계급투쟁의 역사에 대해 무지하지 않은 사람이라면 이러한 계급협조주의로서 프티부르주아 민주주의의 정치가 러시아의 멘셰비즘으로, 그리고 스탈린의 반혁명 이후 1935년 코민테른의 민중전선으로, 그리고 1970년대 중엽 이후 유러코뮤니즘으로 이어져 왔음을 알고 있을 것이다. 따라서 남한 개량주의의 정치 및 그 연장선상에 있는 대선방침이 멘셰비즘에서 유러코뮤니즘까지 다양한 것은 전혀 놀랄 일이 아니다. 왜냐하면 그것들은 프티부르주아지의 열망과 세계관이 여러 시대에 걸쳐 그 형태를 변화시켜온 동일한 실체의 다른 이름에 불과하기 때문이다.

　혁명적 사회주의자는 불가피하게 강요된 상황에서는 타협을 할 줄도 알아야 한다. 그러나 그것이 모든 타협을 거부하는 것은 불가능하다는 사실을 선언하기만 하면 되는 것으로 이해되어서는 안 된다. 진실로 중요한 것은 타협이 불가피할 때 그 모든 타협을 통하여 혁명적 사회주의의 원칙에, 그리고 노동자 계급에, 또 혁명의 승리를 위해 노동자 계급을 훈련시키는 임무에 굳건히 남아 있을 수 있는 것이다. 그리고 이 모든 것은 혁명 정당의 건설을 통해서만 비로소 완전히 가능하게 된다는 점을 결코 잊어서는 안 된다.

선거와 혁명정당은 별개다

"설마 2005년에 영국에서 볼셰비키 정당이 필요하다는 말은 아니 겠죠?"

이는 스페인 내전기에 공산당에 가입했다가 1956년 헝가리 혁명 때 탈퇴했고 오늘날에도 부시와 블레어에 격렬히 맞서 싸우고 있는 어느 베테랑 사회주의 활동가가 나에게 던진 질문이다.

70여 년의 투쟁 경험조차 그에게 영국에서 혁명이 임박했다거나 좌 파가 혁명에 대비해 조직돼야 한다는 믿음을 주지는 못했다.

단기적 정세만을 놓고 보면 그에게 동의할 수밖에 없다. 대다수 사 회주의자들이 직접 경험하는 투쟁은 격렬한 수세적 투쟁들이다. 그 것이 제국주의적 이라크 점령에 맞선 투쟁이든, 작업장의 조건과 임 금에 관한 것이든, 난민들에 대한 적대나 이슬람 혐오주의로 표현되

크리스 하먼. 격주간 〈다함께〉 56호, 2005년 5월 25일. https://wspaper.org/ article/2145.

는 인종주의에 맞선 투쟁이든 간에 말이다.

극좌파들 가운데 진지한 세력들은 올해 4월을 바리케이드 건설이 아니라 리스펙트의 선거 운동에 쏟아 부었을 것이다. 누구든 "오늘날의 영국은 1917년의 러시아가 아니다" 하며 우리를 조롱할 때, 우리는 그 말에 동의할 수밖에 없다.

그러나 그것이 이야기의 끝은 아니다. 러시아의 상황 역시 언제나 1917년과 같지는 않았다.

러시아 최초의 혁명가들이 19세기 후반에 활동을 시작했을 때 그들은 유럽 전체를 휩쓴 두 차례의 혁명적 격변에서 아무런 상처도 입지 않았을 뿐 아니라 다른 지역에 구질서를 재확립하는 데 결정적 구실을 한, 3백 년의 역사를 지닌 전지전능해 보이는 왕정과 대치하게 됐다.

심지어 카를 마르크스조차 최초의 러시아 마르크스주의자들에게는 아무것도 기대하지 않았다. 그는 제네바의 망명지에서 러시아의 노동자들을 조직해 차르 체제를 전복할 수 있다고 믿은 대여섯 명의 혁명가들을 비웃었다.

그러나 19세기 러시아든 21세기 영국이든, 혁명적 변화의 가능성을 말해 주는 것은 현재 상황이 어떻게 보이느냐는 것이 아니라 장차 사회가 어떤 방향으로 나아가고 있느냐는 것이다.

러시아 마르크스주의자들은 차르 제국이 세계 체제의 압력에 떠밀려 자본주의의 길로 나아가고 있었음을 이해했기에 올바르게도 마르크스와 반대되는 입장을 취할 수 있었다.

이러한 추세 때문에, 사회 상층의 정치 구조가 확고부동해 보이는 가운데서도 기층 인민들 사이의 일상적 관계는 혁명적 변화를 겪었고, 마침내 상층의 정치 구조는 붕괴한 것이다.

이와 마찬가지로, 오늘날 영국의 사회주의자들에게 제기되는 진정한 물음은 수백 년을 이어 온 정치 구조의 안정성을 마침내 무너뜨릴 수 있는 과정들이 과연 진행되고 있느냐는 것이다.

이에 대답하는 것은 그리 어렵지 않다. 혁명적인 정치적 변화에 가장 적대적인 자들이 다른 한편으론 세계화 때문에 사회 기층의 변화가 불가피함을 가장 강력히 주장하기 때문이다.

그들의 주장은 이러한 추세 때문에 산업의 대량 파괴, 연금 축소, 사유화로 인한 복지국가 해체 같은 현상들을 우리가 체념하고 받아들여야 한다는 것이다.

서로 다른 나라에 기반을 둔 거대 다국적 기업들 간의 맹목적인 경쟁은 핵심 천연 자원인 석유를 고갈시키고 있고 이는 다시 석유 공급을 둘러싼 군사적 갈등을 점점 더 부추기고 있다.

그러는 동안 석유 사용으로 발생하는 온실 가스는 기후 패턴을 뒤바꿔 놓음으로써 모든 방면에서 불안정을 초래하고 있다.

바로 이러한 점이 우리를 다시 '볼셰비즘'의 문제로 인도한다. 한 세기가 넘도록 영국의 지배적인 사회주의 전통은 기존 제도 내에서 벌이는 선거 활동을 강조해 왔다.

그것은 한편으로 개혁을 위한 선전을 수행하고 다른 한편으로 득표에 초점을 둔 조직을 건설하는 것을 뜻했다. 파업 지지 활동, 시위 조직, 실업자 시위 건설 등 다른 모든 활동들은 득표 전략에 종속됐다.

선거는 사회가 나아갈 방향을 둘러싼 계급간의 투쟁에서 일정한 구실을 한다. 선거는 인민 대중의 의견을 수렴하는 공간인데, 지배계급은 대중의 의사를 어느 정도 고려해야만 자신이 미처 준비하지 못한 격한 정면 대결을 피할 수 있다.

그 때문에 지배계급은 어느 정도 개혁적인 정부들을 수용할 용의가 있었던 것이다(물론 세계 대공황이 한창이던 1931년에 영국 노동당 정부를 무너뜨리려는 책동들과 1973년 칠레의 민중전선 정부에 맞선 군사 쿠데타와 대량 학살에서 드러나듯 지배계급의 관용에는 한계가 있다).

리스펙트는 매우 중요한 구실을 해 왔다. 블레어에 대한 좌파적 환멸을 표로 가늠하는 것만으로도 방향을 잃고 헤매는 수많은 사람들을 좌파적 구심 주변에 끌어 모을 수 있기 때문이다.

이와 같은 구체적 상황에서는 리스펙트에 속한 사람들이 사회 변혁의 장기적 전략에 대해 서로 의견을 달리한다는 사실이 그리 중요하지 않다.

그러나 사회의 발전 방향에 관한 의미 있는 변화를 성취하는 데서 선거는 단지 한 가지 요소일 뿐이다.

그래서 영국의 복지국가를 탄생시킨 일련의 개혁들은 선거 일정에 맞춰 이뤄진 것이 아니라 1910~14년, 1919~20년, 1942~47년에 이뤄졌다. 이 시기에 노동계급 투쟁의 수위가 상승하면서, 2차 대전중에 보수당 의원 틴 호그가 말했듯이 "그들에게 사회 개혁을 주지 않으면 그들은 우리에게 사회 혁명을 줄 것"이라는 위기감이 지배계급 사이에 만연했기 때문이다.

지배계급은 자신의 전장을 결코 선거 공간에 한정시키지 않는다. 그들은 자신들이 통제하는 언론을 이용해 사람들의 의식을 마비시키고, 1926년 총파업이나 1984년 광부 파업 같은 거대한 사회적 갈등의 시기에는 인권과 입헌주의의 가면을 주저 없이 벗어던지며, 자기 권력에 도전하는 세력에게는 비밀 요원들을 침투시키고, 선출된 정부가 자신의 이익을 짓밟으면 투자 기피나 자본을 외국으로 유출시키는 방식으로 대응한다.

지배계급의 권력에 진지하게 도전하려면 사회주의자들도 그 모든 전선에서 싸우는 조직을 건설해야 한다. 모든 작업장과 지역에서 일어나는 온갖 크고 작은 투쟁들에 관여하고, 패배를 승리로 만들려고 노력하며 한 부문의 승리를 모든 부문의 승리로 확대하려 하는 그런 조직이 필요하다.

노동당이나 사회민주당은 그러한 과제를 수행할 수 없으며 심지어 리스펙트 같은 선거 연합도 그 자체만으로는 부족하다. 이를 위해서는 새로운 유형의 정당이 필요하다. 즉, 다른 모든 저항의 전선에서와 마찬가지로 리스펙트 내에서도 적극적으로 활동하고 있는 정당, 그러나 선거 이외에 더 광범하고 (결국은) 더 중요한 투쟁이 존재함을 이해하는 정당이 필요하다.

이는 레닌이 러시아에서 건설했던 '새로운 유형의' 정당이며, 로자 룩셈부르크가 생의 마지막 몇 주 동안 독일에서 건설하려 했던 정당이다. 오늘날 영국에서도 그러한 정당을 건설하는 것은 여전히 필요하다.

진보정당의 이념

21세기를 앞두고 있는 지금은 시장경제의 위기, 스탈린주의의 위기, 개량주의의 위기로 시대의 특징을 요약할 수 있다.

김대중 정부는 경제가 회복 국면으로 접어들었다고 말하지만, 제한적이고 모순적인 회복이 언제 더 큰 규모의 위기의 전주곡이 될지 모른다. 정치 위기는 날로 깊어지고 있다. 고급 옷 사건뿐 아니라 임창열 부부·최기선·서정화 등 여권 정치인들의 경기은행 뇌물 수수로 김대중 정부는 큰 타격을 받았다. 이 사회의 압도 다수는 그의 위선적 작태에 신물이 나 있다.

노동자 투쟁은 여전히 잠재력을 보이고 있을 뿐 아니라 김대중의 행보를 어렵게 해 왔다. 1997년 1월 파업 덕분에 김대중은 지배계급의 안전판으로서 집권할 수 있었으나, 노동자 투쟁은 김대중 정권을 위협하는 위기의 결정적인 요인이 됐다. 지난 1년 반 동안의 노동자

이 글은 《비판과 대안》 제1호 (1999년 8월)에 실린 것이다.

투쟁은 그의 존재 이유인 노동자 운동 통제가 제대로 잘 안 되고 있음을 보여 줬다. 김대중 정부는 취임 직전인 1998년 2월 노사정위의 정리해고 요건 완화가 민주노총 대의원대회에서 반대에 부딪히고, 6월말 5개 은행 퇴출을 결정하자마자 은행 노동자들의 반발에 직면하더니, 8월에는 현대차 노동자들의 저항에 부딪혔다. 가까스로 숨을 돌리는 듯했지만 연말에 평소 투쟁과는 거리가 먼 것으로 여겼던 빅딜 3사 노동자들의 투쟁이 떠올랐다. 겨우 정리되는 듯했지만, 올봄에는 지하철 노조와 금속노조의 파업과 맞닥뜨려야 했다. 김대중은 고비를 또 넘기는가 싶더니 이번에는 방송법 개악 반대를 외치는 방송 노동자들의 파업에 직면했다.

경제·정치 위기와 노동자 투쟁이라는 상황은 진보정당이 성장할 수 있는 조건을 마련해 주고 있다. 내년 총선에서 진보정당이 후보를 내보낸다면 진보정당은 득표율 면에서 비교적 성공을 거둘 가능성이 높다. 3월 1일 전국 성인남녀 1천 명을 대상으로 한 한길리서치 여론조사 결과, 정당명부제가 실시된다면 어느 당에 투표하겠는가 라는 질문에 대해서 국민회의가 31.8퍼센트, 진보정당이 24.4퍼센트를 차지했다.

노동자들은 자신의 정치적 운명을 더 이상 기성 정당에서 찾지 않기 시작했다. "세상을 바꾸자"라는 진보정당의 구호는 대안 사회에 대한 노동자들의 관심이 실질적임을 보여 주는 것이기도 하다. 우리는 진보정당의 의원이 국회에서 공직자 재산공개 내용을 폭로하고 부자들에 대한 세금 감면과 실업 정책을 비난하고, 무상교육을 주장하는 장면을 보기를 원한다. 그래서 진보정당의 후보가 선거에 출마한다면 우리는 진보정당 후보에게 표를 던지라고 호소할 것이다. 또한 진보정당은 부패한 기성 정당을 폭로하고 노동자들의 정치의식을 높이는 데에 기여할 것이다. 무엇보다 단 한 명의 진보정당 후보라도 국회의원으로 당선된다면 진보정당은 스스로 제기한 또는 제기 받은 정치 쟁점들에 답변을 해야만 할 것이다. 노동자 운동도 여러 정치 쟁점들을 둘러싼 논쟁에 연루될 것이고 이것은 노동자들의 정치 의식을 각성시키는 데에 자극제가 될 것이다. 지배계급의 위기가 깊어질수록, 계급투쟁이 고양될수록 정치의 중요성은 그야말로 사활적이다.

'정치'는 직업 정치인들 사이의 계략이나 협잡을 뜻하는 게 아니라 국가 권력을 둘러싼 계급들 사이의 투쟁을 뜻한다. 그래서 노조 쟁점과 거대 이념을 포함해 다양한 현실적·구체적 쟁점들과 나아가 전략과 전술 문제를 포함한다. 격변의 시기에 잘못된 정치는 야만을 부를 수 있다. 1930년대초 독일 공산당은 파시즘에 대한 잘못된 분석에 근거했던 탓에 나치가 권력을 잡는 데 결정적으로 일조했다. 한편, 노조 쟁점에서는 전투적이지만 다른 정치 쟁점에 대해서는 기권하는 생디칼리즘이 한계에 봉착하는 현상도 정치의 중요성을 역설적으로 보여 준다. 스페인의 이베리아 아나키스트 연맹은 전투적이고 열정적인 조직이었다. 그러나 1936년초 인민전선이 선거에 참여했을 때 인민전선에 투표하라는 입장을 제시하지 않았다. 대신 개인들이 알아서 하라는 식의 솔직하지 못한 입장을 취했다. 자신들은 적극적인 기권을 하고 싶었는데 아래로부터의 압력 때문에 본심을 드러내기 힘들었으므로, '개별적으로 투표하는 것에 반대하지는 않는다'는 식의 모호한 태도를 취했다. 그러나 정작 7월에 파시스트인 프랑코 장군의 군사반란이 일어나서 스페인이 파시즘이냐 혁명이냐 하는 선택의 기로에 서게 됐을 때 아나코 생디칼리스트들은 혁명에 반대하는 인민전선 정부에 결국 들어갔다.

중요한 정치 쟁점에 대한 회피나 애매모호함과 두루뭉술함 등은 노동자 운동을 발전시키기보다 정체 또는 후퇴시키는 요인이 될 수 있다. 반대로, 뚜렷하고 분명한 이념과 주장은 노동자 대중에게 정치적 확신을 심어주고 대중 투쟁을 강력하게 하는 효과적인 무기가 될 수 있다. 이것은 대중 투쟁을 한 걸음 진전시켜 승리로 이끄느냐 아니냐를 가름하는 결정적인 변수가 될 수 있다.

그래서 우리는 진보정당의 등장을 반기면서도 현재 노동자 운동이 응답해야 하는 중요한 물음들을 던져 보고자 한다.

시장에 대한 태도

구조조정 자체에 반대할 것인가. 아니면 구조조정의 방식에만 반대할 것인가.

많은 활동가들이 지적하는 것처럼, '일방적·졸속적 구조조정 반대'라는 요구로 정리해고 반대 투쟁을 밀고 나가는 데에는 한계가 있었다. 2월말 민주노총 대의원 대회에서 이갑용 위원장이 '일방적'이라는 수식어를 빼겠다고 언급을 한 까닭도 여기에 있다.

구조조정 자체에 반대할 것인가 아닌가는 시장에 대해 얼마나 일관되게 반대하느냐 하는 문제로 우리를 인도한다. 노동자들은 신자유주의가 민영화와 정리해고와 단협안 개악 따위를 뜻하고 이 모든

게 구조조정과 시장이라는 논리로 포장돼 있다는 사실을 잘 알고 있다. 국민승리 21이 5대 과제 가운데 첫째로 꼽고 있는 것도 "신자유주의에 반대하는 정치투쟁"이다.

그렇다면 진보정당은 시장에 대해 일관된 반대를 하고 있는가? 진보정당 추진위의 이론가인 장상환 교수는 시장을 부분 활용해야 한다는 입장을 펴고 있다. 그는 자신의 입장을 "민주적 사회주의"라고 소개하면서, 이것은 "시장을 활용하면서 생산수단의 사회화와 다양화 등을 기초로 경제적 효율과 계급적 분배 정의를 동시에 추구하려는 노선이다.*" 하고 요약한다. 또한 그것은 "사회적 소유와 시장경제의 장점을 결합한 경제체제로서, 내용적 민주주의를 통해 '지속적 성장'(효율) 및 안정의 달성과 노동자를 비롯한 직접 생산자들에 의한 '공평한 분배와 복지(형평)'의 실현을 경제정책의 목표로 하는 경제체제이다.**" 여기에는, 시장은 효율적인 반면 불평등하고 계획은 비효율적인 반면 평등하기 때문에 시장을 적절하게 활용할 수 있고 또 해야 한다는 전제가 깔려 있다. 국민승리 21의 '10대 핵심공약'도 "국가는 시장의 피해로부터 약자를 보호하는 역할을 하는 것이며 정치는 시장의 약점을 보완하는 것이자 시장을 통제하는 것이다.***"는 '시장 사회주의' 이념에 근거하고 있다.

---

* 장상환, '노동자 정치세력화와 진보정당의 필요성과 현실성', 〈연대와 실천〉 59호, 영남노동운동연구소, 19쪽.

** 같은 글, 20쪽~21쪽.

*** 국민승리 21, '10대 핵심공약'.

옛 동구권은 모종의 사회주의로, 그리고 계획경제로 정의되고 있다. 그래서 장상환 교수는 이렇게 말한다. "국가적 사회주의는 전통적인 생산수단 국유화론을 고수하고 있다. 시장을 자본주의 체제의 본질로 보고 계획에 의한 생산물 배분을 그 대안으로 선택하려고 한다. 현재 이를 고수하고 있는 것은 북한 정도에 불과하다."*

권영길 대표도 "계획이 비효율을 낳는다."고 보기는 마찬가지다. "경쟁이 없는 연대는 획일화를 가져왔고 연대가 없는 경쟁은 비인간화를 가져왔습니다. 앞으로 우리가 만들어 가야 하는 사회는 이런 극단을 조금씩 지양하는 무엇이 되어야 한다고 생각합니다."***

그러나 옛 동구권의 문제는 계획경제 자체가 아니라 노동자들 자신에 의한 민주적 계획이 아니었다는 데에 있다. 더구나 스탈린주의의 '계획'은 서방과의 경쟁에 의해 좌지우지된, 계획 아닌 계획, 사이비계획이었던 게 문제였다.

북한과 옛 동구권에 대한 분명한 태도

북한과 옛 동구권에 대한 태도는 '어떤 사회주의인가', '시장인가 계획인가' 등 대안을 둘러싼 논의와 연관돼 있는 중요한 문제이다. 북

---

* 　장상환, 앞의 글, 19쪽.

** 　권영길, 《권영길과의 대화》, 일빛, 275쪽.

*** 같은 책, 275쪽.

한과 옛 동구권에 대한 입장은 계속해서 시험대가 될 것이다. 만약 북한과 옛 동구권을, 제대로 된 것이 아니고 왜곡된 것이지만 어쨌든 모종의 사회주의라고 본다면 그 순간부터 문제는 꼬이기 시작한다. 그래서 국민승리 21은 구소련 붕괴를 '사회주의가 대안이 되기는 힘들다'든가 '혁명은 불가능하다'는 등의 논거로 자주 거론했다. "소련 동구의 몰락은 혁명 이후 사회상을 사회주의로 사고했던 학생운동에게 정신적 공황을 가져다 주었다. 혁명이 진정으로 세상을 변화시키는가?"(국민승리 21 학생정치 캠프의 한 발제자였던 기획정책투쟁국장 엄형식) 그러나 이것은 역설적으로 북한과 옛 동구권에 대한 올바른 시각이 얼마나 중요한가 하는 점을 일깨워 주는 것이기도 하다.

진정한 사회주의는 무엇인가에 대한 인식에 따라 구소련 붕괴는 "정신적 공황"이 될 수도 있고 그 반대가 될 수도 있다. 1991년 이후 대부분의 운동권은 '사회주의는 전제정치 아니냐'는 도전에 대응하지 못하다가 소련 붕괴 이후 우경화해서 새로운 모델을 찾기 시작했다. 유팔무 교수는 "사회주의는 경제 원리이지 정치 원리가 아니다."면서 옛 동구권은 경제적으로는 사회주의였지만 민주주의가 없었기 때문에 권위주의적 사회주의였다는 주장을 편다. 그리고는 개량주의를 대안으로 제시한다. 이것은 이미 1991년 구소련 붕괴 훨씬 전에 서유럽 공산당들한테서 더 뚜렷하게 일어난 일들이었다. 서방 공산당들

---

* 유팔무, '한국에서 제3의 길은 가능한가', 《역사비평》 1999년 여름호, 역사비평사, 116쪽.

은 소련을 사회주의 모국이라고 여기다가 1970년대 중엽 이후 소련과 어느 정도 거리를 두기 시작하면서 엉뚱하게 우경화했다. 스페인 공산당 지도자 산띠아고 까리요는 소련과 거리를 두는 대신 스페인 국가 이익에 대한 충성심을 증명하기 위해 스페인 민족주의 정서를 부추기는 데 앞장섰다. 결과는 궤멸적인 조직 붕괴였다. 1977년 스페인 공산당 당원은 24만 명이었는데, 1982년에는 4만 명으로 급감소했다.

진실인즉슨, 구소련은 1928년~1929년 반혁명 이후 자본주의의 한 변종에 지나지 않게 됐으며 북한과 옛 동구권 또한 왜곡된 사회주의가 아니라 자본주의의 한 변종인 국가자본주의에 불과하다는 것이다. 1940년대 말 탄생 때부터 이렇게 본 국제사회주의 경향은 소련 붕괴 때 정치적 파산을 피할 수 있었다. 사회주의가 노동자 자신이 생산과 분배를 통제하는 사회라면, 소련 등 동유럽은 서방 자본주의와의 경쟁 논리에 따라 노동자들을 착취하는 사회였다.

개량주의의 위기

전후 장기 대호황기의 개량주의 정당과 오늘날의 개량주의 정당이 처한 조건은 매우 다르다. 독일에서 슈뢰더가 총리로 당선된 지 1년도 안 돼 시간제 노동자들에게 막대한 세금을 부과하는 계획을 추진하려다 반발에 부딪히고 있다. 오늘날 우리는 유럽에서 단지 개량 없는 개량주의가 아니라 이미 이루어진 개량을 도로 빼앗아가려는 개량주의를 보고 있다.

지배계급이 개량의 의지가 거의 없다면, 체제 내에서 개량을 얻어
내는 것은 체제 자체를 위협하는 대규모 투쟁이 아니고서는 불가능
하다. 더구나 남한 자본주의의 경우 제2의 경제 추락이 일어나기라
도 한다면 지배계급의 태도가 더욱 완강해질지 모른다. '임금 감소
없는 35시간 노동', '사회복지 지출 대폭 증액', '고용 승계', '정리해고
철회'같은 요구들을 쟁취하기 위해서는 1997년 1월 파업을 능가하고
도 남는 대중파업이 필요하다. 정부와 사장들은 지불 능력이 없다는
핑계를 대고 있지만, 국방부는 2000년부터 2004년까지 자그마치 81
조 5천억 원의 예산을 확보해 놓았고, 올해에는 302개 방위력 개선
사업에 26조 7천억 원을 투입할 계획이다. 이 돈이면 임금 감소 없는
노동시간 단축과 사회보장 제도 마련을 위해 충분한 재원이 될 수
있다.

그러나 아무리 국회 안에서 진보정당 의원이 쌈박하게 주장을 펼
친다 해도 자본가들이 이 돈을 순순히 내놓을까? 경제공황기의 지배
계급은 체제가 전복당할지도 모른다는 불길한 예감에 휩싸이기 전에
는 좀처럼 양보하지 않으려고 한다. 그러나 그들은 아래로부터 커다
란 압력을 받게 되면, 그리하여 양보하지 않는 대가가 양보하는 대
가보다 크다면 노동자들에게 하는 수 없이 양보할 것이다. 진정한
노동자 연대가 이루어져, 이윤에 상당한 타격을 입히고 노동자들의
투지와 자신감이 거대하게 형성된다면, 무기를 위해 쓰일 돈이 노동
자들의 임금과 일자리를 위해 쓰일 수도 있다. 이러한 대중파업이 몇
차례의 의례적인 순환·파상 파업에 비해 이윤에 실질적인 타격을 준

다는 점에서 더 효과적이다. 그러나 이것은 사장들이 심각한 사회 불안을 우려하게 만들 만한 거대한 투쟁을 통해서만 가능하다.

우리는 개량을 위한 투쟁에서조차 혁명적 방식을 사용하지 않으면 개량을 이루기 힘든 공황기라는 냉혹한 현실 세계에 살고 있다.

노조 지도자들에 대한 태도

안타깝게도, 지난 1년 반 동안 민주노총 상급단체(총연맹·연맹 등)와 대형 단위노조 지도자들의 전술은 투쟁을 고무하고 확대시키기 위한 전술이 아니라 투쟁을 일정 수준에서 자제시키고 통제하는 전술이었다. 명예롭지 못하게도, 진보정당은 올 상반기 내내 투쟁을 일정 수준에서 자제시키는 논리에 은근히 기여해 왔다. 지하철 파업 전에 진보정당 진영을 대표하는 한 인사는 투쟁에 김을 빼는 주장을 펴기도 했다. "총력투쟁을 둘러싼 상황을 대하는 심사는 결코 평온한 것이 못 된다. 힘 있는 쪽의 온갖 편견과 독선 그리고 노조 운동 안의 한쪽으로 쏠린 거친 목소리들이 뒤엉켜 혼란을 연출하지나 않을까 우려되기 때문이다."* 이런 주장의 실천적 결론은 사회적 양극화를 봉합하면서 계급 화해를 설득하는 것이다. 이것은 진보정당이 현장 노동자의 이익을 한결같이 옹호하기보다는 자본과 노동 사이에서 중재자 구실을 자임하는 노조 지도자들을 사회적 기반으로 하

---

* 김금수, 〈매일노동뉴스〉 1999년 4월 7일치.

고 있기 때문이다. 진보정당이 지지하는 '사회적 조합주의'와 교섭 위주의 산별노조 건설도 따지고 보면 현장 노동자들의 힘을 극대화시키기보다는 은근히 자기 절제를 부추긴다는 점에서 노조 지도자들의 이해관계와 잘 부합한다. 산별노조 건설이 노동자 운동의 진보임은 물론이다. 그러나 사회적 조합주의와 교섭 위주 산별노조론에는 항상 현장 노동자들의 전투성에 대한 비난이 짙게 배어 있어 곤혹스럽기까지 하다.

국민승리 21의 몇몇 논객들의 생디칼리즘 비판도 부적절하다. "민주노조 운동이 전통적으로 선호하고 있는 생디칼리즘적 방식은 세계 역사상 그를 통한 진전 유례가 전무할 뿐더러 경우에 따라서는 투쟁 역량 궤멸이나 계급내 분열을 낳을 소지가 있다."는 주장은 가장 전투적인 노동자들을 소외시키는 것이다. 생디칼리즘 경향을 갖고 있는 활동가들이 동료 조합원들을 지도하기 위해서는, 그들 자신이 정치적 확신을 갖기 위해 노동조합 운동에 시야를 한정시켜서는 안 되고 정치적 문제들에 대한 분명한 태도를 벼릴 필요가 있다. 그러나 이것은 어디까지나 생디칼리즘이 보완해야 할 측면인 것이지, 마치 그 운동이 종파주의인양 배척 대상이 돼서는 안 된다. 오히려 우리 나라 노동자 운동에서 대형(총연맹·연맹·대기업) 노조 지도자들이 문제이지, 생디칼리스트 노동자들이 문제는 아니다. 후자에 맞서 전자를 옹호함으로써 진보정당 지도자들은 해결책을 제시하기보다는 오히려 문제를 악화시키고 있다.

---

* 권영길, '진보정당 운동의 현황과 과제', 1999년 국민승리 21 회원 정치연수 자료집.

선거와 대중 투쟁의 관계

진보정당은 대중 투쟁과 선거 둘 다 중요하다고 말한다. 대중 투쟁이 활발해질수록 좌파 정당이 선거에서 약진할 가능성이 높아지는 만큼 진보정당은 대중 투쟁에 일정한 지지와 연대를 보내리라 예상된다. 장상환 교수는 진보정당 추진위를 의회주의라고 비판하는 김세균 교수를 반박하면서 선거 운동을 한다 해서 대중투쟁을 하지 못하는 것은 결코 아니라고 강조했다.[*]

형식적으로는 장상환 교수의 주장이 틀리지 않다. 하지만 '선거와 대중 투쟁 가운데 어디에 중심을 둘 것인가?', '각종 활동들의 목적이 어디에 집중돼야 하는가?'라는 문제가 남는다.

최근 국민승리 21의 공개 발언은 진보정당의 활동 목적이 대중 투쟁보다 선거에 집중돼 있음을 암시한다. 권영길 대표는 "정치를 하는 방법은 여러 가지가 있겠지만 총선에 참여해서 국회의원이 되는 것이 가장 좋은 방법이라고 생각한다."[**]고 분명히 말했다.

선거를 대중 투쟁보다 더 우위에 놓는 것에는 의회주의 전략이 스며 있다. 아직 국회에 진출한 진보정당 의원이 단 한 명도 없는 상태에서 진보정당더러 의회주의라고 비판하는 것은 이를지 모른다. 그러나 권영길 대표는 제2차 진보정당 토론 때 "비의회적 길보다 의회적 길이 중요하다."고 주장했는데 이 발언은 의회를 통한 사회 변혁의 길

---

[*]   장상환, 앞의 글, 10쪽.

[**]   〈참여사회〉 1999년 3월호, 참여연대.

이 진보정당의 전략임을 암시한다. 국민승리 21의 주요 필자 가운데 한 사람인 정영태 교수는 통신에 띄운 글에서 국민승리 21의 전략을 다음과 같이 표현했다. "우리는 합법 공간을 통해서 국가권력을 장악하려 합니다. 우리 나라에서 국민승리 21은 공개적으로, 합법적으로 움직이겠다는 것입니다. 즉 무장혁명을 통해서, 비합[법] 활동을 통해서 권력을 장악하겠다는 것은 아니라는 것이 내포되어 있는 것입니다. 그 장악 방법은 표를 많이 찍도록 하는 것입니다."

진보정당의 이념은 사회주의여야 한다고 주장하는 황광우 씨(국민승리 21 광주회원)는 '당 강령에 대하여'라는 글에서 "국가권력의 장악이 의회를 통해서인지 아니면 폭력을 통해서인지는 엄청난 논란이 될 수 있다."고 지적한다. 그러나 황광우 씨도 보통선거권이 없느냐 또는 있느냐에 따라 선거를 통한 사회변혁의 길을 추구할 수 있다고 말한다. "1871년(디즈레일리의 보통선거권) 이전과 이후에는 부르주아 민주주의가 달라졌다. 보통선거권이 없다면 혁명이 필요하다. 그런데 혁명을 피하기 위해 부르주아 보통선거권을 장악했다. 선거를 통해 집권한 객관적 현실을 받아들여야 한다."[**]

김금수 씨는 "노동자 정치세력화가 지향할 이념은 민주사회주의일 것인가. 그럴 것 같지는 않다. 현재의 정치체제나 구조에 비추어 의회를 통한 노동세력의 권력 획득 구상은 현실성을 담보하기 어렵기 때

---

*   황광우, '당 강령에 대하여', 199년 국민승리 21 회원 정치연수 자료집.

**   황광우, 같은 글.

문이다.'" 하고 주장한다. 그러나, 동시에, 김금수 씨는 같은 글에서 이렇게 말한다. "노동자 정치세력화는 노조가 추진하는 정치활동의 일환으로서 독자적인 정당을 건설하고 각급 선거에 참여하여 국가정책 결정기구로 진출하거나 국가권력의 일부 또는 전부를 점유하는 것이라 할 수 있다. 노동자 정치세력화를 실현하기 위한 조직형태와 추진방식은 그 사회가 놓인 정치적 또는 시대적 조건과 상황에 따라 다를 수밖에 없다. 현재 우리 사회에서 요구되는 노동자 정치세력화를 위한 당면 과제는 정당 조직화와 이를 위한 노동자의 사회세력화라고 할 수 있다."**

그러나, 첫째, '사회주의로의 의회적 길'은 우선 비현실적이다. 의회를 통해 근본적인 변화를 이루려 하는 모든 정당들의 치명적인 약점은 진정한 권력이 의회에 있다고 믿거나 아니면 적어도 자신의 지지자들이 그렇게 믿게끔 만든다는 것이다.

자본주의 사회의 권력은 대기업·경찰·군대·사법부 등에 있는 것이지 의회에 있지 않다. 1973년 칠레의 경험은 혁명을 거치지 않고 평화적으로 사회를 바꿀 수 없음을, 즉 선거를 통한 진보적 변혁 추구라는 목표가 불가능함을 보여 준다. 1970년 아옌데가 대통령으로 선출됐을 때 "앞으로 민주적인 의회 안에서 계급 투쟁을 벌인다면 투표 용지는 혁명적 수단으로 사용될 수 있다."는 주장은 진실인 듯했

---

*   김금수, '한국 노동자 정체세력화의 전략 목표', 《노동자 정치세력화, 진단과 모색》, 한국노동사회연구소, 27쪽.

**   같은 글, 13쪽.

다. 민중연합(UP)은 경제와 군대를 운영하는 자들을 분노하게 만들었지만, 그들을 제거하지는 않았다. 그들을 그대로 놔두고 되레 그들과 타협함으로써 그들을 안심시키려 했을 때 피노체트가 주도한 유혈낭자한 쿠데타는 좌파 개혁 정부를 전복했다. 당시 칠레에서는 코르돈이라는 노동자들의 맹아적 권력기관이 생겨났고 노동자 운동은 사병들에 대한 군 지휘관들의 통제력을 무너뜨릴 수도 있었다. 그러나 정부가 장성들을 찬양하고 양보 조치를 내놓는 것을 보고 운동은 더 이상의 반란으로 나아가지 않았다.

그러나 당시 유럽 진보진영의 일부에서는 1973년 칠레에서 다른 교훈을 이끌어냈다. 《제3의 길은 없다》의 공동 저자인 에릭 홉스봄은 "아옌데가 실패한 것은 그의 인민전선이 군부를 기술적으로 패퇴시키지 못했다는 것뿐만 아니라 지지를 얻어야 했던 국민들의 많은 부분을 소외시켰다는 것에 있다."는 결론을 이끌어 냈다.[***]

조금만 양보했다면 아옌데는 성공했을지도 모른다는 주장이다. 권영길 대표도 "칠레는 너무 멀리 나가서 문제였다."고 말한 바 있다. 그러나 칠레의 경험은 자본주의의 실질적 권력에 도전하는 것으로 나아가지 않는 운동은 사회 변혁을 이룰 수 없다는 것을 보여 준다. 마르크스는 1백여 년 전에 파리 꼬뮌의 경험에서 다음과 같은 교훈을 이끌어 냈다. "노동계급은 단순히 기존의 국가기구를 장악하고 그것을 자신의 목적을 위해 이용할 수 없다."

[***] *Marxism Today*, 1976년 7월호. 《서유럽 사회주의의 역사》(갈무리), 181쪽에서 재인용.

둘째, 의회를 통한 길이 가장 민주적이라는 주장은 사실이 아니다. 일단 민주주의를 어떤 관점에서 봐야 하느냐부터 분명히 할 필요가 있다. 한국노동사회연구소의 오삼교 교수는 지금은 "민주주의가 세계적 보편성을 갖는 체제로 자리잡고 혁명의 객관적·사회적 조건이 불투명"한 상황이라고 전제한 뒤, 개량주의에 반대하는 사람들은 "민주주의를 지배계급의 합리화로 치부하고 진정한 변혁의 장애물로 보는 듯하다. 서구의 사민주의에 대한 냉소적 평가는 이러한 관념에 기초하고 있다. 그러나 변혁을 개혁의 연장선상에서 달성될 보다 근본적인 사회질서의 재편으로 본다면 민주주의는 개혁의 동반자로 손색이 없다."고 말한다. 오삼교 교수가 말하는 민주주의는 너무 형식적이고 추상적인 나머지 글을 읽다 보면 그의 주장이 민주주의를 계급투쟁 속에서 보지 않고 단순히 형식적 제도로만 형해화시켜 이해했던 베른슈타인의 입장을 연상시킨다. 한편, 국민승리 21 대선 캠프에 참여했던 유팔무 교수는 의회 민주주의가 대안임을 주장했는데, 그의 근거를 요약하면 이렇다. '옛 소련과 동유럽 사회는 민주주의 없는 사회주의였기 때문에 붕괴했다. 선거를 통한 길이야말로 민주적 변혁의 길이다.' 옛 동구권과 북한이 사회주의 사회가 아니라는 점은 제쳐두고라도, 우리는 진정한 민주주의가 의회를 통해 가능하겠는가 하는 질문을 던져 볼 수 있다. 국가관료와 대기업이

---

* '민주주의를 다시 생각한다', 《노동사회》 1999년 3월호, 한국노동사회연구소, 82쪽.

** 같은 글, 87쪽.

국회의 견제와 감독에서 철저히 벗어나 있고, 법이 이들에 의해 무시되는 일이 일상적으로 벌어지며, 공약을 어기는 국회의원이 소환된 적은 없다.

물론 민중운동 세력이 의회민주주의를 방어해야 하는 상황도 있을 수 있다. 예를 들어, 볼셰비키는 코르닐로프의 쿠데타에 맞서 소비에트를 지키기 위해 케렌스키 임시정부를 방어했다. 이것은 의회민주주의에 대한 공격이 수반할 노동자들에 대한 탄압에 맞서기 위함이었다.

셋째, 의회 민주주의보다 몇 만 배는 더 민주적인 소비에트 민주주의가 있다. 궁극적으로는 직장에 기초해 있고 노동자들 자신들이 뽑은 대표를 언제든지 소환할 수 있는 소비에트 민주주의가 의회 민주주의보다 몇 만 배나 더 효과적이고 민주적이다. 소비에트의 가장 고유한 특징은, 직장에서 열리는 노동자 집회에 의해 선출되고 즉각 소환될 수 있는 대표자들에 의해 모든 결정이 이루어지는 대표 구조가 토대가 돼, 지역 및 전국 차원에서 더 광범한 지리적 기초를 갖는 노동자평의회들이 세워질 수 있다는 것이다. 그리하여 1917년 러시아에서는 공장위원회, 구와 시의 소비에트, 그리고 지역 및 전국 소비에트 대회가 열렸다. 1918년~1923년 독일에서는 현장 노조조직(오블로이테)이 핵심이 된 소비에트(레테)가 건설됐다. 그리고 1936년 7월에 프랑코에 맞서 바르셀로나 지역에서, 1956년 스탈린주의에 맞서 헝가리에서 소비에트 민주주의의 장점들은 거듭 발견될 수 있다.

이 소비에트는 자유민주주의가 강요하는 정치와 경제의 분리를 뛰어넘는다. 자유민주주의는 정치와 경제를 분리시키는 사상에 기초해 왔다. 김우중과 대우차 조립부의 노동자는 똑같이 한 표를 행사할 수 있지만 그 두 사람이 가진 부와 권력과 정치적 영향력에는 엄청난 차이가 있다. 자유민주주의는 의회 선출을 위해 투표하는 것은 포함하겠지만, 자신이 고용돼 있는 회사의 운영에 대해서 발언권을 갖는 것은 포함하지 않는다. 노동자는 진보정당의 후보를 찍을 수 있지만, 포항제철과 현대와 대우 회장을 뽑을 수는 없다.

의회주의는 이런 정치와 경제의 분리라는 조건을 받아들인다. 진보정당은 노동자들의 정치세력화를 추구하지만, 근본적으로 의회주의 전략을 버리지 않는 한 자유민주주의가 강요하는 정치와 경제의 분리를 극복할 수 없다. 이런 분리 속에서 서유럽의 산별노조와 사회민주당은 각각 경제투쟁과 정치투쟁을 분업해 맡는다.

계급동맹

진보정당의 전략이 선거와 의회를 통한 자본주의의 개혁이라면 굳이 중간계급과의 동맹을 거부할 이유가 없을 것이다. 더구나 서구 선진 자본주의 사회보다 중간계급의 규모가 조금 더 큰 남한 사회에서라면 그 유혹은 더 커질 것이다. 그래서인지 진보정당 추진 인사들은 당의 성격 자체를 민중주의로 하겠다고 선언했다. 그들은 진보정당 1차 추진위에서 "노동자가 앞장서는 민중 중심의 정당"이라고 스스로 선언했다.

물론 노동자 계급은 피억압 민중들 — 농민, 철거민, 영세노점상,

학생, 여성, 동성애자 — 들의 쟁점을 회피하지 않고 그들의 투쟁에 함께할 뿐 아니라 그들의 수호자가 돼야 한다. 그러나 노동자 계급은 자신의 이익을 철저하게 수호한다는 것을 보여줌으로써 다른 피억압 민중들로부터 지도력을 인정받을 수 있다. 그래서 피억압 민중으로 하여금 노동자들을 지지하지 않으면 자신의 문제들이 해결될 수 없다는 것을 깨닫게 해야 한다. 노동자 계급의 주도성(헤게모니)은 바로 여기에서 출발해야 한다.

그러나 진보정당이 추구하는 계급 동맹은 이와 다르다. 유팔무 교수는 이렇게 주장한다. "민중운동 노선은 '노동자주의'를 삼가야 하고 계급적인 '집단이기주의'를 넘어서 민주주의와 시민적 권익을 위해 말로만이 아닌 실질적인 노력을 해야 한다. 그리고 '개혁적인 중산층', '개혁적인 여성', '개혁적인 종교인'에게도 양보하고 손을 잡아야 한다.'"* 한마디로 노동자들이 손해를 보더라도 자신의 이익을 양보해서 다른 세력과 동맹해야 한다는 것이다. 그러나 자신의 권리와 이익을 제대로 쟁취하지 못하는 세력에게 어떤 집단이 지도를 받겠다고 하겠는가. 이렇게 보았을 때 유팔무 교수가 주장하는 '노동운동과 시민운동과의 연대'는 실제로는 시민운동에게 그 주도권을 넘겨주게 됨을 뜻한다.

설상가상으로, 국민승리 21이 계급연합의 대상으로 삼고 있는 세력에는 중소자본가들도 포함돼 있다. 이것은 반독점 동맹이라는 민중주의적 대안이다. 그래서 1997년 대선 당시 국민승리 21의 경제

---

* 유팔무, 앞의 글, 125쪽.

분야 공약의 핵심 중 하나는 "중소기업의 발전을 제도적으로 뒷받침해야 한다."는 중소기업 육성 공약이다.[*] 재벌해체의 대안으로 전문경영인들이나 중소기업 연합에 의한 경영을 들고 있는 것도 이것과 무관하지 않다.

그러나 중소자본가 계급이나 중간계급과 협조하는 전략을 추구하게 되면 노동자 계급의 힘을 약화시키고 그럼으로써 역설적으로 그들(중소자본가 또는 중간계급)을 대자본가 계급에게 내주게 된다는 점은 프랑스 민중전선이 잘 보여 줬다. 노동자 계급은 자신의 독자적인 세력을 발휘함으로써만 다른 피억압 계급들을 견인할 수 있다.

혁명은 몽상인가?

진보정당 지도자들은 혁명가들을 '순수한 이상을 가진 사람이되 되지도 않을 일에 젊음을 낭비하는 이상주의자'로 여긴다. 진보정당 추진위의 조현연 교수는 "진보운동이 추구하는 목표는 관념적 유토피아가 아닌 현실적인 실천적인 유토피아여야 한다."고 주장하면서 혁명가들은 몽상가들이고 자신들은 현실주의자라는 암시를 한다.[**]

물론 혁명가들은 목적에서 이상주의자들이다. 혁명가들은 노동자들이 민주적으로 사회를 통제하는 미래 사회에 대한 희망을 끊임없

---

[*] 팸플릿 '국민승리 21의 10대 핵심공약'

[**] 조현연, '희망의 정치와 진보정당 운동', 국민승리 21 토론회 자료집.

이 제기하려 한다는 점에서 이상주의자들이다. 그러나 그 이상은 실현 불가능한 몽상인가? 무엇보다 우리의 수단과 방법 자체가 이상주의적인가? 오히려 진보정당이 추구하는 핵심 목표인 복지국가와 민주 개혁이 이 시대에 혁명적 방법이 아니고서는 도저히 해결되지 않는 것들이다. 그런데도 그것을 자본주의 내에서 추구하려 한다면 그것이야말로 비현실적인 것이 아닌가? 예를 들어 권영길 씨가 가장 급진적 요구라고 자부하는 무상교육과 무상의료는 멀지 않은 장래에 이 나라에서 개혁의 방식으로 실현될 수 있는 가망이 없다. 가장 기본적인 사회안전망조차 마련돼 있지 않은 상태에서 심각한 경제 위기를 맞이한 나라의 조건이 제2차 세계대전 후 사반세기에 걸친 장기 대호황기 서구 복지국가의 조건과 같을 수 없다. 1940년대말의 그 때조차 혁명에 조금 못 미치는 거대한 노동자 투쟁이 개혁의 주된 추진력이었다. 무상교육과 무상의료는 이 나라 상황에서는 혁명적 방법으로만 성취할 수 있다.

혹자는 혁명가들에게 '어쨌든 혁명은 계속 패배를 거듭하지 않았는가'라는 질문을 던질 수도 있을 것이다. 비록 고립과 특수한 정치적 조건으로 결국은 10년 만에 실패로 끝났지만 1917년 10월 러시아 혁명은 일정 기간 성공을 거두었다.

그러나 그에 비하면 개량주의는 패배에 패배를 거듭했다. 베른슈타인의 생애는 개량주의의 역사가 그 시작부터 얼마나 기구했는지를 잘 보여 준다. 베른슈타인은 신용과 카르텔과 국가 통제 등이 자본주의를 막을 수 있다고 봤지만, 마르크스주의를 내던진 지 몇 년이 채 지나지 않은 1890년에 심각한 경제위기를 지켜봐야 했고, 1929

년에는 대공황을 목도해야 했다. 그는 모든 갈등이 평화적 갈등으로 바뀔 거라고 주장했지만, 그 주장을 한 지 얼마 안 있어 그는 독일과 영국 해군의 격돌, 중국에 관한 쟁탈전, 북아프리카에 대한 쟁탈전, 발칸 반도에 대한 쟁탈전을 봐야만 했다.

그는 자본주의가 발전할수록 정치적 파국은 일어나지 않을 거라고 했지만 네 개의 주요 제국(러시아, 독일, 오스트리아-헝가리)에서 최고의 '정치적 파국'인 혁명이 일어나는 것을 봐야 했다. 자본주의 내에서의 개혁이라는 그의 입장은 전쟁과 혁명 때문에 산산조각이 났다.

그래서 그는 죽기 전 카우츠키에게 보낸 편지에서 이렇게 썼다. "우리 모두가 평생 동안 그토록 열정적으로 일했던 것이 과연 가치가 있기라도 한 것일까요?"' 자본주의의 위기가 심각할 때 체제 내 개혁이라는 목표는 물거품으로 그치고 만다. 체제 내에서의 개혁이 가능했던 것은 특정한 조건 — 자본주의 체제가 유례 없는 지속적 호황을 맞이하던 전후 시기 — 아래에서였다. 그리고 또 하나의 요인이 있었다.

1943년에 영국 보수당 의원 하나가 "당신들이 대중에게 사회적 개량을 제공하지 않는다면 그들은 당신들에게 사회 혁명을 선사할 것이다."하고 의회에 충고할 정도로 심각했던 제2차대전 말의 반란 분위기가 그것이었다.

---

* Chris Harman, "From Bernstein to Blair: One hundred years of revisionism", *ISJ* 67, p.17~36.

운동의 최종 목표는 무엇인가?

이 물음에 대해 그 동안 국민승리 21 내에서 거의 정답처럼 제시된 답변은 "스탈린주의 체제도 아닌, 서유럽의 사회민주주의도 아닌 한국 상황에 맞는 진보"였다.

그러나 진보의 구체적 내용은 무엇인가? 국민승리 21 필자들이 사회주의를 자본주의 극복 이후의 대안 사회로 지칭할 때조차 그 내용은 뚜렷하지 않다. 이에 대해 권영길 대표는 이렇게 시인했다. "스웨덴의 팔메 총리는 사회주의냐 아니냐를 판단하는 유일한 기준은 국영기업을 인정하느냐 그렇지 않느냐의 문제라고 했습니다. 그만큼 사회주의가 포괄하는 범위가 넓다는 것입니다."*

그러나, 1997년 대선 때부터 국민승리 21과 연관을 맺어 온 유팔무 교수는 사회주의의 개념에 관해 아주 정확하게 문제를 던졌다. "자본주의의 문제를 극복하기 위해서는 사회주의가 필요하다고 본다. 문제는 어떤 사회주의냐 하는 데, 그리고 그 사회주의를 어떻게 이룩하느냐 하는 데 있다고 본다."** 유팔무 교수가 주장하는 사회주의는 사회민주주의이다. 권영길 대표도 얼마 전 참여연대와의 인터뷰에서 "우리 당의 이념은 사회민주주의이다."***라고 말한 바 있다. 유팔무 교수는 유럽의 사회민주당이 추구하는 '제3의 길'은 사회주의를

---

* 　권영길, 앞의 책, 272쪽.

** 　유팔무, 앞의 글, 116쪽.

*** 　〈참여사회〉, 1999년 3월호.

버린 것 아닌가 하는 질문을 던진 뒤 '그렇지 않다.'고 답한다. "그들[사회민주당]이 집권여당이 되더라도 반대당이 남아있는 한 사회주의 체제로 이행해 가는 것은 멈추어지거나 단지 점차적으로 이루어질 뿐이다." 한마디로 유팔무 교수가 말하는 '사회주의'는 자본주의 체제 내에서의 점진적 개혁 추구로 요약될 수 있다.

진보정당이 중요한 전통으로 삼고 있는 조봉암의 진보당이 한국전쟁 이후 최초로 사회민주주의를 표방한 세력이었음은 의미심장하다. 조봉암의 진보당이 전후 이승만 정권 말기 정국의 소용돌이 한 가운데에서 등장해서 명백한 부정선거에도 불구하고 1백만 표를 넘는 득표를 했던 것은 분명 진보이고 성과였다. 1946년 공산당을 탈당한 후 1950년대에 조봉암은 '제3의 길'(물론 토니 블레어의 그것보다는 명백히 좌파적인 노선이었다)을 정치 신조로 강조하면서, 서방 세계와 동구권 세계가 날로 변해 모두 사회민주주의 방향으로 모인다는 수렴론을 지지하기도 했다.

진보정당 내에서 당이 추구해야 할 이념을 놓고 개인마다 입장 차이가 현격하기 때문에 진보정당 건설을 주도하는 사람들이 사회민주주의를 지향하고 있다고 단언하는 것에는 무리가 있다는 반론이 있을 수 있다. 예를 들어 김금수 씨는 사회민주주의를 진보의 목표로 설정하지 않고 있다. "아마도 노동자 정치세력화에서 추구될 전략적 목표는 한국 사회의 근본적인 개혁일 것으로 판단된다. … 그것은 자본주의 체제의 온전한 유지도 아닐뿐더러 전통적 의미의 사회

---

*   유팔무, 앞의 글, 116쪽.

주의도 아닐 것이다. 그렇다면 노동자 정치세력화가 지향할 이념은 민주사회주의일 것인가. 그럴 것 같지는 않다."

그러나 진보정당 건설을 주도하는 다른 많은 사람들은 미묘한 뉘앙스 차이에도 불구하고 큰 틀에서 개량주의 이념을 지향하고 있다. 다만 그들은 의도적으로 이를 정치적으로 애매모호하게 처리하려 하고 있다. 의도적인지 그렇지 않은지는 몰라도 김금수 씨도 분명하지 않기는 마찬가지이다. 반면에, 혁명적 사회주의자들은 "자신들의 견해와 의도를 숨기는 것을 경멸한다.""

진보정당을 사회주의 노동자 정당으로 바꿀 수 있는가?

어떤 독자는 이렇게 말할 수 있을 것이다. '당신들의 얘기는 모두 옳다. 그러나 진보정당이 개량주의로 가는 것을 그냥 놔두고 볼 수는 없지 않은가? 진보정당에 들어가서 좌경화시켜야 하지 않는가?' '바깥에서 비판만 할 게 아니라 안에 들어가서 바꾸면 되지 않는가? 그것이 오히려 더 효과적이지 않을까?' 진보정당 추진위도 브라질 노동자당(PT)이 각종 좌파 조직의 참여를 허용하고 있다는 점에 주목해야 한다며 "열린 정당"을 주장하고 있다. 장상환 교수는 "국민승리21의 노선이 비변혁적인 개량주의로 이미 결정된 것이 아니라 열려 있

---

*   김금수, 앞의 글, 27쪽.

** 마르크스, 《공산주의 선언》, 박종철 출판사, 58쪽.

다고 봐야 한다. 강령과 정책의 문제는 … 향후 진보정당의 창당 과정에서 참여자들간의 다양한 수준의 논의를 통하여 정립해 나가야 할 과제"라며 김세균 교수를 비판하고 있다. 최규엽 씨도 자주 '새로운 정치조직 건설을 위한 모임'더러 국민승리 21에 들어와서 지도력을 발휘하면 되지 않느냐는 역공세를 편다. 진보정당에 참여할 것이냐 아니냐는 좌파 내에서 계속 논란의 쟁점으로 남게 될 가능성이 높다. 진보정당이 무시하지 못할 만한 성공을 거두게 될수록 그 가능성은 더 커질 것이다.

그러나 진보정당에 들어가서 진보정당을 혁명적 조직으로 바꿀수 있을까? 유럽의 사회민주당내 좌파는 전투적이고 혈기왕성한 활동가들을 개량주의 정당에 붙잡아 두고 그들의 활동력을 흡수하는 역할을 했다. "전통적으로 사회민주주의는 대중을 동원하기 위해 좌파를 필요로 했다. 당은 포스터를 붙이고 폭우 속에서 선거를 위한 천막을 칠 수 있는 투사들을 필요로 한다. … 선거에서 패배할 경우 평당원을 고무하고 당원을 충원하고 다음에 집권하면 지난 번 집권처럼 재앙적인 결과를 가져오지 않을 것이라는 점을 사람들에게 확신시키는 일은 주로 좌파에게 맡겨진다. 그리고 다음 선거 일정이 잡히면 강조점은 당의 통일과 중간계층을 획득하는 것으로 바뀐다. 만일 좌파가 이것을 승복하지 않으면 우파는 좌파를 부추기거나 [원문 그대로] 침묵을 강요한다.""" 노동당이 노동계급과 지배계급 사이의 화

---

*   장상환, 앞의 글, 10쪽.

** 이언 버철, 《서유럽 사회주의의 역사》, 갈무리, 296쪽.

해를 시도할 때 좌파는 다른 길을 추구하지 않았다. 결정적 시기가 오면 좌파는 언제나, 좀더 일관된 개량주의인 우파에게 결국 굴복했다.

들어가서 좌경화시키는 것이 불가능한 주된 이유는 진보정당의 구조 자체에 있다. 정영태 씨는 "진보진영의 정치세력화를 추진하는 모든 세력들은 일단 한 울타리에 들어와야 하고, 한 울타리 내에서 기본 이념과 노선 등을 함께 논의·결정"해야 한다고 주장하면서 그것이 가능하려면 당내 민주주의가 필요하다고 역설한다.

"당내(또는 조직 내) 민주주의의 원칙에 따라 정책과 권력지분을 배분하는 방식을 채택해야 한다.""* 소수를 무시하거나 배제하는 것을 방지하도록 전원합의제나 당원들의 직접투표, 이념이나 노선에 대한 대중공청회 등도 그는 대안으로 내놓았다.

그러나 선거가 활동의 중심으로 놓인 정당에서는 선거 운동에 크게 기여해야만 주도력을 입증받고 그러기 위해서라도 선거 운동에 더욱 열심이어야 한다. 더구나 진보정당의 이념보다 훨씬 더 좌파적인 주장으로 일부 당원들의 동의를 이끌어 낸다 해도 정작 진보정당의 중앙조직의 결정에 반영되기는 힘들다. '일어나라 코리아'라는 표어에 대한 문제를 제기한다 해도 '진보정당의 경험 부족'으로 얼버무려

---

* 정영태, '최근 정세변화와 노동자 정치세력화의 과제', 《노동자 정치세력화, 진단과 모색》, 한국노동사회연구소, 197쪽.

** 같은 글, 196쪽.

지거나 "이런 비판은 정파적인 비판의 성격이 강하다.'"는 비판을 듣는 것으로 끝나고 말 것이다.

애매모호함을 부추기는 방편으로 "무슨 무슨 주의를 배격해야 한다."거나 이념을 강조하는 것 자체를 "교조주의"라고 못박는 논리가 동원되기도 할 것이다. 로자 룩셈부르크는 일찍이 베른슈타인 같은 개량주의자들은 "이론과 이념 그 자체를 교조주의라고 비판하곤 한다."고 지적한 바 있다. 그러나 "무슨 무슨 주의를 배격"하자는 말은 단지 곤혹스러움을 비켜가기 위한 술책이 아니다. 그것은 개량주의 정당이 추구하는 목표와 성격에서 나온다. 만약 한 정치조직이 선거를 활동의 주안점으로 삼는다면 이념이나 이론은 막상 현실 세계로 들어가면 아침이슬처럼 사라진다.

그래서 주대환 씨는 통신에 올린 자신의 글에서 유럽 좌파 정당들의 사상과 이념을 채택하자는 주장을 펴면서도 "그 이념을 선거 캠페인이나 당명에서는 빼야 한다.""고 주장하기도 했다. 이것은 개량주의 조직에서는 얼마든지 가능한 일이다.

더 근본적으로는, 개량주의 조직은 당이 계급(의 의식)을 대표한다는 것에 기초해서 건설되기 때문이다. 당이 계급의식을 대표할 때 그 당은 노동자 의식 속의 선진적 요소와 함께 후진적 요소도 대표하게 된다. 당이 계급을 대표한다면 다른 나라 노동자들에 대한 국수주의적 태도, 이주 노동자들에 대한 편견 등 다양한 후진적 생각

---

*   장상환, 앞의 글, 10쪽.

**   주대환, '한국 사회에서 진보정당은 가능한가'.

을 못 본 척하거나 추수할 수밖에 없다. 자본주의가 필요로 하는 생각들을 거스를 태세가 돼 있지 않은 기회주의(대중 추수주의)는 개량주의적 정당 건설의 방식이다.

그렇다면, 아무리 당 내에서 격렬한 토론이 오고 간다 하더라도 굳이 그것이 하나로 통일될 필요가 없다. 관료주의는 하나의 조직 구조가 돼 버린다.

따라서 개량주의 정당에 들어가서 조직을 좌경화시킨다는 것은 시시포스의 노동이 돼 버리고 만다. 서유럽 좌파 정당에서도 드물게 좌파가 승리하여 당 지도부를 장악하더라도 그것은 거의 무의미한 것이 돼 버리고 말았다. 당내 우파가 게임의 규칙을 쉽게 바꾸어 놓았기 때문이다. 1960년 영국에서는 핵무장 해제 문제에 관해 영국 노동당 좌파가 승리했을 때 우파 지도부는 그러한 결정을 간단히 무시해 버렸다.

개량주의 정당을 혁명화시킬 수 없는 것은 바로 이 관료적 중앙집중주의 때문이다.

승리를 위한 무기

김대중이 노동자의 적이라는 것은 이제 만천하에 폭로됐다. 그리고 우리는 김대중이 옛날의 독재자들을 찬양하고 그들과 어깨동무하고 여당 정치인들이 각종 부패에 연루되는 장면을 보고 있다. 민주노총 투쟁은 패배와 승리가 혼재한 불균등한 양상을 보임과 동시에, 부족한 것은 노동자 계급의 잠재력이 아님을 또다시 보여줬다.

오늘날 우리 나라뿐 아니라 세계에서 노동자들의 잠재력은 어느 때보다도 극적으로 입증되고 있다. 혁명이 진행중인 인도네시아뿐 아니라 유럽에서 1990년대 중엽 이후 새로운 전투성의 부활을 우리는 보고 있다. 굼떴던 미국의 노동자들도 이 대열에 가세하기 시작하고 있다.

지금 우리 나라 노동자들은 김대중과 사장들을 제압할 수 있는 힘을 갖고 있다. 결여된 것은 그들의 잠재력이 아니라 그 잠재력을 현실화할 수 있게 해주는 실질적 소수의 의식화와 조직화다. 만일 계급 의식적이고 중앙 집중적으로 조직돼 있는 실질적 소수가 조직 노동계급 안에 뿌리내리게 된다면 앞으로 얘기가 달라질 것이다.

진보정당은 이를 위한 효과적인 무기를 제공하기 어렵다. 지하철 파업에 대한 평가는 진보정당이 노동자들에게 장차 승리의 전망을 확신시키는 무기가 되기 힘들다는 느낌만을 준다. 《노동사회》 5월호에서 김금수 한국노동사회연구소 이사장은 지하철 파업이 끝나자마자 '정부와 언론의 공격을 뚫지 못했다', '시민의 발을 묶는다는 논리에 저항하지 못했다', '연대가 부족했다'는 등의 현상론적인 평가를 내리고 있다. 왜 그렇게 됐는가에 대한 진지한 분석은 찾아볼 수 없다. 더욱이 파업 당시에 언론의 융단폭격을 분쇄하는 주장을 펴고 연대를 호소했던 바가 없었기에 위의 주장은 수동적이고 관조적인 평가이다. 이런 평가는 《노동사회》 7·8월호에서 실린 '상반기 노동자 투쟁 평가'라는 제목의 글에서도 볼 수 있다. 한국노동사회연구소 연구실장 이민영 씨는 도대체 왜 전국적 연대가 구축되지 못했는지에 대한 진지한 분석 대신 오히려 민주노총 2기 지도부가 '좌익 모험주의'적이었다고 비판했다.

국민승리 21은 올해 초 빅딜 반대 투쟁에 대해서는 특유의 민중주의적 관점에서 파업 노동자들의 초보적인 의식을 깎아내리는 태도를 취했다. 그래서 재벌해체경제민주화 운동 본부의 채진원 씨는 빅딜 반대 작업장들 사이의 연대를 호소하기는커녕 엘지 반도체나 삼성차 노동자들의 투쟁 각각에 대해 적극적인 지지를 보내지도 않았으면서, "철저하게 개별 기업 차원의 [자사 이기주의적] 투쟁이었다"고 말하거나 "재벌개혁 요구가 부각되지 못했다는 치명적인 한계가 드러났다."고 평가한다.

몇 달이 넘는 파업 투쟁을 하고도 대정부 교섭틀을 확보하지 못했다는 이유를 들어 "투쟁 전술 구사에 있어서도 소극적인 자세를 벗어나지 못했다."고도 말한다. 이런 관점들은 노동자 투쟁을 부담스러워하고 어떻게든 회피하고 싶어하는 수동적인 정당의 건설 원리에서 나온다. 노동자 투쟁에 대한 능동적이고 개입적인 태도는 오로지 사회를 근본적으로 바꾸고 노동자들의 모순적 의식 가운데 사회주의적 요소를 고무하고 자본주의적 요소를 단념시키기 위해 애쓰는 혁명적 실천 속에서만 벼릴 수 있다.

노골적인 개량주의에 대한 찜찜함 때문에 전투적인 노동자들은 진보정당에 유보적인 태도를 보이고 있다. 이 유보적인 태도가 적극적인 지지로 바뀔지는 정치 상황과 진보정당 자신의 태도에 달려 있다.

---

* 'LG·대우·삼성 투쟁이 남긴 과제?', 재벌해체경제민주화 운동본부 자료집.

놓치지 말아야 할 것은 체제 내적 개량을 목표로 삼는 당이 존재하는 비결이 어디에 있느냐는 것이다. 노동자들은 세상을 바꾸기를 원하지만 스스로 그렇게 할 만한 자신감이 충분하지 않을 때 개량주의 정당을 선택한다. 그 당은 노동자들의 이런 "모순적 의식"(그람시의 표현)을 반영한다. 자본주의는 싫지만 혁명적 대안이 보이지 않을 때 진보정당은 노동자 대중에게 하나의 선택으로 떠오를 수 있다.

단순히 혁명가들이 진보정당을 개량주의라고 비판하는 것만으로는 청중을 사로잡을 수 없고 개량주의자들과의 공동행동이 필요한 이유는 여기에 있다.

그러나 자신들의 능력을 의심하는 노동자들이 대중투쟁을 통해 자신들도 사회를 바꿀 수 있다는 신념과 자신감을 얻게 됐을 때 상황은 바뀌기 시작한다. 그 때 혁명가들이 그런 기회들을 탕진하지 않도록 하려면 노동자들을 연대와 단결로 튼튼히 결속시킬 날카로운 정치가 필요하다. 노동자들이 연대하기 위해서는 정부와 사장들의 탄압뿐 아니라 자본주의가 노동자들을 분열시키는 온갖 생각과 관념들, 주장들에 맞서야 한다. 인기를 잃는 것을 두려워해서는 날카로운 무기를 만들 수 없다. 이를 위해 온갖 정치 쟁점들에 관한 민주적 토론이 필요하다.

승리를 위해서 노동조합 활동가들과 학생들은 혁명가가 될 필요가 있다. 승리의 열쇠는 바로 "강물을 거슬러 올라가는 힘찬 연어와 같은" 능동적 소수에 달려 있다.

무상복지가 경제 위기를 낳는다?

"복지에 돈을 써 버리면 투자할 돈이 부족해져 경제가 위기에 처하고 결국 사람들은 더 힘들고 고통받게 된다." 복지 확대를 반대하는 이명박 정부와 보수 언론들이 즐겨 사용하는 논리 중 하나다.

얼마 전 고경환 한국보건사회연구원 연구위원은 〈매경이코노미〉에 기고한 글에서 "70년대 이후 영미 국가들을 중심으로 나타난 복지국가의 위기와 최근 남부유럽의 국가부도 사태 역시 복지재정 부담으로 인한 재정적자가 국가채무를 증가시켜 국가신용도를 떨어뜨리고 장기적인 경제 침체로 연결됐다"고 주장했다.

〈동아일보〉도 최근까지 열한 차례에 걸쳐 '복지강국이 앓고 있다'를 연재했다. 복지에 돈을 퍼 준 나라들은 위기에 빠졌고(그리스, 스페인, 아르헨티나, 일본, 이탈리아 등), 유명한 복지국가들은 복지 축

장호종. 〈레프트21〉 51호, 2011년 2월 24일. https://wspaper.org/article/9304. 2011년 무상복지와 재원 문제를 둘러싸고 논쟁이 한창일 때 한국 사회와 복지에 대한 시리즈가 기획됐다.

소로 방향을 틀었으며(영국, 독일, 노르웨이, 스웨덴 등), 복지를 마구 퍼주다가 줄이려니 사회적 갈등이 폭발하더라는(프랑스 등) 게 요지다.

얼핏 그럴싸하게 들리는 이런 주장들은 실제로는 전혀 사실이 아니다.

첫째, 1970년대 이전에 복지국가들에서 복지 지출은 경제 성장의 발목을 잡지 않았다.

"미국을 제외하면 국가 소비는 1955~1969년 사이에 모든 OECD 국가에서 실질치로 매년 3.9퍼센트씩 상승했다. 이때, 국민총생산은 5.7퍼센트씩 상승했다."(이안 고프, '선진자본주의에 있어서의 국가지출') 즉, 복지 등에 대한 국가 지출이 늘어나는 동안 오히려 경제는 더욱 빠르게 성장했던 것이다.

둘째, '보편적 복지'는 호황이라는 조건에서는 오히려 경제 성장에 도움이 됐다. 영국에서 무상의료가 도입될 때 거대 섬유 기업 코톨즈의 사장은 "영국 역사상 가장 탁월한 고수익 장기 투자"라고 예견했고 이는 적중했다. 영국의 전체 의료비 지출은 당시 미국보다 적었지만 노동자들의 건강수준은 영국이 훨씬 앞섰다.

전후 호황기에 주요 선진국 정부들이 앞다퉈 보편적 복지 제도를 도입한 것은 단지 노동자들의 요구만 반영한 것이 아니라 양질의 노동력에 대한 자본가들의 필요 때문이기도 했다.

그러나 오늘의 성공이 내일의 실패를 낳는 자본주의의 모순 때문에 이윤율이 떨어지고 전후 장기 호황이 끝났다. 성장이 정체하는데 복지 지출이 예전처럼(혹은 고령화 등 때문에 더 빨리) 늘어난다면 그만큼 이윤은 줄어들 것이다.

그래서 주요 선진국 정부들은 기업들과 부자들에게 세금을 깎아 주고 복지 지출을 줄이는 데 필사적으로 매달렸다.

그러나 새로운 투자가 충분한 이윤으로 돌아올 것이라는 확신이 사라진 자본가들은 그 돈을 '생산적인' 부문에 다시 투자하기를 꺼렸다. 대신 부동산이나 금융 투기에 돈을 쏟아부었고 지난 40년 동안 그런 거품이 꺼질 때마다 경제 위기가 반복됐다. 위기에서 벗어나기는커녕 오늘날 세계경제는 1930년대 대공황 이래 최악의 위기에서 벗어나지 못하고 있다.

셋째, 한국 진보진영 안에는 그리스 등 지난해 남부 유럽 나라들이 경제 위기에 빠진 것이 복지 때문이라는 보수파들의 논리를 일부 수용하는 사람들이 있는데, 큰 문제다.

"[그리스는] 연금의 경우 너무 일찍 돈을 주고, 실업급여의 경우 너무 오래 돈을 준다. 그래서 '복지병'이 생길 수 있다는 보수파의 비판은 상당한 논거가 있다."(이상이 복지국가소사이어티 대표)

그러나 이는 전혀 사실이 아니다.

"그리스는 유로존에서 복지 수준이 가장 낮습니다. 임금도 가장 낮습니다. 그러나 물가는 다른 유로존 국가와 비슷합니다. 그리스가 문제가 된 것은 경제 위기로 최근 부채가 급격히 늘어났기 때문인데, 그중 상당 부분, 약 6백억 유로가 은행과 기업 지원금으로 사용됐습니다.

"부채를 급격히 늘린 또 다른 중요한 요인은 국제 시장이 그리스 국채에 부과하는 이자율을 크게 높인 것입니다. 그리스 경제가 나빠져서가 아니라 세계시장의 불안정성이 커진 것에 국제 자본가와 투기꾼들이 대응한 것이었습니다. 그리스 국채 이자율이 크게 뛴 것은 2009년 두바이 사태 이후였던 것이 이 점을 증명합니다."(니코스 루도스, 〈레프트21〉 37호)

넷째, 일단 경제 위기가 시작돼도 복지에 사용할 돈이 없는 게 아니다. 이명박 정부가 재벌·부자 들에게 선물한 무려 1백조 원에 이르는 감세 혜택과 4대강 삽질에 퍼붓는 돈을 보라.

놀랍게도 지난해 스톡홀름 국제평화문제연구소(SIPRI)가 발표한 '세계무기거래보고서'를 보면 2005년부터 2009년까지 5년 동안 재래식 무기 국제 거래는 22퍼센트나 늘었다. 노동자들의 건강, 노후, 양육보다 무기가 더 중요하다는 자본가들의 정신 나간 우선순위를 보여 준다.

요컨대 복지 확대가 성장 동력을 갉아먹는다거나 경제 위기를 낳는다는 얘기들은 모두 불평등한 구조를 수호하려는 기득권자들의 거짓말일 뿐이다.

따라서 진보진영은 무상복지 요구에서 한 걸음도 후퇴해선 안 된다.

사회투자국가론과 '제3의 길'

1998년 영국의 사회학자 앤서니 기든스는 《제3의 길》이라는 이름의 책을 내놓았다.

기든스는 세계 자본주의가 '지식기반경제'로 완전히 탈바꿈했고, 따라서 새로운 시대에 맞춰 사회민주주의의 전략을 수정해야 한다고 주장했다. 이것이 '제3의 길' 전략이다.

전통적 사회민주주의의 길도 아니고, 1970년대 후반부터 득세하기 시작한 신자유주의의 길도 아니라는 의미에서 '제3의 길'이라는 것이었다.

그러나 실천에서 '제3의 길' 전략은 명백히 신자유주의 쪽으로 기울어 있었다.

1996년에 집권한 영국 노동당 토니 블레어 정부는 이미 이른바 '신노동당'이라는 이름으로 노동당의 우경화를 꾀하며 전임 보수당 정

차승일. 〈레프트21〉 54호, 2011년 4월 7일. https://wspaper.org/article/9525.

부들이 추진한 신자유주의 정책을 계승하고 있던 터였는데, 사실 '제3의 길' 전략은 이런 정책을 이론화해 표현한 것이었다.

기든스 자신도 "좌파는 이제 시장을, 부를 창출하는 과정에서의 기업의 역할을, 사적 자본이 사회적 투자에 필수적이라는 사실을 편안한 마음으로 받아들여야 한다"는 말로 '제3의 길' 전략의 취지를 설명했다.

그래서 '제3의 길'은 "신자유주의의 최선의 이데올로기적 외피" 노릇을 했다는 평가를 받는다. 알렉스 캘리니코스는 '제3의 길'에는 "신자유주의적 우파의 정책들이 … 서툴게 숨겨져 있"다고 주장한다.

이런 '제3의 길' 전략이 지향하는 복지국가 모델이 사회투자국가다.

사회투자국가는 그 이름에서 알 수 있듯이, 복지 지출도 투자적 성격이 있어야 함을 강조한다. 수익성이 있어야 한다는 논리다.

즉, 고용이 너무 '안정'돼 있기만 하면 기업들의 이윤이 압박을 받으니 '유연성'을 도입해야 하고(자유로운 해고, 비정규직 고용 확대), 복지 혜택을 받는 만큼 개인도 노력해야 하고(실업 급여의 대가로 구직 활동 증명과 저임금 일자리 강요), 복지를 너무 많이 주면 근로 의욕이 감퇴하는 등 '복지병'이 생기니 꼭 필요한 사람에게만 '적정한' 수준으로 지급해야(급여 축소, 보편주의 폐기, 엄격한 자산조사 시행) 한다는 것이었다.

물론 사회투자국가는 '지식기반경제'에서 핵심인 교육에 대한 '투자'를 강조했다. 그러나 이럴 때조차 교육은 권리가 아니라 '투자'의 일환이었으므로 문제를 낳았다.

연구 성과에 따라 국고 지원에 차등을 두면서 대학 간 경쟁이 심화했다. 이는 교수 간, 교원 간, 학생 간 경쟁 심화로 이어졌고, 학내 민주주의도 후퇴했다.

이처럼 1990년대 영국에서 사회투자국가의 논리는 현실에서 노동계급과 저소득층에 주는 복지를 줄이는 결과로 나타났다.

한국에서는 김대중·노무현 정부가 '제3의 길', 사회투자국가 정책을 도입했다. 영국과 달리 한국의 복지가 워낙 꾀죄죄한 상태였기 때문에 이런 정책이 한편에서는 일부 복지 지출을 늘리는 효과도 있었지만 다른 한편에서는 보험료를 대폭 인상하고 연금을 절반 가까이 삭감했다. 노동자와 서민의 삶은 그리 나아지지 않았고 김대중·노무현 10년 동안 되레 양극화가 더 심해졌다.

현재 국민참여당의 유시민은 김대중·노무현 정부의 사회투자국가 정책을 거의 그대로 계승해 주장한다.

문제는 진보진영의 일부 논자들도 사회투자국가의 논리를 일부 수용한다는 점이다. 복지국가소사이어티가 대표적인데, 복지를 대폭 확충해야 한다고 주장한다는 점에서는 전통적인 사회투자국가 논리와 다르다.

유용한 무기?

그 이면에는 한국에서 복지 확충은 '현실적으로' 지배 엘리트의 일부 분파까지 설득해야 가능하고, 그러려면 복지 지출이 경제성장에도 이바지할 수 있음을 보여야 한다는 사고가 자리잡고 있는 듯하다. 진보 정당이 아직 독자 집권할 만큼의 세력이 안 되는 한국 상황에서는 복지 확충의 교두보를 마련하는 데서 사회투자국가의 논리가 유용할 수 있다고도 보는 듯하다.

그러나 사회투자국가론은 경제성장 논리를 받아들인다는 점 때문에 오히려 복지를 확충하는 데서 유용한 무기가 될 수 없다.

첫째, 경제성장 논리를 받아들이면 '복지병', '복지 의존성' 등 복지 확충에 반대하는 주장에 효과적으로 맞서기 어렵다. 이는 불필요하게 요구 수준을 제한하는 결과를 낳는다.

국민참여당은 "시민들의 … 모럴 해저드"를 이유로, 노동자들의 보험료를 대폭 인상해서 건강보험 보장성을 강화하자는 '건강보험 하나로 시민회의'의 제안조차 반대했다. 복지국가소사이어티 대표 이상이 교수는 '건강보험 하나로 시민회의'를 이끌고 있는데 그는 그리스의 재정 위기가 '과도한' 복지 지출 때문이라는 보수파의 논리를 일부 수용했다.

둘째, 좀더 중요하게는, 복지를 대폭 확충하려면 노동계급의 강력한 투쟁이 필요한데 경제성장 논리는 이윤에 타격을 주는 노동자 투쟁을 군색하게 만든다는 것이다.

그러나 영국이나 스웨덴 복지국가의 역사를 봐도, 한국 역사를 봐도 복지가 대폭 확충되거나 개선되는 배경에는 강력한 노동자 투쟁이 있었다. 특히 요즘처럼 경제 위기 시기에 지배계급은 강력한 투쟁에 직면하지 않고서는 스스로 복지를 확대할 리 없다.

지배계급의 거짓말과는 달리 복지를 대폭 확충할 수 있는 돈은 충분하다. 부자들을 위해서만 쓰이는 돈을 노동자·민중을 위한 복지 확대로 이전시키려면, 경제성장을 약속하며 저들을 설득하려 할 것이 아니라 이윤 체제를 위협하며 단호하게 투쟁해야 한다.

보편적 복지와 고전적 사회민주주의

보편적 복지란 한 나라의 구성원 모두에게 적용되는 복지제도를 뜻한다. 그리고 보편적 복지가 어느 정도 자리를 잡은 나라를 복지 국가라고 부른다.

한국에서 예를 들자면 가난한 사람 일부에게만 적용되는 기초생활보호제도는 선별적 복지에 해당하고, 무상의료 제도가 도입된다면 이는 보편적 복지에 해당한다.

보편적 복지의 장점은 분명하다. 보편적 복지는 '복지가 권리'라는 인식을 높여 노동자들이 복지를 요구하며 싸울 수 있는 자신감을 준다.

또 압도 다수가 노동계급인 사회에서 '누구나' 받을 수 있는 복지는 노동계급 전체에게 두루 이익이 된다. 선별적 복지는 노동계급 내에 소득 수준에 따른 구분을 만들어 불필요한 분열과 반목을 낳을

장호종. 〈레프트21〉 57호, 2011년 5월 19일. https://wspaper.org/article/9687.

수 있다.

그러나 자본가들은 대체로 보편적 복지를 달가워하지 않는다. 국가의 보편적 복지 제공은 시장 개입을 강화하기 때문이다.

예컨대 정부가 무상의료를 제공하려면 당연히 제약회사와 병원의 이윤 추구를 규제해야 한다. 정부가 보장성을 높이려고 아무리 세금을 많이 거둬도 제약회사와 병원이 요금을 올려버리면 말짱 도루묵이기 때문이다. 반대로 의료, 교육, 주택 등 필수재 영역에서 국가가 보편적인 혜택을 제공한다면 그만큼 시장은 축소될 것이다.

물론 이런 국가 개입이 결과적으로 언제나 자본가들에게 나쁜 것만은 아니다. 예컨대 제2차세계대전 이후 약 20년 동안 유럽 복지국가들은 국가 개입을 강화했는데, 이는 개별 자본가들의 노동력 재생산 비용(노동자들이 계속 일할 수 있게 하는 데 필요한 비용 — 위생, 음식, 교육, 주거 등)을 절약해 주는 효과를 냈다. 오늘날 복지국가론자들이 말하는 '분배와 성장의 선순환'은 이런 상황을 일면적으로 묘사하는 것이다.

첫번째 문제는 어떻게 자본가들이 이런 조건을 받아들이게 할 수 있는가 하는 것이다. 자본가들은 노동자들이 열심히 일할 수 있도록 건강하기를 바라지만 이를 위해 필요한 비용은 다른 이들 — 경쟁관계에 있는 자본가들이나 노동자들 — 이 치르기를 바란다.

따라서 단지 자본가들을 설득해 보편적 복지를 시행할 수 있다는 생각은 몽상이다. 이윤 중 일부가 아니라 존립 자체가 문제가 될 수 있는 조건이 아니라면 이들은 한사코 책임을 회피할 것이다.

유럽 복지국가들이 형성되던 무렵에는 이런 압력을 행사하는 강력한 계급투쟁이 있었다. 그런 투쟁에서 노동자들은 총파업 등을 통해 체제에 도전했고, 지배자들은 혁명을 피하기 위해 복지국가라는 개혁을 받아들였다.

그런데 오늘날 많은 개혁주의자들은 계급투쟁이라는 핵심 동력을 빠뜨린 채, 고전적 사회민주주의 노선과 각종 계급 간 동맹·타협을 통해 복지국가를 이룰 수 있다고 주장한다.

고전적 사회민주주의란 제1차세계대전과 러시아혁명을 전후로 마르크스가 말한 혁명적 전망 — 즉 기존 국가를 타도하고 완전히 새로운 노동자 국가를 건설해야 한다는 — 을 폐기한 노동자 정당들의 이념과 정치적 실천을 뜻한다.

'고전적'이라고 단서를 단 까닭은 현대의 유럽 사회민주주의 정당들이 대부분 '제3의 길' 등으로 후퇴하며 신자유주의 정책을 수용했기 때문이다.

국가의 시장 개입

이들의 주장을 압축하면 다음과 같다.

첫째, 자본주의는 점진적으로 개선될 수 있고 그렇게 돼 왔다. 고전적 사회민주주의를 대안으로 제시하는 최병천 복지국가소사이어티 정책위원은 이를 이렇게 표현한다.

"민주주의와 시장경제를 기본적으로 수용하면서도, '보편적 복지국가'를 통해 높은 수준의 복지서비스가 제공된다면, 그 사회는 …

자본주의적 강제 구조가 '절반 이상은' 해소된 사회라고 할 수 있다."

둘째, 노동자들은 의회, 혹은 정부 기구를 장악함으로써 그렇게 할 수 있고 셋째, 자신들의 정당을 통해 그 과제를 이룰 수 있다.

"보통선거권의 쟁취로 특징되는 민주화 국면이 열리면서 … [사회민주주의자]들은 '정치의 우선성'을 주목했기에, 의회주의, 개혁주의, 정치적 계급 동맹론에 매우 적극적이었다."

그러나 먼저 지난 수십 년 동안 선진국에서조차 부는 더욱 소수에게 집중됐다. "자본주의적 강제 구조" 즉, 노동자들에 대한 자본가들의 착취는 근본에서 전혀 달라진 게 없다. 오히려 오늘날 전 세계적으로 더 많은 노동자들이 더 열악한 조건에서 착취당하고 있다.

사회민주주의 정당의 집권이 국가의 성격을 바꾸지도 못했다. 선출되지 않은 권력(경찰, 군대, 사법부, 중앙은행 등)을 통제할 수 없었기 때문이다. 영국 노동당 좌파의 이론가였던 랠프 밀리반드는 1972년에 쓴 영국노동당사에서 노동당 정부가 자본을 통제하기는커녕 시간이 지날수록 친자본가적 정책을 추진하라는 압력에 자신을 취약하게 만들어 왔다고 고백한 바 있다.

마지막으로, 집권한 사회민주주의 정당은 늘 국가와 계급 사이에서 갈등했다.

한편에서 그들의 목표는 국민 경제 성장 등 세계 자본주의 체제 안에서 잘 살아남는 것이었다. 다른 한편에서는 '인간의 얼굴을 한 자본주의'를 만들려 했다.

국가와 계급

호황기 특히 제2차세계대전 이후의 장기 호황기에는 이 두 가지 목표가 조화를 이룰 수 있는 것처럼 보였다. 노동자들의 임금이 인상되고 복지가 확대됐다.

사실 이 당시에는 사회민주주의 정당이 집권하지 않은 나라에서도 복지가 확대됐다. 세계적 규모의 호황은 노동자 투쟁에 밀린 자본가들이 당근을 내놓을 수 있게 해 줬다.

경기가 후퇴하자 이 아슬아슬한 균형이 무너졌다.

그리고 사회민주주의 정부들은 노동계급에게 복지를 제공하기보다 국가 경제의 효율성을 높이는 데 우선순위를 뒀다. 이는 임금상승 억제, 재정 긴축, 생산성(착취율) 향상 등을 뜻했다.

오늘날 대부분의 사회민주주의 정부들이 신자유주의에 굴복한 것은 이런 변화의 연장선에 있다.

따라서 한국에서 복지국가를 건설하고자 하는 사람들은 유럽 사회민주주의 정당이 걸었던 길에서 올바른 교훈을 이끌어내야 한다.

지금처럼 호황은커녕 경제 위기가 반복되는 상황에서 자본가들의 압력에 휘둘리는 민주당과 연합해서 복지국가를 이루겠다는 것은 몽상에 가깝다. 사실 이런 전략을 추진하려다 보면 사회민주주의 정당들이 예전에 추진한 정책을 따라하기도 어렵다. 실제로 일부는 벌써부터 '제3의 길' 수준의 복지 정책으로 후퇴하고 있다.

물론 한국의 진보정당들은 유럽의 사회민주주의 정부들처럼 타락하지 않았다.

그러나 진보정당 지도자들이 지금처럼 아래로부터 투쟁보다 계급 타협에 치중한다면 운동을 전진시키는 구실을 하기 어려울 것이다.

복지국가의 원동력은 무엇인가

자본주의 사회에서 복지는 두 가지 기능을 한다. 하나는 노동력 재생산을 국가가 일부 담당하는 것이고, 다른 하나는 체제 안정화 기능이다.

노동력은 자본주의에서 가장 중요한 생산 요소다. 마르크스와 엥겔스가 지적했듯이, "자본의 전제 조건은 임금노동"(《공산당 선언》)이기 때문이다.

그래서 자본가들은 노동자들이 계속 일할 수 있는 신체적·정신적 상태를 유지하는 데 관심을 둔다.

그러려면 적절한 의료 서비스를 제공해야 하고 실업 기간에도 생존할 수 있도록 실업 수당 등을 지급해야 한다. 그래야 경기가 회복됐을 때 다시 착취할 수 있다.

1906년 영국 자유당 정부가 학교 급식과 연금을 도입한 데에는 이

차승일. 〈레프트21〉 61호, 2011년 7월 14일. https://wspaper.org/article/9939.

런 인식이 작용했다. 1899~1902년 보어전쟁에서 영국은 최종 승리했지만 전쟁 과정에서 많은 청년이 참전이 불가능할 정도로 건강과 영양 상태가 나빴다는 점이 드러났다. 영국 지배계급은 국제 무대에서 영국 자본주의의 이익을 지키려면 체계적인 복지 체계를 구축해야 한다는 데 동의하기 시작했다.

더구나 자본주의가 계속 유지되려면 생산에 알맞은 신체적·정신적·지적 능력과 규율을 갖춘 노동자가 계속 뒷받침돼야 한다.

그래서 이명박 정부조차 보육비 지원 같은 저출산 관련 대책을 계속 내놓는 것이다. 실질적 보탬이 되지는 않지만 말이다.

다른 한편에서 복지는 기층의 불만을 달래는 데도 쓰일 수 있다. 물가 인상이나 임금 삭감·해고 같은 공격이 노동자 계급 전체의 불안과 분노로 이어지지 않도록 말이다.

그러나 한국에서 복지국가라고 부를 만큼 강력한 보편적 복지제도를 구축하려면 자본의 이윤 추구를 상당히 제약해야 하는 과제가 있다.

게다가 지금은 세계적 경제 위기 상황이다. 자본가들에게는 양보의 여지가 매우 적다.

한국의 지배계급은 노무현 정부마저 탄핵으로 제거하려 한 전력이 있다. 이런 자들을 설득해서 복지국가를 건설하겠다는 것은 백일몽에 가깝다. 지배계급에게 우리의 의지를 강제할 방안이 필요하다. 그것은 아래로부터의 노동계급 운동이다.

따라서 노동계급의 운동을 자신의 득표 전술로만 한정해 사용하려는 개혁주의 전략으로는 복지국가를 이루기는 힘들다.

물론 사회민주주의 정당이 집권하지 못한 나라보다 스웨덴 같은 나라에서 비교적 더 견고한 복지 체계를 갖출 수 있었던 데는 제2차 세계대전의 참화를 피해 갔다는 점, 장기호황이었다는 점과 함께 스웨덴 사민당의 장기집권도 한몫했다.

그러나 제2차세계대전 이후 호황이 계속되는 동안은 사회민주주의 정당들이 집권하지 않은 선진국들에서도 복지가 확대됐다. 그리고 애초에 스웨덴 사민당이 장기집권할 수 있었던 배경에는 유럽 최고 수준의 노동자 운동이 있었다는 점을 봐야 한다.

무엇보다 스웨덴 사민당을 비롯한 서구의 사회민주주의 정당들은 근본에서 자본의 논리를 거스르려 하지 않았고, 이에 따른 모순은 1970년대 후반 경제 위기를 겪으며 표출됐다.

서구 사회민주주의 정당들은 형평성과 경제성장을 조화시켜야 한다고 주장했지만, 실상은 복지를 축소하고 노동계급의 운동을 공격했다. 이를 정당화한 논리가 '제3의 길'이었다.

한편, 전국학생행진 같은 일부 좌파는 복지를 요구하면 지배계급의 술책에 휘둘리는 것이라고 보는데(〈다른 세계는 가능하다! 16호〉), 이는 일면적인 생각이다.

복지는 노동계급이 쟁취한 것이기도 하기 때문이다.

마르크스는 노동력 재생산 비용은 생물학적 요소뿐 아니라 역사적이고 사회적인 요소에 따라 결정된다고 지적했다.

노동자 운동

　나라마다 복지 수준이 다른 것도 각국 자본주의가 처한 조건과
노동계급의 저항 정도가 다르기 때문이다. 그래서 오늘날 미국의 복
지 수준은 많은 유럽 나라들보다 낮다.

　전국학생행진의 관점으로 보면 이를 설명할 수가 없다.

　전국학생행진은 스웨덴 사례를 들며 "스웨덴에서 복지모델이 안착
화되기 전까지 노동자 파업은 유럽에서 가장 높은 수준이었다. 그러
나 1938년 … 살쯔요바덴 협약으로 노동자들의 투쟁은 '무마'되어
갔다" 하고 주장한다.

　첫 문장은 옳다. 그리고 스웨덴 노동 운동이 유럽에서 가장 높은
수준이었다는 점은 스웨덴 사민당이 장기집권을 하고 강력한 복지
국가를 구축할 수 있었던 진정한 원동력이었다. 개혁주의자들은 이
를 보지 못한다.

　그러나 둘째 문장은 틀렸다. 일단 사실과 다르다. 살쯔요바덴 협
약 이후에도 스웨덴 노동자들은 강력한 투쟁을 벌였다.

　1945년의 파업 물결은 스웨덴 역사상 가장 강력했다. 파업에 따른
노동손실일수가 1천만 일을 넘었고 이는 1933년의 갑절이었다. 이
파업 물결은 정부의 임금 통제 정책을 무너뜨렸다.

　1960년대 말에도 광원 노동자들을 시작으로 강력한 비공인 파업
들이 벌어졌다. 이 여파로 공적연금의 최저선 보장이 강화됐고, 기업
의 의사 결정에 노동자들의 참여를 증진시키는 노동법 개정이 있었
다.

이런 운동이 있었기 때문에 스웨덴 노동자들은 기존의 성과를 지키거나 확대할 수 있었다.

전국학생행진은 "사회적 타협을 위한 '물질적 토대'는 사라졌다" 하며 성급한 결론을 내리지만 물질적 토대에는 경제 상황(지배계급의 의지)뿐 아니라 노동계급의 투쟁 수준과 조직도 포함된다는 사실을 잊어서는 안 된다. 노동자 계급의 힘이 충분히 강력하다면 지배자들이 양보하도록 만들 수도 있다. 그래서 1930년대 프랑스 노동자들은 대공황 속에서도 값진 승리를 쟁취할 수 있었던 것이다.

둘째, 무엇보다 좌파가 유럽 복지국가의 경험에서 끌어내야 할 진정한 교훈은 "복지라는 깔때기는 위험하다" 하며 거리를 두는 것이 아니라 그 안에서 좌파적 대안을 제시하며 노동계급의 분열을 막고 투쟁이 전진하도록 개혁주의 지도자들의 타협과 배신, 후퇴에 맞서 싸우는 것이다. 이데올로기로서든 세력으로서든 개혁주의는 선전만으로 간단히 제쳐 버릴 수 있는 것이 아니기 때문이다.

경제 위기 시기에 복지 확충은 노동계급의 절실한 요구다. 복지 확충으로 생활비가 절감되는 것은 임금 인상의 효과를 낸다. 따라서 좌파는 복지 확충 운동과 임금 인상 운동을 무리하게 대립시킬 것이 아니라 두 운동이 승리할 수 있는 전략을 제시해야 한다.

복지 확대를 위한 좌파적 대안

이 연재에서 그동안 우리는 실질적인 무상 복지를 실현하는 데 필수적인 요소들이 무엇인지 살펴봤다. 유럽 복지국가들과 한국에서의 경험을 근거로 몇 가지 결론을 내릴 수 있다.

첫째, 실질적으로 복지를 대폭 확대하려면 일정한 수준의 물질적 조건이 필요한 것은 사실이다. 그런데 한국 자본주의가 그런 조건에 도달한 지는 오래됐다. 경제가 위기임에도 한국의 1천대 기업은 2010년 한 해에만 1백30조 원이 넘는 순이익을 냈다. 이것만으로도 최근 거론되는 무상복지를 모두 당장 시작할 수 있다.

또 이 돈이 적절히 투자되기만 한다면 공공서비스 부문과 각종 소비재 산업 부문에서 양질의 일자리를 대폭 늘릴 수 있다. 복지 확대 요구를 두고 "미래 세대에게 빚을 지울 것"이라거나 '경제 위기를 불러올 것'이라고 하는 주장에는 아무런 근거가 없다.

———

장호종. 〈레프트21〉 66호, 2011년 10월 6일. https://wspaper.org/article/10254.

오히려 유럽 복지국가들에서는 복지 지출이 가장 많이 늘어나던 시기에 경제도 빠르게 성장했다. 심지어 일부 자본가들조차 보편적 복지 확대가 "최고의 장기 투자"라며 환영했다.

둘째, 그렇다고 자본가들이 복지 확대를 위한 재원을 스스로 내놓은 적은 없다. 복지 확대에 가장 관대하던 시절에조차 그들은 어떻게 해서든 그 비용을 노동자들에게 떠넘기려 애썼다.

특히 제2차세계대전 뒤에 누린 장기 호황이 끝난 1970년대 이후 후자의 경향이 강화됐다. '장기 투자'는커녕 당장 일 년 앞도 확신할 수 없는 상황에서는 투자보다 수중에 자본을 확보하는 것이 가장 효과적인 생존 대책이기 때문이다. 자본가들의 계급투쟁, 즉 '신자유주의' 시대가 시작된 것이다.

근본적인 동력

이 과정이 단순하지는 않았다. 계급투쟁의 부침에 따라 복지 수준도 부침을 겪었다. 영국 노동자들이 커다란 패배를 겪은 1980년대에 영국의 복지 제도는 대폭 후퇴했다. 프랑스 노동자들은 1990년대 중반에 정부의 공격에 맞서 기존의 복지제도를 지켜냈다. 한국에서는 노동계급이 눈을 뜬 1987년을 전후로 각종 복지 제도들이 만들어지고 안착됐다.

따라서 지금 같은 경제 위기 시대에 복지를 확대하려면 아래로부터의 강력한 노동자 투쟁이 필요하다.

셋째, 유럽 복지국가들에서 개혁주의적 노동자 정당(사회민주주의 정당)은 복지국가 형성 과정에서 중요한 구실을 했다.

그러나 비슷한 시기에 사회민주주의 정당이 집권하지 못한 곳에서도 노동자 투쟁이 성장하던 곳에서는(예컨대 북미 지역에서) 다양한 복지 제도들이 도입되고 확대됐다. 물론 이런 투쟁과 더불어 대중적 노동자 정당이 성장하고 집권한 유럽에서 복지 제도의 발전이 훨씬 안정적이었다.

결국 일반화하자면 사회민주주의 정당의 집권보다는 **아래로부터의 노동자 투쟁이 복지국가가 만들어지는 데 더 근본적인 동력이었다.** 무엇보다 이 정당들의 성장과 집권 자체가 노동자 투쟁의 성장과 급진화를 반영한 것이었다.

또 사회민주주의 정당은 노동자 계급의 바람과 그 투쟁의 결과를 단순히 반영하기만 하지는 않았다. 복지국가 형성기부터 신자유주의 시대에 이르기까지 사회민주주의 정당은 노동자 투쟁에 중요한 영향을 끼쳤다.

한편에서 집권 사회민주주의 정당들은 국가가 제공하는 보편적 복지 제도를 대대적으로 도입할 수 있었다. 그리고 이 정당들의 성장과 집권이 노동계급의 자신감을 고무했다.

이 점에서 오늘날 진보진영 내 일부 좌파 활동가들이 민주노동당 등 개혁주의 노동자 정당의 성장과 부침에 대해(예컨대 진보대통합 논의 등에 대해) 강 건너 불구경 하듯 대하는 것은 잘못이다.

다른 한편에서 집권한 사회민주주의 정당들은 경제 성장과 복지 확대의 우선 순위를 두고 끊임없이 동요했다. 자본주의 체제 자체에 도전하지 않으려 한 사회민주주의 정당에게 선택의 폭은 넓지 않았다.

오늘날 많은 사회민주주의 정당들이 신자유주의 정책들을 수용한 것은 물론이고, 심지어 복지국가가 만들어지던 시기에도 자본가들과의 타협을 '어렵게 만드는' 노동자 투쟁을 가로막음으로써 근본적인 계급 세력 균형에 나쁜 영향을 끼치는 경우가 많았다.

이 점에서 진보진영 내 개혁주의 지도자들이 선거에서의 성과만을 최우선 과제로 삼는 태도도 잘못이다. 민주당과의 동맹은 선거에서 일정한 성과를 내는 데는 도움을 줄 수 있을지 몰라도, 진정한 개혁을 성취하기 위한 노동자 투쟁을 건설하는 데는 걸림돌이 될 것이다. 민주당은 말과 달리 실천에서 복지(노동자 계급의 이익)보다 경제 성장(자본가 계급의 이익)을 우선시하는 정당이기 때문이다. 집권 시절뿐 아니라 지금도 민주당은 한미FTA에 일관되게 반대하지 않고 비정규직 대책에도 소극적이다.

앞서 내린 결론들에 비춰 오늘날 한국에서 복지 확대를 위한 요구는 첫째, 많은 노동자들이 그것을 실질적 개선이라고 여길 만한 것이어야 한다. 민주당과의 초계급적 동맹을 위해 진보정당들과 노동조합의 대안을 민주당이 수용할 만한 수준으로 후퇴시킨다면, 노동자들은 그것을 위해 투쟁에 나서려 하기보다는 수동적 지지에 머물 것이다. 이는 개혁주의 지도자들이 복지 확대를 위한 아래로부터의 투쟁을 대리하게 될 가능성이 커진다는 것을 뜻한다.

이는 마치 엔진이 고장난 자동차처럼 그 힘을 발휘하지 못하는 것은 물론이고, 되레 노동자 투쟁을 기성 정치의 논리에 종속시켜 좋지 않은 영향을 끼칠 수 있다.

둘째, 노동자들을 광범하게 단결시키는 요구를 제시해야 한다. 그 점에서 정규직 양보론을 수용하는 '사회연대전략'이나 노동자가 보험료·세금 인상을 수용해야 한다는 '건강보험하나로운동', '보편적 증세론' 등은 문제가 있다. 이런 요구는 노동계급을 분열시키고 노동자들의 자신감과 사기에 악영향을 끼친다. 그리고 이는 당연히 투쟁의 힘을 약화시킨다.

셋째, 다른 모든 거대한 사회 개혁과 마찬가지로 대규모 복지 개혁 과제를 실현하는 데서도 누가 중간계급의 지지를 끌어내는가 하는 점은 중요하다. 특히 이들의 지지 여부가 선거에서 변수로 작용하기 때문이다.

과도적 요구

그러나 이들의 지지를 끌어내려면 두 가지 요소가 필요한데, 하나는 이런 개혁이 자신들에게도 이익이라는 사실을 보여 줘야 한다. 기업주·부자 들에게서 재원을 마련하는 '보편적' 복지 확대 요구는 이런 조건을 만족시킨다. 거꾸로 보편적 증세 같은 대책은 오히려 이들도 멀어지게 만들 뿐이다.

다른 하나는 그것이 실제로 이뤄질 수 있음을 보여 줘야 한다. 그러려면 단지 노동자 정당의 성장뿐 아니라 실제로 기업주·부자 들의 저항을 물리칠 힘을 가진 노동자 투쟁이 강력해져야 한다.

실현 가능하면서도 노동계급을 단결시키는 요구들은 더 광범한 계급투쟁을 고무한다. 이런 요구들을 내걸고 단결할 수 있을 때 노동자들은 훨씬 잘 싸울 수 있다.

그리고 그 투쟁이 커지고 실현가능성이 높아질수록 노동자들의 요구는 확대·발전할 것이다. 이 점이야말로 모든 거대한 노동자 투쟁에서 발견된 보편적 사실이다.

일부 좌파는 최근의 복지국가 논의가 계급적 불만을 체제 내 개혁으로 수렴시키는 경향이 있다고 비판한다. 이런 주장이 전혀 근거 없는 것은 아니다. 진정으로 대중에게 필요한 복지가 충분히 보장되려면 자본주의와는 전혀 다른 원리로 운영되는 사회를 건설해야 한다. 기업의 이윤이 아니라 대중의 필요에 따라 생산하고 분배하는 진정으로 민주적인 체제에서만 이런 일이 실현될 수 있다.

그러나 오늘날 복지국가를 쟁취하려는 요구와 운동은 반자본주의적 잠재력을 갖고 있다. 복지 확대 요구가 부분적이나마 '필요에 따른 분배'라는 반자본주의적 요소를 담고 있기 때문이다.

특히 오늘날 대공황 이후 최악의 경제 위기 속에서, 복지 확대 요구는 자본가들의 이윤 확대 요구와 충돌한다.

변혁적 좌파의 과제는 이 운동이 그런 충돌 속에서 자신의 목표를 포기하지 않고 체제 자체에 도전하는 방향으로 전진할 수 있도록 돕는 것이다. 그렇게 함으로써 개혁을 요구하는 운동이 근본적 변혁으로 나아가도록 해야 한다. 그러려면 그 둘 사이에 가교 구실을 할 과도적 요구들을 제시할 필요가 있다.

〈레프트21〉은 창간 당시부터(2009년) 그런 요구들이 필요하다고 제기해 왔다. 비정규직 정규직화, 무상의료, 무상교육, 무상보육, 기초노령연금 확대, 최저임금 인상(평균임금의 50퍼센트), 실업급여 인상, 청년실업 해소, 무상임대주택 확대 등이 그런 요구들이다. 이를 실현하기 위한 재원 마련 방법으로 제시돼 온 '부자 증세'도 필수 불가결한 요구다.

최근 참여연대, 민주노총, 다함께 등 4백2개 단체가 함께 만든 '복지국가 실현을 위한 연석회의'도 '부자 증세를 통한 복지 예산 확대' 요구를 내걸고 활동을 준비하고 있다. 이런 기구들이 기층의 운동을 성장시키는 데 중요한 구실을 해야 한다.

제3의 길에 대한 마르크스주의적 비판

남한은 국제적으로 좌파에게 매우 중요한 나라입니다. 왜냐하면 남한 사회에서 일어나고 있는 투쟁들과 모순들에서 세계 자본주의의 미래를 볼 수 있기 때문입니다. 그러므로 남한 좌파와 나머지 세계의 좌파가 우리의 미래 전략을 세우기 위한 대화와 토론에 참여하는 것은 아주 중요한 일입니다. 이 점을 각별히 명심하고 오늘 저는 제3의 길에 대한 마르크스주의적 비판을 내놓고자 합니다.

제3의 길은 요즘 매우 광범하게 논의되고 있는 사상입니다. 예컨대 제가 알기로는 여러분의 대통령 김대중이 제3의 길에 대해 어느 정도 얘기한다더군요. 저는 그가 얘기하는 제3의 길이 무슨 뜻인지 모르겠습니다. 아마 그 자신도 모를지 모릅니다. 영국에서 논의되고 있는 제3의 길에 대해서도 사람들은 그 말의 의미를 모릅니다. 서구에서 제3의 길은 빌 클린턴과 토니 블레어의 정책들과 연관돼 있습니

알렉스 캘리니코스. 1999년 9월 17일 고려대 강연 녹취록.

다. 하지만 근래에 제3의 길은 또한 새 독일 총리 게르하르트 슈뢰더의 뒷받침을 받고 있습니다. 그는 그것을 '새로운 중도'[신중도]라고 부르지만 똑같은 것을 가리키는 것이라고 할 수 있습니다.

물론 제3의 길은 앤써니 기든스의 동명 저작의 주제입니다. 이 책은 한국어로도 번역 출판됐을 만큼 여러 나라말로 번역됐습니다. 기든스는 요즘 매우 영향력 있는 인사입니다. 저명한 사회학자 출신인 그는 지금 영국 블레어 정부의 공식 철학자가 됐습니다. 그는 또한 그 주제에 관해 백악관에서 세미나를 이끌기도 했습니다.

제3의 길의 가정

그러면 도대체 기든스가 말하는 게 뭘까요? 그의 출발점은 그가 '사회주의의 종말'이라고 부르는 것입니다. 비록 그가 여기에 적어도 경제 운영 체제로서 사회주의는 끝장났다는 단서를 붙이긴 하지만 말입니다. 그는 사회주의의 종말에 비추어 사회민주주의를 혁신하는 방법을 찾습니다. 기든스 같은 사람들에 의해 제3의 길은 두 가지 실패한 방식의 대안으로서 제시되고 있는 것입니다.

첫째 실패한 방식은 고전적 사회민주주의입니다. 이것은 예컨대 영국 노동당이나 독일 사회민주당과 연관 있는, 자본주의를 개혁하는 전통입니다. 기든스는 옛 소련의 스탈린주의와 고전적 사회민주주의를 한데 묶어 '국가 통제주의'라고 부릅니다.

둘째 실패한 방식은 기든스가 '시장 근본주의'라고 부르는 신자유주의입니다. 제가 보기로도 '국가 통제주의'와 신자유주의는 모두 나쁜 것입니다. 그러므로 그것들의 대안이 있다면 좋은 일일 것입니다. 문제는 기든스 같은 사람들이 제시하는 제3의 길이 대안인가 하는 점입니다.

기든스 주장의 배경에 있는 것은 '세계화' 개념입니다. 기든스는 세계화를 경제·정치·문화 과정으로 이해합니다. 기든스 같은 사람들이 제시하는 세계화론은 근래에 맹렬한 비판을 받았습니다. 그런 세계화론은 폴 허스트나 그레엄 톰슨 같은 사회민주주의자들과 크리스 하먼 같은 마르크스주의자들의 공격을 받았습니다. 이들은 기든스 같은 사람들이 특히 경제적 세계화의 정도를 크게 과장한다고 옳게 지적합니다. 그들은 거대 다국적기업들조차 국민 시장과 국민 국가에 여전히 크게 의존하고 있다고 지적합니다. 하지만 기든스는 이러한 비판을 그냥 무시해 버립니다. 그는 세계화가 사회주의를 의제에서 누락시킨 막을 수 없는 세력이라고 단언합니다.

여기서 저는 이런 단언의 근거가 되는 가정을 지적하고자 합니다. 그것은 사회주의와 국민 국가를 같은 것으로 보는 것입니다. 왜냐하면 사회주의가 국민 국가의 권력에 의존할 때만 경제적 세계화가 사회주의에 문제가 되기 때문입니다. 기든스는 초기 저작에서 '국가 사회주의'에 대해 논의했습니다. 그러나 고전적 마르크스주의의 관점에서 볼 때 국가 사회주의 운운은 스스로 용어상의 모순에 빠지는 것입니다. 마르크스는 "자유는 국가를 사회 위에 놓인 기관에서 갈수록 사회 아래에 놓이는 기관으로 전화시키는 데 있다." 하고 썼습니다. 달리 말하면, 마르크스는 사회주의를 국민 국가의 권력과 똑같은 것으로 보지 않았습니다. 실제로는 사회주의란 노동자 계급의 자기 해방으로, 국가에 반대하고 국가를 전복하는 것을 필요로 합니다. 게다가 고전적 마르크스주의에서 사회주의는 세계적 규모로만 실현될 수 있습니다. 사회주의는 국제적이지, 일국적인 것은 아닙니다. 마르크스주의에 대한 스탈린주의의 왜곡 속에서만 사회주의는 국민 국가와 동일시되는 것입니다.

그러므로 국제적인 경제 통합이 증대하는 현재의 추세는 마르크스주의의 관점에서 볼 때 문제가 되지 않습니다. 1백50년도 더 전에 《공산주의 선언》에서 마르크스는 자본주의가 생산을 세계적으로 만드는 경향이 있음을 지적했습니다. 그러므로 세계화에 대한 기든스의 수다는 마르크스주의의 관점에서 보면 전혀 새로운 것이 아닙니다.

제3의 길의 내용

그러면 이제 제3의 길의 내용이 무엇인지 봅시다. 저는 기든스의 이론화와 클린턴·블레어 정책들의 실체를 비교하고자 합니다. 그리고 이 일을 기든스 책의 세 가지 주제를 살펴봄으로써 하고자 합니다.

첫째는 '위험 사회'라는 주제입니다. 이것은 사실 울리히 벡의 사회학에서 도출된 개념입니다. 벡은 자연에 대한 과학의 개입에 본래부터 수반하는 의도하지 않은 결과의 위험을 가리키기 위해 이 개념을 발전시켰습니다. 자연에 대한 개입은 처음 시작 때 예상하지 못했던 위험이 뒤따릅니다. 그러한 의도하지 않은 결과의 한 예는 우크라이나 체르노빌 핵발전소 재난입니다. 또 다른 예는 영국의 광우병입니다. 그러나 기든스는 벡의 위험 개념을 모든 것에 적용하는 것으로 확장합니다. 그래서 기든스에 의해 현대 사회의 정치는 위험을 다루는 것으로 환원됩니다. 그는 특히 금융 시장의 행동을 위험의 예로 듭니다. 이것은 마르크스가 '물신주의'라고 부른 것의 사례입니다. 사회적인 것을 자연적인 것으로 설명할 때 이것을 물신주의라고 합니다. 자연에 대한 과학의 개입이 예측하지 못한 결과들을 가져온다는 것은 참말입니다. 사회주의 사회를 포함한 어떤 산업 사회에서도 이것은 사실일 것입니다. 그러나 자본주의 하에서는 자본주의 축적 과정의 통제되지 않는 본질 때문에 사정이 훨씬 더 나쁩니다. 하지만 금융 시장의 위험은 역사적으로 특정한(특수적) 사회 체제인 자본주의 생산양식의 불안정이라는 더 큰 불안정의 결과입니다. 그러므로 기든스는 자본주의가 만들어 내는 위험들을 탈역사화시킵니다. 기든스는 금융 시장이 그냥 자연에 본래부터 있는 것으로, 그래서 우리가 그것에 대해 어찌 할 도리가 없는 무언가로 보이게 만듭니다. 이것은 신자유주의자들이 끊임없이 우리에게 요청하는 것입니다. 즉, 그들은 우리가 시장을 자연적인 것, 그래서 인간이 제어할 수 없는 것으로 여기기를 요구합니다. 기든스가 금융시장의 조절에 찬성하는 것은 사실이지만, 그는 이를 어떻게 이룰 수 있는가에 대해서는 설명하지 않습니다. 실제로 클린턴과 블레어가 신자유주의 정책들을 강력히 지지한다는 것은 말할 나위 없습니다. 선거[1997년 5월 1

일 총선] 후에 블레어 정부가 취한 첫째 조처는 통화 정책에 대한 통제권을 중앙은행에 주는 것이었습니다. 이것은 금리에 대한 결정권에서 어떤 종류의 민주적 통제도 제거하는 것이었습니다. 이것은 신자유주의자들이 여러 해 동안 요구해 온 것입니다. 신자유주의자들이 좋아하지 않는 것이 또 하나 있는데[민주적 통제말고도], 그것은 공공지출입니다. 블레어 정부의 공공지출은 마거릿 대처 때보다도 더 낮은 수준입니다.

달리 말해, 블레어 정부는 일찍이 1980년대에 신자유주의 정책들을 말 그대로 밀어붙이려 했던 최초의 정치인보다도 훨씬 더 신자유주의적인 것입니다.

기든스 책의 둘째 주제를 살펴보기로 합시다. 그것은 '포용으로서의 평등'과 '배제로서의 불평등'이라는 주제입니다. 이런 화려한 말을 쓰는 걸 용서해 주십시오. 불행히도 기든스 자신이 이런 현란한 말을 쓰길 좋아합니다. 이런 말들을 씀으로써 사실상 그는 진정한 쟁점들을 알쏭달쏭하게 만들어 버립니다. 저는 그의 책들의 한국어판이 어떤지는 당연히 모르지만, 분명히 영어 원판은 이해하기가 어렵습니다. 명백히 평등 문제는 사회를 개선하기 원하는 사람에게는 누구나 핵심 쟁점입니다. 지난 20년간 신자유주의 정책들의 결과로 불평등이 크게 증대했습니다. 그래서 영국은 1980년대 대처 정부 하에서 불평등이 크게 증대했습니다.

그러므로 블레어 정부의 공약 가운데 하나는 불평등을 감소시키겠다는 것이었습니다. 하지만 이게 무슨 뜻일까요? 부와 소득 분배상의 불평등을 감소시킨다는 뜻일까요? 이 쟁점은 기든스와 블레어가 배제 문제를 논의하는 방식에 의해 불분명해지고 맙니다. 기든스는 이렇게 쓰고 있습니다. "두 가지 형태의 배제가 현대 사회에서 두드러지고 있다. 하나는 [사회]하층 사람들의 배제로, 이들은 사회가 제공하는 기회의 주류로부터 단절돼 있다. 상층은 자발적 배제, 즉 '엘리트의 반란'이 일어나, 나머지 사회와 분리해 살아 가기로 한 더 풍족한 집단이 공공 제도에서 물러나고 있다." 그러므로 단지 빈곤층만이 배제된 게 아니라 부유층도 배제돼 있다는 것입니다. 이것은 놀라운 진술입니다. 결국 불평등 문제는 빈부격차 증대 문제가 아니라는 겁니다. 기든스가 보기에 진정한 문제는 부자들이 더 이상 나머지 사람들인 우리와 함께 살고 싶어하지 않는 것입니다. 포용과 배제에 관한 이 모든 논의 이면에서 실천상으로 제3의 길은 부유층을 지원하고 빈곤층을 공격하는 것을 뜻합니다. 예컨대 클린턴의 복지 '개혁'은 실상은 미국 빈곤층을 위한 사회적 혜택을 대량으로 삭감하는 것을 뜻했습니다. 똑같은 방식이 영국에서 블레어에 의해 채택되고 있습니다. 영국 노동당 정부는 편부모[미혼모 포함], 장애인, 그리고 좀더 일반으로 빈곤층에 대한 지원을 삭감하고 있습니다.

기든스 책의 셋째 주제에 대해 얘기하겠습니다. 그것은 '적이 없는 국가'라는 생각입니다. 이 말은 기든스가 서구 자유민주주의 국가를 묘사할 때 쓰는 말입니다. 현대 자유민주주의 국가는 적이 없다는 것입니다. '세계 군사 질서'에 대해 썼던 사회학자의 말 치고는 놀라운 말입니다. 클린턴과 블레어가 적이 없다면 왜 그들은 계속해서 사람들을 폭격했습니까? 자유민주주의 국가가 적이 없다는 생각은 착각의 결과입니다. 그 착각은 세계가 경제적으로 더 통합될수록 국가

간 군사경쟁은 약화될 것이라는 것입니다. 달리 말해, 서로 무역하기 바쁘니까 서로 싸우고 싶지 않다는 것입니다. 그러나 실상은 1989년 이래 탈냉전기는 세계적 규모로 불안정이 증대한 시기였습니다. 여기에는 서로 경쟁하는 자본주의 나라들 사이의 경제적 경쟁과 증대하는 군사적 긴장이 모두 포함돼 있습니다. 예를 들겠습니다.

미국은 유럽과 일본의 정치적 동맹자들한테서 경제적 압력을 받고 있습니다. 그래서 미국은 압도적인 군사력을 사용해 유럽과 일본에 대한 자기의 지도력을 유지하려 해왔습니다. 이 나라들에 직접적으로 군사적 위협을 가함으로써가 아니라, 이들이 미국의 군사력에 의지하고 있다는 점을 그들에게 보여 줌으로써 그랬습니다. 그래서 예컨대 1991년의 걸프 전쟁은 독일인들과 일본인들에게 그들이 석유공급 확보를 미국의 군사력에 의존하고 있다는 점을 보여 주었습니다.

펜타곤[미국 국방부]의 군사력을 정당화하기 위해 미국 정부는 새로운 적들이 필요합니다. 그래서 냉전이 끝난 뒤 미국은 공산주의 대신에 이슬람을 서방의 새로운 적으로 삼으려 애썼습니다. 아마 더 성공적이었던 시도는 다양한 지역 악당을 '새로운 히틀러'로 끊임없이 만들었던 것일 것입니다. 그래서 걸프전 때에는 사담 후세인이 '새로운 히틀러'가 됐습니다. 비록 서방 정부들이 전쟁이 일어나기 바로 몇 달 전까지만 해도 기쁘게 그에게 무기를 제공했을지라도 말입니다. 최근에는 슬로보단 밀로세비치가 '새로운 히틀러'로 묘사됐습니다. 비록 근래까지만 해도 미국 정부가 즐겁게 그와 거래하고 흥정했을지라도 말입니다. 그러니 앞으로 누가 다음 '새로운 히틀러'가 될지 누가 알겠습니까? 그러므로 현대 자유민주주의 국가가 적이 없는 국가라는 생각은 그저 이데올로기적 쓰레기일 뿐입니다.

　그래서 저는 제3의 길이 사기라고 결론을 내립니다. 그것은 사회 민주주의와 신자유주의의 대안이 아닙니다. 그것은 신자유주의에다 '중도 좌파'의 겉치장을 하려는 시도입니다. 기든스의 역할은 진실을 은폐하기 위해 그럴싸한 글귀를 제공하는 것일 뿐입니다.

　이제 저는 제3의 길의 좀더 급진적인 버전[변형] 두 가지를 살펴보고자 합니다. 이것들은 블레어나 기든스보다 훨씬 더 진지한 사회민주주의자들이 주창했습니다. 스탈린주의와 사회민주주의 모두의 실패 이후 좌파는 대안 전략을 매우 진지하게 찾고 있습니다.

'이해당사자 자본주의'

　제3의 길의 이러한 좀더 급진적인 변형들 가운데 첫째 것은 '이해당사자 자본주의'라는 사상입니다. 이것은 예컨대 영국의 월 허튼 같은 유럽의 좌파 케인스주의 경제학자들과 연관이 있습니다. 케인스 자신처럼 그들은 국가를 이용해 자본주의를 조절하고 규제하려 하는 데 헌신하고 있습니다. 그들이 주창하는 기본 사상은 상이한 종류의 자본주의가 있다는 것입니다. 한편으로 영미식 자유 시장 자본주의가 있습니다. 신자유주의는 이 자본주의 버전[변형]의 이데올로기적 표현입니다.

　다른 한편으로 '라인란트 자본주의'라고 일컫는 변형이 있습니다. 이 형태는 국가의 경제 조절과 노동과 자본 사이의 사회적 타협을 포함합니다. 명칭이 암시하듯이 이 형태는 제2차세계대전 이래 서독과 특히 연관이 있습니다. 그러나 일본도 이 후자의 종류의 '이해당사자 자본주의'의 사례로 자리매김됩니다. '이해당사자 자본주의'로 불리는 이유는, 이 형태의 자본주의에서는 모든 사람이 — 단지 경영자만이 아니라 노동자도 — 경제적 판돈이 걸려 있다는 생각 때문입니다. 논거는 사회주의가 끝났다는 것입니다. 그러므로 이들 좌파 케인스주의자들이 기든스와 중요한 가정을 공유하고 있다는 점을 주목하십시오. 그들은 우리 앞에 놓인 선택은 상이한 종류의 자본주의 가운데 하나를 선택하는 것이라고 말합니다. 그리고 '이해당사자 자본주의'가 자유 시장 자본주의보다 더 낫다는 것입니다. 이 때문에 그들은 기든스와 블레어보다 왼쪽에 자리매김됩니다. 특히 블레어는 영미식 자유 시장 자본주의의 열성적 옹호자입니다. 월 허튼 같은 사람들[좌파 케인스주의자들]은 자본주의가 조절되고 규제될 필요가 있다고 여전히 생각합니다.

그러나 제 생각에 그들이 블레어나 기든스보다 정치적으로 더 낫기는 하지만, '이해당사자 자본주의'의 지지자들은 큰 문제에 부딪힙니다. 1990년대에 주요 '이해당사자' 자본주의들인 일본과 독일은 심각한 경제·정치 위기에 빠져 있습니다. 일본은 1930년대 대공황 이래로 어떤 주요 경제가 겪은 것보다 더 악성의 구조적 문제를 겪고 있습니다. 독일로 말하자면, 그 나라의 대기업들은 '라인란트 자본주의'의 제도들 가운데 많은 것을 체계적으로 해체시키려 하고 있습니다. 그들은 노동자들에게 혜택을 주는 제도들을 특히 공격하고 있습니다. 이전 총리인 헬무트 콜은 1990년 초에 "그 동안 독일 노동자들은 일종의 휴양지에서 살아 왔다." 하고 말했습니다. 그리고 독일 경영주들은 노동자들이 '이해당사자 자본주의'에서 받아 온 혜택을 자기들의 국제 경쟁력에 대한 장애물로 여기고 있습니다.

그 결과 1990년대 동안 독일 사회는 계급 양극화가 크게 일어났습니다. 1년 전 독일에서 적록 정부의 선출은 이 양극화의 반영이었습니다. 사회민주당과 그들의 녹색당 파트너는 신자유주의에 대한 광범한 대중의 저항에 휩쓸리듯 집권했습니다. 그리고 새 정부의 재무장관 오스카 라퐁텐은 '이해당사자 자본주의'를 재건할 좌파 케인스주의 정책들을 추구하려 했습니다. 예컨대 그는 부유층에 대한 조세부담 증대와 빈곤층에 대한 조세부담 완화를 주장했습니다. 그는 선출되지 않은 유럽 중앙은행이 너무 고금리를 유지하고 있다고 비판했습니다. 그 결과 독일 대기업들은 라퐁텐에 반대하는 공세를 대대적으로 폈습니다. 올해 3월 그는 직위에서 밀려났습니다. 그의 사임 이후 슈뢰더 총리는 토니 블레어에 더욱 가깝게 이동했습니다. 적록 정부는 나토의 대세르비아 전쟁을 강력히 지지했습니다. 그리고 슈뢰더는 신자유주의적인 일련의 지출삭감 정책들을 추진하려 했습니다. 그러므로 라퐁텐의 몰락은 유럽 사회민주주의 역사에서 커다란 전환점이었습니다.

라퐁텐의 패배는 좌파 케인스주의 전략의 근본적인 약점을 반영합니다. 그것은 그 전략으로는 계급 권력 문제와 맞서지 못한다는 것입니다. 대기업들이 개혁에 저항할 때 사회주의자는 어떻게 대응해야 합니까? 유일한 대안은 노동자 계급의 지지와 힘을 결집하는 것입니다. 오직 거기에만 자본에 도전할 집단적 세력이 있습니다. 하지만 사회민주주의자들은 그렇게 하지 않으려 합니다. 그들은 의회를 통한 사회의 점진적 변혁에 헌신합니다. 라퐁텐이 대기업으로부터 압력을 받았을 때 그는 독일의 매우 강력하고 전투적인 노동자 집단인 금속 노동자들에게 자신을 지지해 파업에 돌입해 달라고 호소하지 않았습니다. 그는 유순하게 자신의 사임 요구를 받아들이고 그냥 사라졌습니다.[라퐁텐은 그 때 정계 은퇴 선언을 했다. — 옮긴이]

그러므로 사회민주주의자들은 자본과 맞섰을 때 결국 무기력합니다. 그들은 국가가 서로 다른 계급들 사이에서 중립적이지 않다는 것을 이해하지 못합니다.

국가는 결국 자본의 이해관계를 반영합니다. 그러므로 선출되지 않은 경영자들의 소망이 라퐁텐처럼 선출된 정치인들의 소망보다 더 중요합니다.

'세계주의적 전략'

둘째 좀더 급진적인 제3의 길 버전은 저명한 독일 철학자 위르겐 하버마스가 근래에 주창했습니다. 그는 세계화에 대해 블레어나 기든스가 제안한 것보다 더 공세적인 대응을 요구합니다. 여기에는 하버마스가 '세계주의적[코스모폴리탄] 전략'이라고 부른 것이 포함됩니다. 이것은 국제적 토대 위에서 자본을 조절하고 규제하기 위해 유럽연합(EU)이나 국제연합(UN) 같은 다국적 기구들에 의지하는 것을 뜻합니다. 이 주장에는 일정한 논리가 있습니다. 국민 국가가 자본을 조절하지 못했다면 국제적 토대 위에서 그것을 하자는 것입니다.

그러나 이 전략은 EU와 유엔이 경쟁 자본들의 국민적 대립과 이해 관계를 진정으로 초월한다는 가정에 근거하고 있습니다. 하지만 이 가정은 전적으로 그릇된 것입니다.

EU의 역사를 통틀어 EU는 독일 자본주의와 프랑스 자본주의의 전략적 제휴를 나타내는 것이었습니다. 그러므로 EU는 진정한 초국 가적 공동체가 아닙니다. 비록 독일 지배계급과 프랑스 지배계급이 협력하기로 결정했지만, 그들의 관계는 상충하는 것입니다. 이것은 예컨대 올해 초에 유로 화를 출범시킨 유럽 경제통화동맹(EMU)의 전 과정에 반영돼 있습니다. 프랑스인들은 유럽에서 독일의 경제력을 억제하는 수단으로 EMU를 원했습니다. 독일인들은 그다지 열의가 없었으나, 그들의 전략은 독일의 이익을 주장하기 위한 구조로서 유 럽 통합을 이용하는 것입니다. 두 차례에 걸친 세계 대전에 대한 기억 때문에 유럽인들은 독일이 자신의 국민적 권력[국력]을 주장하는 것 을 불안하게 생각합니다. 그래서 독일로선 EU라는 구조 안에서 자 기 주장을 하는 것이 더 쉬운 일입니다. 그래서 독일인들과 프랑스인 들은 협정을 맺었습니다. EMU를 위해 독일인들이 치른 대가는 유럽 곳곳에서 신자유주의 정책들의 추구였습니다. 그러므로 EU는 자본 을 조절하는 진정으로 초국가적인 수단이 아닙니다.

이와 비슷하게, UN은 강대국들 사이의 투쟁의 장입니다. UN은 세계 대중의 이익과 소망을 반영하지 않습니다. UN은 강대국들이 합의에 이를 때만 실효성 있는 세력입니다. 이것은 예컨대 1991년 걸 프전 기간에 들어맞는 말이었습니다. 당시 소련은 너무 약세였으므로 미국이 대이라크 전쟁을 위해 UN의 [대이라크] 제재를 얻어 내는 데 저항할 수 없었습니다. 하지만 이 전쟁은 중동산 석유 공급에 대한 서방의 지배력을 지키기 위한 제국주의적 전쟁이었습니다. 그래서 UN이 효력 있는 세력일 때 그것이 꼭 좋은 것은 아닙니다. 강대국들이 서로 조화를 이루지 못할 때는 UN은 효력이 없는 무용지물이 됩니다. 그래서 UN은 올해 봄 미국과 나머지 나토 가맹국들이 세르비아에 대해 전쟁을 일으켰을 때 그저 뒷짐만 지고 옆에서 보고만 있었습니다. 사실, 하버마스의 순진함은 그가 나토의 발칸 전쟁을 그가 '세계 시민사회'라고 부르는 것의 창출을 위한 진일보로서 환호하며 맞이했다는 사실에서 드러납니다. 실제로는 이 전쟁은 코소보 알바니아계를 돕는다는 '인도주의적' 이유로 벌어졌던 게 아닙니다. 그 전쟁은 미국과 미국의 밀접한 우방국인 영국 같은 나라들이 유라시아 대륙 전역에서 일방적으로 행동할 수 있는 권리를 확립하기 위해 벌어졌던 것입니다.

그러므로 UN과 EU 같은 초국적 기관들이 자본주의를 조절할 수 있다는 하버마스의 희망도 역시 착각에 근거한 것입니다.

맺음말

이것은 마지막으로 우리를 제3의 길의 모든 상이한 버전들이 공유하고 있는 잘못된 가정에 대해 살펴보는 것으로 안내합니다. 그 가정은 현대 사회민주주의의 가정입니다. 자본주의는 여전히 건재하고, 우리가 할 수 있는 건 자본주의를 조절하는 것뿐이라는 것입니다. 그러나 자본주의를 길들일 수는 없습니다. 자본주의는 서로 경쟁하는 자본들 사이의 가차없는 경쟁에 의해 추동되는 무계획적 체제입니다.

이른바 '세계화'는 주로 자본주의가 예전에 자신에게 강요됐던 한정된 장애물들의 일부를 밀어 헤치는 문제입니다. 축적 과정은 세계적 불평등을 증대시키고 있습니다. 세계 최고 갑부 세 사람의 재산이 세계 최빈국 36개 나라의 소득과 똑같습니다.

이것이 오늘날 자본주의가 초래한 지긋지긋한 불평등입니다. 자본주의는 또한 환경 파괴와 경제 위기와 전쟁을 불러오고 있습니다. 그러므로 우리에겐 자본주의가 아닌 대안이 필요합니다. 단지 그것을 조절하는 것도 아닌 것 말입니다.

우리에겐 사회주의가 필요합니다. 하지만 저는 한때 소련과 동유럽에 존재했고 지금 북한에 존재한다고들 말하는, 외관상으로만 사회주의를 닮은 사회주의의 희화를 말하고 있는 게 아닙니다. 저는 영국 사회주의노동자당의 당원입니다. 우리 당과 전 세계 자매 조직들의 국제 사회주의자들은 옛 소련에 존재했던 것이 사회주의가 아니라 국가자본주의였다고 믿습니다. 즉, 그것은 나머지 세계에 존재하는 자본주의 체제의 한 변형이었다는 것입니다. 우리에게 필요한 것은 진짜 사회주의입니다. 그리고 그것은 세계 노동자 계급의 투쟁으로부터 민주적으로 생겨나는 국제 사회주의를 뜻합니다.

분열을 넘어설 진보정치 재편, 어떻게 할 것인가

많은 노동자들이 진보정당의 재건·재편 필요성을 느낀다. 새로 등장한 강성 우파 박근혜 정부는 십중팔구 계속되는 경제 위기의 책임을 노동계급에 떠넘기려는 공격을 할 것이고 이에 저항하기 위한 정치적 수단이 필요하기 때문이다.

그런데 노동계를 대표하는 정당은 사분오열해 있고, 정치적으로 분화하고 다원화하고 있다.

이런 상황으로 말미암아 진보진영과 좌파는 전보다 더 복잡하고 더 어려운 상황 속에서 활동하고 있다. 실로 많은 노동자들이 정치적 안식처를 못 찾고, 정치적 방향감각을 상실하고 있다. 이런 상황이 지난해 노동자 투쟁에도 부정적 영향을 미쳤다.

이런 상황을 타개하고자 지난해 11월에 '노동정치연석회의'가 구성됐다. 여기에는 노동포럼, 노동자정당추진회의, 노동자연대다함께,

---

김인식. 〈레프트21〉 99호, 2013년 3월 2일. https://wspaper.org/article/12645.

혁신네트워크, 전태일노동대학, 노동자교육기관, 사회진보연대가 참여했다.

넉 달에 걸친 논의 끝에 노동포럼, 노동자정당추진회의, 노동자연대다함께, 혁신네트워크가 새로운 노동 중심의 진보정당 건설을 위한 구체적 노력을 시작하기로 의견을 모았다.

상이한 정치 배경을 갖고 있는 경향들이 연합해 새로운 노동자 정당을 만들려는 시도는 의미가 있다.

부르주아적 기반과 성격 때문에 자본가와 노동자의 대결과 충돌에서 흔히 자본가의 이익을 주되게 고려하는 민주당의 왼쪽에 노동계급에 기반한 정당이 필요하기 때문이다.

그런데 기존 노동자 정당들의 분열·분화로 말미암아 조직 노동계급 내에서 정치적 공백이 생겨나고 있다. 노동계급의 여러 정치 경향들이 연합해 이 공백을 메우자는 것이 '노동정치연석회의'의 취지였다.

물론, 진보정치 세력의 정치적 분화 때문에 통합진보당·진보정의당·진보신당 등을 다 아울러 노동계를 대변하는 단일 정당을 만들기는 어렵다. 2008년 이전으로 돌아가기에는 정치 현실이 크게 바뀌었다.

그래서 민주노총의 정치 방침도 '진보 다원주의'에 입각해 결정할 필요가 있다. 복수의 진보정당들이 존재하는 상황에서 민주노총이 특정 정당을 배타적으로 지지하는 것은 도리어 노동조합을 심각하게 분열시킬 것이기 때문이다. 기성 부르주아 정당이 아닌 진보정당들을 지지하는 진보 다원주의적 정치 방침을 채택할 필요가 있다.

물론 이것과 구별해서 선거에 대해서는 단일한 대응을 해야 할 필요가 있을 것이다. 지난해 총선에서 창원·울산 등에서 진보정치 세력들이 분열하면서 새누리당이 어부지리를 얻은 것을 보면, 노동조합이 정치적으로 분화하더라도 선거에서 단결할 필요성은 분명하다.

그리고 노동조합의 정치적 분화가 있더라도, 노동조합 조직 자체는 정치 세력별로 갈라져서는 안 된다. 정치 성향과 무관하게 노동자들은 누구나 사용자에게 착취와 해고를 당하고 싶어 하지 않는다. 따라서 정치적 입장과 관계없이 노동조합은 최대한 광범하게 단결해야 한다.

새로운 노동 중심의 진보정당이라는 구상은 통합진보당 분당 이후 발생한 스탈린주의와 개혁주의의 분화에서 개혁주의의 정치 공간을 메우려는 시도라 할 수 있다.

그리고 부르주아 양당이 제도권 정치를 좌지우지하는 한국 정치 맥락에서 이런 프로젝트는 여전히 필요하다.(그렇더라도 통합진보당이 노동자 정당이므로 특정 쟁점을 놓고 사안별 연대를 해야 한다.)

효과적인 단결을 위해 필요한 것들

이때 부르주아 포퓰리스트 세력이 포함돼 있는 진보정의당 문제가 대두될 수 있다. 이 당과의 관계 문제는 새롭게 건설할 노동자 진보정당의 목적에 비춰 판단해야 할 것이다.

즉, 박근혜 정부하에서 계속될 신자유주의 공세에 맞서 노동계급의 투쟁과 과제를 대변하고자 하는 새 정당의 목표에 진보정의당은 동의하는지 여부를 시험대에 올려야 한다. 그런 점에서 노회찬 대표가 얼마 전에 박근혜에게 제안한 '전략적 동맹'은 (되지도 않을 일이지만) 매우 위험하고 아주 부적절하다.

한편, 광범한 진보정당을 건설할 때 정치 원칙이나 강령이 상이한 세력들이 강령적 통일을 이루는 방식으로 연합을 시도하려 할 경우, 단결이 쉽지 않을 것이다. 그래서 포괄적인 정치 강령이나 대안 사회 비전을 중심으로 논의하기보다는 행동강령을 중심으로 논의하는 것이 단결에 도움이 될 것이다.

보편적 무상복지, 부자 증세, 정리해고와 비정규직 철폐, 제주 해군기지 백지화, 핵발전 폐기 등 진보진영 공동의 행동강령적 투쟁 과제를 중심으로 연합을 구성하는 게 바람직할 것이다.

내부 운영 구조도 느슨한 연대체 형태가 협력을 강화하는 데 도움이 될 것이다. 통합진보당 사태에서 보듯이, 특정 세력의 민주주의 훼손과 패권주의를 방지하려면 당 조직 구조와 운영 방식은 가능한 한 느슨하고 개방적이어야 한다.

진보진영의 각 세력과 정파 들 사이에는 다양한 쟁점을 두고 정치적 이견이 존재한다. 따라서 정치와 조직 모두에서 매우 엄격한 동의 수준을 요구하는 당 모델보다는 각 정치 경향의 정치적·조직적 독자성을 보장하고, 이견에 대해서는 토론하면서도 단결을 추구할 수 있는 연대체적 방식이 필요하다.(그렇다고 새 정당을 공동전선으로 규정한다는 뜻은 아니다.)

따라서 형식상으로는 당이라는 이름을 쓰더라도, 그 내부의 운영

구조는 느슨한 연대체 방식으로 하는 것이 정치 원칙이 다른 세력들이 한 구조물 안에서 공존하게 할 것이다.

그리고 이런 당 건설 전망이 성공적으로 현실이 되려면, 박근혜 정부 하에서 노동자 운동이 공동전선을 잘 구축해 성공적인 저항을 전개할 수 있어야 한다. 구체적이고 제한된 쟁점들을 중심으로 하는 사안별 공동 투쟁을 통해 노동자 단결과 연대를 복원할 필요가 있다. 이런 투쟁들을 통해 노동자들의 연대 의식이 고양되는 것이 새 정당 건설에 이바지할 것이다.

사회주의자들의 과제

노동조합 지도자들이 건설하고자 하는 새로운 노동 중심의 진보정당은 근본에서는 좌파적 개혁주의 버전의 정당일 것이다.

정치 단위가 국민적 수준의 무대이고 운동 발전 수준이나 좌파의 상태가 나라마다 달라 기계적으로 적용할 수는 없지만, 사회주의자들은 지난해 국제적으로(특히 유럽에서) 부상한 좌파 개혁주의의 경험을 참조할 수 있을 것이다. 한국에서는 주류 사회민주당이 아니라 민주당의 왼쪽에 개혁주의 정당을 재건하려 한다는 점은 차이가 있지만 말이다.

프랑스의 좌파전선, 그리스의 시리자는 그 나라의 주류 사회민주주의(프랑스 사회당, 그리스 범그리스사회주의당)가 신자유주의를 수용하는 등 우경화면서 생겨난 공백을 메우고 있다. 좌파전선의 멜

랑숑이나 시리자의 알렉스 치프라스는 친숙한 개혁주의 언어로 대중의 불만을 표현해 전통적인 사회민주주의 지지층을 흡수했다.

지배자들의 긴축을 반대하는 좌파적 개혁주의 정당이 제도 정치 무대에서 대안을 제공하는 것은 환영할 만한 발전이다.

개혁주의자들은 반드시 배신할 거라며 추상적이고 종파적으로 비난하는 자세는 틀렸을 뿐 아니라, 변화하는 노동계급의 의식과 운동에 전혀 개입할 수가 없다. 따라서 사회주의자들은 좌파적 개혁주의 운동과 그것의 성공적 활동을 지지해야 한다.

그러나 아무리 좌파적 개혁주의일지라도 개혁주의는 한계를 갖고 있다. 오히려 성공할수록 '현실적이 되라'는 압력을 크게 받는다. 그리스 시리자의 당수 치프라스는 "시리자는 오늘날 우리 나라에 경제적·사회적·정치적 안정을 가져다 줄 수 있는 정치 운동일 뿐이다" 하고 말했다. 그래서 시리자는 그리스 노동자 운동에서 핵심 문제인 디폴트와 유로존 탈퇴를 반대한다.

따라서 사회주의자들은 좌파적 개혁주의 건설 움직임에 뛰어들어야 하지만, 동시에 근본적 사회변혁 조직 건설을 중단하지 말아야 한다.

노동자 운동과 자본의 결정적 대결의 필요성을 이해하는 근본적 사회변혁 운동가들이 독립적으로 조직될 필요가 있다.

개혁주의에 대한 사회주의자들의 태도

개혁주의는 노동자 투쟁의 자기 제한적 경향을 반영한다.

자본주의에서 노동자들은 대개 자신들의 물질적 조건의 즉각적 개선이나 일부 특정 부당함에 반대해 투쟁한다.

동시에 자본주의에서 노동자들은 기업주들에 맞서 격렬히 싸울 수는 있지만, 그때조차 감히 자본주의까지 타도할 엄두는 못 낸다. 이런 상황에서는 모든 노동자 투쟁은 협상으로 끝날 수밖에 없다.

시간이 지나면서 이런 계급 간 타협에서 협상을 담당하는 노동자 대표들의 계층이 형성된다. 이들이 바로 노조 상근 간부층이다. 그런데 그러한 타협은 내용이 아무리 노동자들에게 유리하다 해도 노동자에 대한 착취 자체를 끝내는 것은 아니다.

그리고 노조 상근 간부층은 흔히 노동자 투쟁이 자기 제한적 수준을 넘지 못하게 하려고 애쓰게 된다.

김지윤, 〈레프트21〉 101호, 2013년 4월 1일. https://wspaper.org/article/12783.

자기 제한적

노조 상근간부층의 정치적 표현체가 사민주의 정당이다. 따라서 사민주의 정당도 노동자 투쟁이 일정 수준을 넘어서면 이를 자제시키려는 경향을 띤다.

작고한 영국의 사회주의자 토니 클리프는 영국 노동당을 '자본주의적 노동자 정당'이라고 규정했다. 형용모순 같은 이 표현은 사민주의 정당의 이중적 성격을 보여 준다.

노동자들이 자신감이 충분하지 못하거나 혁명을 수행할 정치 조직을 갖고 있지 못하는 한 개혁주의는 계속 부활할 것이다. 심지어 사민주의 정당이 없는 미국에서도 주로 노조에 기반을 두고 민주당을 이용해 개혁주의 정치를 실현하려는 세력들이 있다.

개혁주의의 매력은 그것이 중간 지점이라는 데 있다. 노동자들이 자본주의의 개혁을 바라지만 혁명에 대한 확신이 아직은 분명하지 않을 때 사민주의의 대안은 매력적으로 다가올 수 있다. 따라서 단순히 사민주의 정당과 지도부를 말로 비판하는 것만으로는 개혁주의에 귀 기울이는 노동자들을 설득할 수 없다.

사회주의자들이 개혁주의에 접근하기 위한 올바른 실천 방법은 공동전선을 통해 개혁주의 노동자들과 공동 행동을 조직하고 혁명적 정치가 개혁주의 정치보다 낫다는 것을 실천에서 보여 주는 것이다. 개혁주의 사상을 가진 사람들에 대한 개방성과 개혁주의에 대한 군건하고 한결 같은 비판, 혁명적 조직 건설·대안 제시를 언제나 결합시킬 필요가 있다.

급진좌파의 성장과 모순,
혁명가들이 가져야 할 덕목

현재 상황은 역설적이다. 자본이 약하지만 급진좌파는 훨씬 더 약하다. 더 구체적으로 말해, 자본은 경제적으로는 약하지만 정치적으로는 훨씬 더 강하다. 체제에 대한 대중의 이데올로기적 확신이 강해서 그러는 것이 아니다. 신뢰할 만한 반자본주의적 대안이 약해서이다.

2008~09년 대불황 이후 경제의 회복이 지지부진한 것을 보면 자본이 경제적으로 약하다는 것을 알 수 있다. 심지어 지배계급의 일부도 경제가 "1백 년에 한 번 올 부진"에 빠질지 모른다고 걱정한다.

경제 위기가 대중의 급진화나 혁명을 자동으로 낳는 것은 아니다. 하지만 자본주의가 위기에 빠진 지금은 반자본주의 좌파가 대안적

알렉스 캘리니코스. 〈노동자 연대〉 131호, 2014년 7월 19일. https://wspaper.org/article/14734. 런던대학교 킹스칼리지 유럽학 교수이자 영국 사회주의노동자당(이하 SWP) 중앙위원장인 알렉스 캘리니코스가 SWP의 계간지 《인터내셔널 소셜리즘》에 기고한 자본주의 체제와 유럽 급진좌파의 현 상태에 관한 글을 요약한 것이다.

관점을 내놓기에 좋은 시기가 될 수 있다.

그러나 현재 급진좌파의 상태는 그렇지 못하다.

지난 15년 급진좌파의 궤적

1989~91년 스탈린 체제들이 몰락하며 신자유주의가 득세했다. 그러나 1999년 11월 미국 시애틀에서 WTO 회담을 봉쇄한 대규모 시위가 일어났다. '시애틀 전투'라고도 불린 이 운동은 이른바 대안세계화 운동의 시작을 알렸다.

9·11 사태와 조지 W 부시 정부의 국제적 비상사태 선포는 저항이 경제 문제에서 정치 문제로 확장되도록 자극했다. 반신자유주의 운동이 반전운동으로 이어졌다. 2003년 2월 15일 미국의 이라크 공격에 반대해 전 세계적으로 1천만 명이 거리로 나오는 대규모 운동이 일어났다.

1990년대 말~2000년대 초의 시기에 운동이 폭발적으로 성장하며 단결 정서가 광범했다. 그래서 정치적 차이를 경시하거나 스리슬쩍 넘어가는 경향이 있었다. 물론 중요한 논쟁도 있었다. 신자유주의와 전쟁의 관계, 정당과 운동의 관계를 둘러싼 논쟁이 그것이다.

이 시기에 반전·반신자유주의 운동과는 독립적이었지만 상호작용하면서 좌파 정당들의 새 결집체들이 나타났다. 이 결집체들은 사회자유주의(신자유주의를 수용한 부류의 사회민주주의)를 거부했다. 이 결집체들은 사회민주주의 왼쪽에서 새로운 정치적 공간이 열리는 것을 보여 주는 듯했다. 그 예로는 이탈리아의 리폰다치오네 코무니스타(재건공산당), 독일의 디링케(좌파당), 그리스의 시리자, 포르투갈의 좌파블록, 스코틀랜드의 사회당, 덴마크의 적록동맹, 영국의 리스펙트 등이 있었다.

급진좌파는 부르주아 정치에 파열구를 내기 시작했다. 가장 극명한 사례는 프랑스의 극좌파인 혁명적공산주의자동맹(이하 LCR)과 사회당 좌파가 2005년 5월 유럽헌법 반대 운동을 성공적으로 이끈 것이었다. 라틴아메리카에서도 변화가 있었다. 베네수엘라에서 우고 차베스가, 볼리비아에서 에보 모랄레스가 집권했다.

그러나 2005년 5월 이후 상황은 반전됐다. 급진좌파들은 분열하거나(2006년 스코틀랜드 사회당, 2007년 영국 리스펙트), 선거에서 지지율이 대폭 하락했다(2011년 포르투갈 좌파블록). 두 가지 현상이 다 나타난 경우도 있었다(이탈리아 재건공산당).

이처럼, 2008~09년의 경제 위기가 닥치기 전에 급진좌파들은 혼란을 겪었다. 급진좌파의 약화는 경제 위기 와중에도 계속됐다.

물론 프랑스에서는 사태 전개가 조금 달랐다. 프랑스에서는 새로운 정치 결집체가 비교적 늦게 결성됐다. 2008년 사회당에서 분열해 나온 사람들이 좌파당을 결성했다. 2009년 초 LCR은 반자본주의 신당(이하 NPA)를 결성했다. 이 두 정당은 국제적으로도 영향력이 있었다.

그러나 NPA는 선거에서 좌파당과 그 동맹인 좌파전선(공산당이 주도한다)에 뒤지면서 2011~12년에 고통스러운 내부 위기를 겪었다. 그 결과 2012년 7월 LCR 출신의 걸출한 활동가도 많이 포함된 수백

명이 NPA에서 이탈해 좌파전선으로 갔다. 그들은 좌파전선 안에서 '반자본주의 좌파'를 결성했다.

한편, SWP는 적어도 네 번의 분열을 겪었다. 2010년 리스펙트의 위기를 배경으로 한 분열, 2011년 주로 글래스고의 청년 당원들을 중심으로 한 분열, 2012~13년 서로 관련 있는 두 번의 분열. 2012~13년의 분열로 7백여 명이 탈당해 세 개의 극좌파 조직을 결성했다.

이에 더해 옛 시절의 악습(예를 들어 스탈린주의)도 급진좌파를 계속 괴롭히고 있는 듯하다. 9·11 사태 이후 영국 국내뿐 아니라 국제적으로도 반전운동의 성장에 주도적 구실을 했던 영국 전쟁저지연합이 그것을 잘 보여 준다. 2000년대 후반 반전운동이 쇠퇴한 뒤로 영국 전쟁저지연합 안에서 스탈린주의 정치가 득세했다. 예를 들어, 전쟁저지연합의 주도적 활동가들은 서방의 시리아 개입을 반대하면서도 아사드 정권에 대해서는 침묵했다. 우크라이나 위기 때는 나토와 유럽연합을 비난하면서도, 크림반도를 장악한 러시아는 비판하지 않는 진영 논리에 빠졌다.

정치가 중요하다

위기에 빠진 것은 정당이지 운동은 아니라는 주장이 있다. 아랍 혁명, 아랍 혁명에 고무돼 새로 시작된 저항 물결이 있다. 스페인의 5월 15일 운동, 미국의 점거하라 운동이 그것이다. 2010년 영국 학생들의 폭발적 운동, 2013년 브라질과 터키의 대중 시위도 있다. 일각에서는 이런 운동들을 자본을 전복하는 동시에 옛 좌파의 허를 찌르는 집중적이지 않고 수평적인 투쟁들이라고 부른다.

그러나 문제는 국가와 정당이 사회의 근본적 결정 요인으로 작용한다는 점이다. 가장 중요한 사례는 이집트 혁명이다. 이집트에서는 한 정당(무슬림형제단)의 오류, 다른 정당들(자유주의, 스탈린주의, 좌파 민족주의)의 배신이 군부의 반혁명 공세에 문을 열어 줬다. 2013년 터키에서도 게지 공원 점거 시위는 공원 자체는 구했지만, 정치는 여전히 총리 에르도안이 장악하고 있다. 미국의 점거하라 운동이 정치적 의제를 크게 바꿨다는 점에는 의심의 여지가 없지만, 여전히 민주당이 득세하고 있다.

그래서 일반적으로 말해, 새로운 형태의 좌파 정치가 떠오르고 있다는 증거는 실재한다기보다는 외관적이다. 그리스 노동계급의 강력한 저항으로 시리자가 그리스 정치의 중심으로 떠오른 것은 예외일 수 있다. 그러나 2012년 총선의 큰 성공 이후 2년 동안 시리자는 확실히 중도로 옮겨갔다. 스스로 정부를 운영할 수 있는 책임성 있는 정당으로 보이게 하기 위해서다. 그 과정에서 시리자 내 좌파는 주변화됐다. 유럽집행위원회 의장으로 중도우파이자 긴축론자인 장클로드 융커를 치프라스가 지지한 것은 시리자의 우경화를 아주 잘 보여 준다. 좌파 개혁주의라는 말이 아까울 정도다.

유럽 전역에서 경제 위기와 긴축이 낳은 환멸은 주로 우익 포퓰리즘과 파시즘으로 표현되고 있다. 그리스의 황금새벽당, 프랑스의 국민전선, 영국의 영국독립당이 대표 사례다. 2014년 5월의 유럽의회 선거는 그 추세를 확실히 보여 줬다. 물론 지중해 연안국들에서는 이와 상반되는 현상이 나타났다. 그리스에서 시리자가 1위를 했고, 스페인에서 5월 15일 운동의 산물인 포데모스가 성공했다.

이런 사태들이 결합되며 "반정치" 얘기가 많아졌다. 그런데 '반정치' 담론들은 정치를 '자본주의적 정치'와 동일시하고 '공산주의'를 반정치의 한 유형으로 보는 근본적 오류를 범한다. 국가를 둘러싼 투쟁이 모두 부르주아 정치의 한 유형인 것은 아니다. 자본주의 생산관계를 유지하는 데서 국가가 여전히 중요한 구실을 하고 있으므로 부르주아 사회의 모순은 모두 국가와 융합되고, 그래서 국가를 둘러싼 투쟁은 단지 자본가의 지배를 영속시키는 것이 아니라 그것을 위협하기도 한다.

'반정치' 담론은 권력을 잡지 않고도 세계를 바꿀 수 있다는 자율주의의 신화와 타협하고, 그럼으로써 전략을 포기한다. 2011~12년 이집트의 젊은 혁명가들은 거리 운동만으로도 충분하다고 보는 착각에 빠졌다. 그래서 선거 정치를 회피했다. 그럼으로써 선거 정치 영역을 기회주의적 정치인들에게 내맡겨 버렸다. 그 기회주의적 정치인들은 엘 시시가 이끄는 군부 통치로 가는 길을 열었다.

주요 정당들에 대한 대중의 지지가 하락하고 있지만 아직 '국가의 일반적 위기' 상태는 아니다

'반정치' 담론은 현실을 원래보다 더 낙관적으로 본다. 그람시가 말한 "국가의 일반적 위기" 상황이라는 듯이 말이다. 그람시는 다음과 같이 말했다.

"지배계급 헤게모니의 위기는 지배계급이 주요 정치적 과업에서 잘못을 저지르거나 대중의 동의가 빠져나가서, 또는 많은 대중이 정치적 수동성 상태로부터 확실한 활동 상태로 갑자기 나아가서 … 생긴다. '권위의 위기'가 표출된다. 이것은 정확하게 헤게모니의 위기이고, 국가의 일반적 위기이다.

"이런 위기가 발생하면 당장의 상황은 유동적이 되고 위험해진다. 폭력적 해법, 잘 알지 못하던 세력들, '운명의 카리스마적 인간'으로 대표되는 세력이 활동할 공간이 생기기 때문이다."

그러나 선진 자본주의 사회의 현 상태를 "국가의 일반적 위기"로 묘사하는 것은 부적절하다. 오늘날의 상황은 모든 주요 정당들에 대한 대중의 지지가 대체로 하락하고 있는 것이다. 이런 상황에서는 대중이 거듭거듭 수동적 상태로 돌아가는 특징이 있다. 항의성 투표가 간간이 끼어들고, 이따금 폭발적으로 대중 운동이 일어나지만, 지금까지 그런 운동이 지속되지는 못했다.

주류 정당들에 대한 지지 하락은 두 가지 과정이 낳은 결과다. 하나는 장기적인 것이고, 다른 하나는 좀 더 단기적인 것이다.

개인주의

장기적인 것은 파편화와 개인주의화로 나아가는 경향이 선진 자본주의 사회에 있다는 것이다. 그래서 많은 대중 조직들의 기반이 약화된다. 그 대중 조직에는 정당뿐 아니라 주류 교회 같은 기관도 포함된다. 이런 경향은 전후 장기 호황기에도 있었다. 당시에는 대중이 "풍족"해서 "무관심" 병에 걸렸다는 말이 있었다.

그러나 그때는 개인주의화 경향이 비교적 약했다. 토니 클리프는 당시에 이렇게 주장했다. "개인적으로 개혁할 수 있는 길이 좁아지거나 닫히는 특정한 상황에서 무관심은 반대의 것으로, 즉 급격한 대중 행동으로 바뀔 수 있다." 1960년대 말과 1970년대 초 대중적 노동자 투쟁이 분출한 것이 그런 결과였다.

단기적인 것은 신자유주의가 파편화와 개인주의적 경향을 강화하고 노동계급 조직을 약화시켰다는 것이다. 신자유주의는 대중적 노동자 투쟁의 분출에 대한 지배계급의 대응 방식이었다.

그러나 신자유주의는 부르주아 정치도 바꾸었다. 주류 정당들이 모두 신자유주의를 받아들인 것이다. 그 결과 선거 정치에서는 차이점이 드러나지 않았다. 여기에 신자유주의와 경제 위기가 가하는 물질적 영향이 결합되면서 "정치적 계급"(주류 정치인들을 표현하는 말)이 유권자 대중으로부터 멀어졌다.

'정치적 계급'이 시민들과 구조적으로 단절되고 부유한 세계로 통합되면서 모든 정당에 대한 대중의 거부 정서가 강해졌다. 이 정서는 "모두 물러나라"는 구호로 집약된다. 이 구호는 2001~02년 아르헨티나 항쟁에서 나온 구호다. 모든 정당에 대한 거부 정서는 '반정치'라고 부를 만한데, 이것은 경제 위기, 긴축, 부패 추문 같은 요소 탓에 더 강해질 수 있다.

그러나 이런 정서를 가장 잘 이용하고 있는 것은 우익 포퓰리스트들이다. 그러나 그들 자신은 대체로 '반정치'를 자처하지 않는다. 대신 '아웃사이더'를 자처한다. 그들의 진정한 목표는 그들 특유의 계획을 내놓고 그걸 둘러싸고 주도권을 잡아 부르주아 정치를 재편하는 것이다.

문제의 핵심: 낮은 수준의 계급투쟁

왜 우익 포퓰리즘이 경제 위기 속에서 주류 정치와 대중의 괴리를 가장 효과적으로 표현하는가? 여러 요인이 있을 수 있지만 경제 위기의 초입에 급진좌파들이 약한 상태에 있었다는 것이 중요하다.

물론 시리자라는 예외가 있다. 그러나 시리자가 크게 성공한 것은 지난 몇 년 동안 그리스의 계급투쟁이 격렬하게 일어난 덕분이다. 그나마도 최근에는 노동자들이 시리자의 집권을 기다리면서 계급투쟁 수위가 하락하는 효과가 나고 있다.

사실, 그리스는 다른 곳에서 빠진 요소를 잘 보여 준다. 바로 지난 15년 동안 반자본주의적 급진화 물결이 있었지만 노동계급의 투쟁이 지속적으로 분출하는 것과 만나지 못했다는 것이다.

역사를 보면, 좌파가 전진한 시기는 1860년대와 1880년대, 제1차 세계대전과 러시아 혁명을 둘러싼 시기, 1930년대, 1967~76년이다. 그때는 하나같이 노동운동이 눈에 띄게 전진했다. 그러나 1990년대 후반 이후 시기에는 이 연결고리가 빠져 있다.

그렇다고 해서 그동안 중요한 투쟁이 하나도 없었다고 말하는 것은 아니다. 2010년 프랑스의 대규모 파업, 2011년 영국 공공부문 파업, 2012년 미국 시카고 교사 파업은 모두 노동계급의 잠재력을 보여 줬다. 그러나 지금 경제적 계급투쟁이 지속적으로, 충분한 규모로 일어나는 곳은 없다. 그동안 노동운동이 겪은 패배를 역전시킬 만큼 공세적으로 투쟁이 일어나는 곳도 없다. 왜 그런지를 설명하는 것이 오늘날 혁명적 마르크스주의자들의 가장 중요한 과제다.

현재 상황과 관련된 몇 가지 이론적 쟁점

(1) 급진좌파의 취약성과 관련된 이론적 쟁점 1: 오늘날 경제적 계급투쟁은 왜 수세적이고 분산적인가?

이것에 대해 세 가지 설명이 있다. 첫째, 신자유주의가 사회를 심대하게 바꿔서 집단적 행동 가능성이 크게 훼손됐다는 설명이다. 신자유주의가 "새로운 세계적 합리성"으로 "인간 존재의 모든 측면을 통합시켜 세계를 자신의 형상대로 만들었다"는 것이다.

신자유주의가 경제뿐 아니라 사회관계의 모든 측면을 경쟁 논리에 종속시켰다는 점을 강조한다는 점에서는 이 주장은 옳다. 그러나 신자유주의가 사람들을 위로부터 개조해 모두 똑같이 만들었고 그 임무를 완수했다고 보는 점에서는 중요한 결함이 있다.

이런 견해를 지지하는 증거는 거의 없다. 사람들이 모두 하나같이 기업인처럼 바뀌었다면 어떻게 저항이 계속 일어나고 급진화가 실제로 지속될 수 있었는가? 그람시가 주장했듯이, 연대와 집단행동의 토대는 여전히 강력하다. 그람시는 대중이 생산 과정을 함께 경험하고 과거 노동운동의 유산을 공유하므로 연대하고 집단으로 행동할 수 있다고 지적했다.

둘째, 신자유주의 하에서 경제의 구조조정이 일어나 노동자들이 단체행동을 할 능력이 약해졌다는 설명이다. 셋째, 노동자들의 자신감을 떨어뜨리고 노조 관료들을 강화시킨 배신과 패배의 사이클을 강조하는 설명이다.

계급투쟁이 강력했던 마지막 시기와 지금의 시간적 격차를 보면 둘째 설명과 셋째 설명을 조합하면 가장 적절한 대답이 될 듯 보인다. 그러나 경제적 구조조정이 필연적으로 노동자의 능력을 약화시키는 것은 아님을 이해해야 한다. 노동계급의 구성이 바뀌는 것(예를 들어, 여성이 노동시장에 진출하는 것과 이주 노동자가 계속 유입되는 것)은 착취에 맞서는 저항과 차별에 맞서는 저항을 융합시켜 새로운 급진화의 자극을 줄 수도 있다.

(2) 급진좌파의 취약성과 관련된 이론적 쟁점 2: 정치조직, 특히 레닌주의 조직은 끝났는가?

'반정치' 현상은 정당이 더는 쓸모 없는 것이 됐음을 뜻하는가? 특히 레닌주의 정당은 이제 끝났는가? 내가 레닌주의 정당이 끝났다는 주장에 부정적으로 답하자 여기저기서 공격이 들어왔다. 그러나 마르크스주의적 좌파에서는 레닌주의에 대한 재평가가 매우 광범하게 일어나고 있다. 적어도 영어권에서는 그렇다. 대표 사례가 라르스 리의 기념비적 저술이다. 리는 레닌의 1902년 작 《무엇을 할 것인가?》

가 음모적이고 엘리트적인 조직을 만들자고 주장했다는 신화를 교정하려 했다. 리는 레닌이 독일 사회민주당과는 다른 독특한 정당을 만들려 했던 것이 전혀 아니었다고 주장했다.

리의 노력은 레닌을 전체주의의 화신으로 그리는 부르주아적 관점을 교정했다는 점에서 환영할 만하다. 그러나 레닌을 리처럼 이해하는 것에도 문제는 있다. 이에 관해서는 《인터내셔널 소셜리즘》 이번 호에서 폴 블랙레지가 1914년 국제 사회주의 운동의 분열을 설명하는 맥락에서 다뤘다. 다음 호에서 케빈 코어와 개릿 젠킨스가 더 상세히 다룰 것이다.

시리자는 성공하고 NPA와 SWP는 위기를 겪는 지금 시기에 "광범한 정당"에 대한 급진좌파의 환상은 매우 강하다. 이런 상황에서 리의 저술은 독립적인 혁명적 마르크스주의 조직을 건설하려는 프로젝트의 정당성을 부인하는 데 이용될 수 있다.(그 자신의 의도와는 다르지만 말이다.) 물론 볼셰비키와 최근의 극좌파들이 정당을 건설하려 한 노력에 대해서는 냉정하고 만만찮은 분석이 필요하다.

그러나 무엇보다 운동이 맞닥뜨린 정치적 문제를 해결할 답을 운동이 스스로 찾을 수 있다는 낭만적인 생각을 버리는 것이 매우 중요하다.

(3) 급진좌파의 취약성과 관련된 이론적 쟁점 3: 사회주의 페미니즘의 부활과 마르크스주의

페미니즘의 부활은 국제적 현상이다. 그리고 페미니즘의 부활은 더 넓은 반자본주의적 급진화의 일부라는 점을 꼭 봐야 한다. 페미니즘이 다시 떠오르는 맥락에는 세 가지가 관련 있어 보인다. 첫째, 급진화 자체의 제한성이다. 즉, 급진화가 수동적 성격을 띠고 노동계급의 저항이 충분한 힘을 제공하지 못한다는 것이다.

둘째, 자본주의 사회는 여전히 매우 여성차별적인데, 1960~70년대의 여성 해방 운동이 가져온 한 가지 효과로 말로만 페미니즘 운운하는 것이 국가와 기업 세계에 제도화됐다는 것이다. 이것은 "힘돋우기(임파워먼트)"(서구에서 랩댄스 같은 것을 정당화하는 데 이용되는)라는 말로 매개됐다.

셋째는 1960~70년대에 발전한 이론적으로 다양한 버전의 페미니즘이 인문·사회과학계에 확고히 자리 잡았다는 것이다. 특히 영어권 대학에서 그렇다. 그리고 여기서 다양한 버전의 페미니즘은 포스트식민주의와 퀴어 이론과 만났다. 한편 주디스 버틀러와 낸시 프레이저 같은 중요한 인물들이 새롭게 이론적 변형을 발전시켰다.

이런 사상들은 특히 학생들과 대학을 졸업한 지 얼마 안 되는 청년들에게 강력한 영향을 끼쳤다. 이 청년들은 현재의 급진화에서 매우 중요한 요소다. 그들은 신자유주의적 자본주의가 내놓은 평등·힘돋우기 약속이 거짓이라는 것을 알게 됐고, 언론이 말하는 것과 여성·피차별자들이 실제로 겪는 고통이 매우 다르다는 것을 알게 됐다. 그러나 그들이 보기에 해방을 가져올 능력이 있는 강력한 세력은 없는 듯하다. 그들에게 조직 좌파의 정치적 언사와 조직 방식은 흔히 너무 낯설다. 이런 이유로 그들이 정치에 접근할 때 도덕적 비판이 우위를 차지하게 되는 것은 그리 놀랄 일이 아니다.

도덕적 비판 자체에 문제가 있다는 것은 아니다. 여성이 계속해서 물질적·정신적으로 굴욕적인 상황을 감내해야 하는 조건에서는 말이다. 그러나 분석·전략과 만나지 않는다면 도덕적 비판만으로는 효과가 없다. 결국 도덕적 비판은 자유주의적 자본주의 이데올로기와 많은 것을 공유하는 담론이 되거나 위선적 담론이 되기 십상이다. 최근 급진적 진영 안에서 영향을 끼치는 이론적 개념들의 일부, 특히 특권 이론과 상호교차성(intersectionality) 이론은 피차별자 일부를 매도하는 것을 정당화한다.

'상호교차성'은 착취와 차별의 여러 형태가 서로 융합되는 현실을 묘사하는 개념으로는 유용하다. 그러나 '상호교차성'은 내가 거의 20년 전에 정체성 정치를 비판하면서 쓴 "차별 날조하기"를 정당화할 수도 있다. 이것의 한계는 개인 체험을 물신화하는 극단적 주관주의로 이어진다는 것이다. 개인 체험이 압도하면 비판적 분석과 정치적 논의가 불가능해진다.

새롭게 급진화하는 세대가 자기들이 쉽게 접하는 이론에 이끌리는 것은 놀랄 일도 아니고 사실 어느 정도는 불가피한 일이다. 그런데 그 이론들은 대부분 자본주의에 대해서는 별로 말하지 않는다. 그러나 시애틀 이후 일어난 급진화의 가장 중요한 특징은 체제 자체를 겨냥한다는 점이다. 여기서 자본주의와 여성 차별의 관계를 어떻게 이해할 것인가 하는 것이 문제가 된다. 여성 해방 운동이 일어난 1960~70년대에 벌어진 마르크스주의와 페미니즘 사이의 논쟁에 유용한 정보가 많다.

1980년대에 전반적으로 우경화가 일어나며 마르크스주의에 대한 학계의 관심이 무너졌다. 이 상황 덕분에, 여성 차별을 논의하는 데서 급진 페미니즘과 여러 버전의 포스트모더니즘, 나중에는 포스트 식민주의가 득세하게 됐고, 여기서 계급과 여성 차별의 관계는 거의 보이지 않게 됐다.

현 상황에서 여성 차별에 맞선 저항과 자본주의 비판을 연관시키고자 하는 사람들에게 사회주의 페미니즘은 매력을 줄 수 있다. 사회주의 페미니즘은 1970년대의 논쟁 동안 마르크스주의와 페미니즘을 통합시키려 했던 노력의 산물이었다. 핵심 인물은 하이디 하트먼이다.

최근 미국 마르크스주의자인 섀런 스미스가 사회주의 페미니즘을 되살리려 하면서 노동계급 남성이 여성 차별에서 득을 보는가 아닌가 하는 문제로 곧장 나아갔다. 스미스는 국제사회주의경향(IST)이 발전시킨 여성 차별 이론을 공격하는 맥락에서 그렇게 했다. 스미스는 IST가 '환원론'으로 가는 경향이 있다고 비판했다. "[IST의 이론은] 가장 순수한 형태에서는 계급투쟁만으로도 여성 차별을 해결할 수 있다는 생각이 든다."

스미스의 주장은 중상모략이다. SWP가 낙태권 옹호 운동에서 한 일을 아는 사람이라면 그 말이 완전한 어불성설임을 알 것이다. 우리는 여성 차별의 기원과 극복 방안을 놓고 페미니스트들과 차이가 있다. 그러나 우리는 여성 해방을 위해 헌신해야 하고 여성 해방을 위해서는 눈앞의 문제에 맞서 싸워야 한다고 본다는 점에서는 페미니스트들과 생각이 같다. 레닌의 《무엇을 할 것인가?》를 따라 IST의 창립자 토니 클리프는 모든 형태의 차별에 맞서 싸워야 한다고, 그 피해자가 노동자든 아니든 상관이 없다고, 차별에 맞서 싸우는 것은

"인간 해방"을 위한 투쟁의 핵심적 일부라고 강력하게 주장했다.

그럼에도 IST가 사회주의 페미니즘의 부활에 걸림돌이 된다는 스미스의 말은 꽤나 옳다. 1970년대 말과 1980년대 초에 일어난 논쟁에서 린지 저먼과 크리스 하먼은 스미스 등이 되살리려고 하는 많은 가정들에 이의 제기를 했다. 즉, 저먼과 하먼은 가부장제 이론을 허물어뜨렸다. 그 이론이 공상적이고 초역사적이라는 점을 드러내며 그랬다.

스미스는 "마르크스주의의 관점은 모든 것을 계급 문제로 환원시켜 여성 차별의 현실에 사실상 눈감는다"고 했다. 그러나 1960~70년대에 하먼은 바로 이런 비난에 답변을 내놓았다.

"우리는 여성 차별 문제를 계급 문제로 '환원'하지 않는다. 모든 계급의 여성이 차별받는다. 어떤 사회에서 소수 인종이 계급과 상관없이 차별받는 것과 꼭 마찬가지로 말이다. 하지만 계급 사회의 근저에 있는 그 차별의 근원에 도전하지 않고서는 그 차별을 없애지 못한다고 우리는 말한다. 계급 사회에 반대하는 투쟁과 '가부장제'에 반대하는 투쟁, 두 개가 따로 있는 것이 아니다. 모든 형태의 착취와 차별의 원인에 반대하는 하나의 투쟁이 있을 뿐이다."

특히, 마르크스주의자들은 여성 차별을 낳는 물질적 결정 요인들을 강조해 왔다. 그런데 현재 임금노동에서 여성이 차지하는 비중이 계속 커지고 있다.(선진 경제에서 비농업 부문에 종사하는 임금노동자 가운데 거의 50퍼센트가 여성이다.) 이런 경향은 여성 노동자들이 노동계급 내에서 주도적 구실을 할 능력을 갖고 있음을 뜻한다. 착취와 차별의 체제 전체를 묻어 버릴 수 있는 노동계급 내에서 말이다.

혁명적 사회주의 조직은 노동운동이 이런 획기적인 상황 변화를 반영할 수 있게끔 해야 한다.

지금 시기에는 '혁명적 인내심'이 필요하다

급진좌파가 현재 겪는 어려움을 균형감각 있게 보는 것이 중요하다. 경제 위기는 마르크스주의의 자본주의 비판의 정당함을 확인해 줬다. 토마 피케티의 《21세기 자본론》은 마르크스에 대한 칭찬을 돌려서 말하고 있는 셈이라고 볼 수 있다.

위기가 이데올로기에 미치는 영향에 대해 저명한 소설가인 어느 마르크스주의자는 이렇게 말했다. "마르크스주의적 사상과 문화가 정말로 부흥하고 있다. 자본주의가 30살 이하의 많은 사람들의 충성을 박탈당했다는 것이 십중팔구 가장 결정적인 요인일 것이다."

그런데 지난 수십 년 동안 산업 자본주의가 남반구로 확장되며 노동계급이 국제적으로 확대됐다. 또한 신자유주의적 구조조정으로 선진 자본주의 사회에서는 프롤레타리아화가 더 촉진됐다.

문제는 방대한 구조조정으로 노동운동의 기존 구조가 파괴되고, 위기가 급습하고, 자본가들이 계속해서 공격을 해서 상황이 녹록지 않다는 것이다. 현재의 급진좌파 위기는 이런 배경에 비춰 이해해야 한다.

신자유주의 시대가 막 시작한 약 35년 전 크리스 하먼은 두고두고 볼 만한 분석을 《인터내셔널 소셜리즘》에 기고했다. 그 논문은 당시 유럽의 혁명적 좌파들이 겪고 있던 위기에 관해 쓴 것이다. 당시 혁명적 좌파들이 겪은 위기는 지금보다 훨씬 더 혹독하고 집중적이었다. 1960년대 말과 1970년대 초에 일어난 위대한 노동자 투쟁 속에서 떠오른 중요한 극좌파 조직들이 아주 짧은 기간에 와해됐기 때문이다.

현재의 위기는 당시보다 훨씬 더 분산적이지만 어떤 면에서는 더 위험하다. 지금의 혁명적 좌파가 당시보다 훨씬 더 약하기 때문이다. 그래서 SWP나 NPA 같은 조직을 분열시키거나 파괴하려는 행동은 너무나 무책임한 행동이다.

하먼은 다음과 같은 말로 앞에서 언급한 논문의 결론을 썼다.

"혁명적 인내심은 오늘날 꼭 필요한 덕목이다. 혁명적 인내심은 말로는 '전환기'를 얘기하지만, 실천에서는 노동계급의 자력 해방이 아닌 개혁주의적 땜질로 이끌리는 것의 유일한 대안이다. 혁명적 인내심은 수명이 짧은 '새 운동'을 좇아 이리저리 뛰어다니는 것의 유일한 대안이기도 하다.

"그러나 혁명적 인내심을 종파적 수동성과 혼동하면 안 된다. 혁명적 인내심은, 투쟁에 개입할 수 있는 기회를 모두 포착해, 조직을 시험하고 최상의 새 활동가들을 가입시키고, 노동계급 내에서 조직의 영향력을 키워서, 필수불가결한 정당으로 천천히 나아간다는 뜻이다."

다니엘 벤사이드도 자서전에서 비슷한 주장을 했다. 그는 "느린 조바심"을 말했다. '느린 조바심'은 "활동적인 기다림, 긴박한 인내심, 참을성, 끈기로서, 기적을 수동적으로 기다리는 것과는 매우 다르다." 그것은 세력 균형이 우리 편에 유리해졌을 때 혁명가들이 역사를 만드는 좋은 위치에 서 있게 되기 위해, 현재에 개입해 중요한 영향을 미치려는 단호하고 완강한 노력이다.

제2부
노동조합

노동조합 속의 사회주의자들

마르크스와 엥겔스는 1848년 《공산당 선언》에서 노동계급이 자본주의의 "무덤을 파는 사람들"이라고 말했다. 그들이 이 말을 했을 때 노동계급은 전 세계 인구 가운데 극소수였다.

그들은 자본주의가 역사상 가장 거침없이 확장되는 생산 체제라고 주장했다. 자본주의는 ― 무역, 약탈과 정복, 혁신을 통해 ― 그 활동 영역을 확대하면서 노동계급도 증대시켰다.

오늘날 노동계급은 세계에서 가장 큰 계급이다. 사회주의자들이 노동계급을 전략적으로 중시하는 이유는 그 규모 때문만은 아니다. 조직 노동자들의 집단적 능력과 힘 때문이기도 하다.

과거 역사에서 어떤 피착취 계급도 현대의 노동계급만큼 높은 문화·교육 수준을 누리지 못했다. 전의 어떤 피착취 계급도 현대 노동

───────
콜린 바커. 격주간 〈다함께〉 37호, 2004년 8월 13일. https://wspaper.org/article/1468.

자들만큼 조직 능력을 갖지 못했다.

거대 도시들과 대규모 생산 기업들에 집중된 노동자들에게는 대규모로 자체 조직할 수 있는 수단이 있다.

자본주의 초창기부터 노동자들은 자신들의 조건을 개선하기 위해 노동조합, 정당, 다른 조직들을 건설하려 애썼다.

또, 사회·문화·스포츠·기타 단체들의 촘촘한 그물망을 건설하기도 했다. 흔히 이런 단체들은 "비정치적인" 것처럼 보이지만, 그런 단체들은 노동자들의 조직 능력이 발전한 것을 보여 줄 뿐 아니라 그들의 사회 생활을 향상시키고 활기차게 만드는 수단이다.

능동적인

노동조합과 그 밖의 다른 모든 기구들에서 사회·경제 활동과 정치 사이에 만리장성은 존재하지 않는다. 예컨대, 지난 5월에 자발적인 '맨체스터 유나이티드 독립응원단'은 인종 차별 반대 행동을 주도한 바 있다.

그들이 시즌 마지막 리그 시합에 초대한 손님 중에는 몇몇 쿠르드인 응원단도 있었는데, 그 쿠르드인들은 "테러" 혐의로 체포됐다가 기소되지 않고 풀려난 사람들이었다.

노동조합 지부와 직장위원회 안에는 오랜 정치적 논쟁의 전통이 존재한다.

이 기구들은 모두 노동 대중이 자신의 삶을 지키고 향상시키는 데 사용하는 결정적인 조직 수단이다. 그것들은 수많은 노동계급 활동가들의 일상적인 조직 활동에 달려 있다.

조직 노동계급은 사회주의자들의 가장 중요한 활동 영역이다. 노동조합은 특히 중요하다. 노동조합은 계급투쟁의 최전선에 있는 조직이다.

노동조합 운동은 여전히 영국에서 가장 큰 운동이다. 석탄·철강·조선 등 비교적 오래된 산업들의 쇠퇴 때문에 조합원 수가 크게 줄어들었는데도 말이다.

사회주의자들은 단순히 노조에 소속돼 있는 데 그쳐서는 안 된다. 그들은 능동적인 조합원이어야 한다. 가능하다면 직장위원이나 지부 간부 같은 직책을 맡기 위해 선거에 출마하기도 해야 한다.

노동조합 내 사회주의자들의 임무에는 두 가지 측면이 있다. 첫째는 동료 노동자들 사이에서 능동적이고 집단적인 조직하기를 고무하는 것이다.

잘 조직된 작업장은 금방 알 수 있다. 그런 곳에서 감독관이나 관리자는 함부로 설치지 못한다! 그것은 노동자들이 서로 신뢰하고 자주적으로 행동하려는 태세에 달려 있다. 그런 상호 신뢰가 없으면 임금이나 다른 문제를 둘러싼 파업을 조직하기는 더 힘들다.

사회주의자들의 두 번째 임무는 정치 쟁점들을 작업장과 노동조합 안으로 끌어들이는 것이다. 최고의 투사들에게 사회주의 신문을 판매하는 것은 아주 중요하다.

그러나 난민을 지지하는 서명 용지를 돌린다거나 반전 시위 홍보 전단을 돌리는 일처럼 언뜻 보기에 아주 낮은 수준의 활동처럼 보이는 것도 마찬가지로 중요하다.

사회주의자들은 모든 수준의 노동계급 조직들에서 항상 동료 노동자들이 동의할 수 있는 문제들을 둘러싸고 그들과 실천적 동맹을 형성할 수 있는 기회를 붙잡으려 해야 한다.

일상의 투쟁에서 멀리 떨어진 채 그저 사회주의의 필요성을 설교하는 "사회주의자"는 없느니만 못하다.

정치

모든 작업장이나 다양한 견해를 가진 사람들이 있다. 한 쪽 끝에는 집단적 연대에 반대하고 자기 자신만 생각하는 개인들이 있다. 다른 쪽 끝에는 기업주에 본능적 반감을 가진 사람들이 있다.

사회주의자들은 이 둘째 집단과 힘을 합쳐 다수의 지지를 얻기 위해 노력해야 한다. 가능하다면 우리는 능동적인 사회주의자들의 수를 늘려야 한다.

그것은 노조 중앙의 정치와 관련해서도 마찬가지다. 작업장과 마찬가지로 모든 노조 [중앙]에서도 좌파와 우파 사이에서는 늘 투쟁이 벌어지고 있다.

이런 투쟁들은 갖가지 쟁점에 영향을 미친다. 임금 인상 요구안의 내용과 형식, 쟁의행위 돌입 여부와 그 방식, 인종 차별과 여성 차별 반대 행동, 정치 투쟁과의 연계, 노동조합 구조 민주화 방안 등등. 이런 것들은 자연히 주요 노조 직책을 차지하기 위한 경쟁에 영향을 미친다.

사회주의자들은 항상 노조 안에서 다른 투사들과 공동 활동 그룹들을 형성하는 것을 목표로 삼는다. 그런 그룹들이 지난 몇 년 동안 영국의 많은 노조 선거에서 좌경화를 이끌어 왔다. 그들은 광부, 인쇄공, 그 밖의 다른 노동자들이 패배한 대처 시대 이후 노조를 지배했던 수동적인 우파 지도부에 대한 조합원들의 환멸 증대를 이용했다.

쟁점의 성격이 공동 활동의 가능성을 좌우한다. 때로는 공동 활동이 전체 운동으로 확산될 수 있다. 예컨대, 나치인 영국국민당(BNP)의 위협은 영국노총(TUC) 총평의회의 지지를 받는 반파시즘 연합의 출범을 가능케 했다.

다른 문제들 — 예컨대, 노동당에 대한 자금 지원 — 에서 노조는 더 심각한 내분에 휩싸인다. 사회주의자들은 이런 차이를 분명히 의식한 채 항상 핵심 원칙들을 훼손시키지 않으면서도 최대한 긍정적인 단결을 추구해야 한다.

혁명적 사회주의자들은 노조 안에서 이런 종류의 쟁점들을 둘러싼 투쟁뿐 아니라 현장조합원들의 운동도 발전시키려고 노력해야 한다.

현장조합원 조직은 노동조합에서 매우 중요하다

노동조합은 노동계급이 초창기부터 발전시켜 온 가장 오래된 조직 형태다.

노동조합은 경쟁적인 "노동시장"과 작업장 내 고용주의 권력이라는 이중의 압력에 대처하기 위해 노동자들이 서로 연대해야 할 필요성에서 비롯한다.

한때 노동조합이 이른바 "육체" 노동자에 국한됐던 곳에서도 지난 50년 동안 "화이트칼라" 노조가 크게 성장했다.

노동조합은 태생적으로 모순적인 기구이다. 노동조합은 고용주에 맞서 노동자의 이익을 대변하지만, 자본주의라는 틀 안에서 그렇게 한다.

노동조합은 임금 인상과 근로조건 개선을 요구하지만, 고용주들

콜린 바커. 격주간 〈다함께〉 35호, 2004년 7월 9일. http://wspaper.org/article/1405.

과 협상을 통해 그렇게 하면서 고용주들의 "권리"를 인정한다.

노동조합은 자본과 벌이는 전투의 선두에 서 있는 조직이지만, 노동조합 내부에서도 경쟁이 존재한다.

사회주의자들은 모든 노조 활동에서 중요한 구실을 하려 한다. 현재 상황에서 우리는 사회주의 활동의 두 가지 형태를 구분할 수 있다.

첫째는 다른 투사들과 함께 선거연합을 결성해 공직 선거에 출마한 좌파 후보들을 지지하는 것이다. 영국에서는 그런 연합을 흔히 "범(汎)좌파(Broad Lefts)"라고 부른다.

노조 내의 광범한 연합은 정치 쟁점을 바탕으로 건설될 수도 있다. 전쟁저지연합(Stop the War Coalition)이나, 난민을 방어하거나, 인종차별·여성차별·동성애혐오에 반대하는 적극적 정책들을 발전시키는 활동 등이 그런 것들이다.

범좌파

지난 몇 년 동안 또 다른 문제가 제기됐다. 정당에 기부금을 제공하던 노조들은 지난 수십 년 동안 그 돈을 노동당에만 기부했다.

지금 노동당의 정책에 대한 분노와 환멸 때문에 사회주의자들이 노조의 정치 기금을 민주화하자고 주장할 수 있는 여지가 생겼다.

사회주의자들은 이런 문제들을 회피해서는 안 된다. 좌파 지도자들을 선출하는 것, 좌파 운동과 정당 들을 지지하는 투표 행위는 노조원들의 전투성을 보여 주는 중요한 지표다.

그러나 공식 노조 기구에 집중하는 것만으로는 부족하다. 노조 간부나 노조 정책이 아무리 좌파적일지라도 독립적인 현장조합원 조직의 필요성이 노조 안팎에서는 곧잘 제기된다.

노조 상근 간부는 꼭 필요한 존재이지만, 동시에 문제를 일으키기도 한다. 그들은 여러 국면과 시기 동안 조직의 연속성을 유지하기 위해 필요하다. 여기서 필요한 것은 "사무" 능력, 일상적·정례적 활동이다. 여기서 또 보수성이 싹트게 된다.

상근 간부들은 작업장을 벗어나고, 흔히 조합원들보다 더 많은 임금과 더 나은 근로조건을 누린다.

대다수 평범한 조합원들과 노조의 관계는 이보다 더 불연속적이다. 일상적인 스트레스 — 파김치가 되는 출퇴근길, 직장에서 느끼는 좌절감, 쥐꼬리만한 임금으로 생활하기, 엄청난 피로감 — 때문에 그들은 노조에 관심을 쏟기 힘들다.

그러나 다른 때는 노동조합은 뭔가 활기차고 관심을 끄는 존재이기도 하다. 노동조합의 존재 의의는 때때로 단체 행동에 돌입한다는 것이다.

파업에 필요한 일정한 헌신성은 노동조합의 의미를 바꿔놓는다. 노조에 무관심한 듯했던 사람들이 변한다. 그들은 한편으로는 투쟁에 동참하겠다는 각오, 다른 한편으로는 노조에 요구하는 지지와 연대, 둘 다의 측면에서 변화를 겪는다.

직접적인 투쟁에서 간부들의 보수성은 승리의 장애물이 될 수 있다. 승리하려면 과감하고 주도적이어야 하며 위험을 감수해야 한다.

필수적인 헌신성과 상상력은, 어제까지만 해도 "무관심"한 듯했던 바로 그 평범한 조합원들 사이에서 발견된다. 이런 상황에서 필요한 조직 형태는 "일상적" 시기에 필요한 조직 형태와 사뭇 다르다.

독자적

현장조합원 조직은 노동조합의 대안이 아니라, 노동조합의 아주 중요한 부분이다. 제1차세계대전 당시 클라이드 노동자위원회는 이 점을 잘 표현했다.

"우리는 상근 간부들이 노동자들을 올바르게 대변하는 한 그들을 지지할 것이다. 그러나 그들이 우리를 제대로 대변하지 못한다면 직접 우리가 행동에 나설 것이다."

이른바 비공인 투쟁은 노동계급 투쟁의 아주 중요한 부분이다. 근로조건과 노동조합 조직을 방어하는 데서도 그것은 아주 중요하다. 심지어 "공인" 파업에서조차도 상근 간부들과 별개로 조직할 수 있는 능력이 결정적 구실을 하는 경우가 흔하다.

현장조합원 조직은 작업장에 확실하게 뿌리내린 채 조합원들 사이에서 실질적인 독자 행동의 문제를 제기할 수 있는 노조 활동가들의 네트워크에 달려 있다. 현장조합원 조직은 단지 노조 선거나 총회 방침이 아니라 독자적인 집단 행동에 집중한다는 점에서 "범좌파"와 다르다.

정해진 공식은 없다. 직장위원회(Shop stewards' committee)와

소집자들이 [현장조합원 조직의] 주축일 때도 있고, 이들이 오히려 보수주의의 원천일 때도 있다.

모든 노동계급 투쟁에서처럼 정치와 경제 사이에 만리장성이 있는 것은 아니다.

현장조합원 조직의 부활은 "노사관계의" 전투성 고양에서 비롯할 수도 있지만, 정치적 급진화에서 비롯할 수도 있다. 결국 이것들 사이의 상호작용 정도가 현장조합원 조직이 얼마나 발전할 수 있는지를 좌우할 것이다.

가장 성공적인 현장조합원 조직은 혁명적 정치를 가진 투사들의 네트워크에 달려 있다.

운동 속의 논쟁 - 노동귀족론은 왜 틀렸는가?
대기업 조직 노동자 투쟁이 정당한 이유

정부와 보수언론, 사장들은 '귀족노조의 집단 이기주의'를 비난한다.

기업의 일자리 창출이 어려워지는 것도, 중소기업이나 비정규직 노동자의 열악한 처우도 모두 대기업 정규직 '노동귀족'의 자기 몫 챙기기 때문이라는 것이다.

기업주들과 그 나팔수들의 이런 "노동귀족론"은 첫째 진정한 계급 불평등을 가리고 왜곡한다. 그래서 그 책임을 엉뚱한 곳에 전가한다.

노동자들 사이에 임금과 노동조건의 차이가 있는 건 사실이다. 대기업 정규직 노동자에 대면 중소기업·비정규직 노동자의 임금·노동조건이 절반밖에 안 되는 경우도 있다.

그러나 이런 차이가 실개울이라면, 기업주와 노동자(계급 간)의 차이는 태평양이다.

김문성. 〈레프트21〉 108호, 2013년 7월 15일. https://wspaper.org/article/13330.

10대 그룹 총수들이 2012년초에 주식 배당으로만 받은 돈이 2천 5백60억 원이다. 연봉 5천만 원 노동자 5천 명 치 연봉을 단 열 명이 주식 한 주 처분 않고도 현금으로 챙긴 것이다.

계급 불평등 경제 위기 속에서 국민총소득 중 기업소득의 비중(위 그래프의 검은선)은 꾸준히 늘고 있고 가계소득의 비중(아래 그래프의 검은선)은 반대로 계속 줄고 있다.(회색선은 OECD 평균)

현대기아차 그룹 정몽구와 정의선 부자가 최근 3년간 받은 주식배당액만 가지고도 현대차 공장의 비정규직 1만 3천여 명을 모두 정규직화할 수 있다고 한다.

2006년에 경총 회장을 맡아 최저임금 동결과 비정규직 악법 제정에 앞장섰던 이수영은 그 기간에 조세도피처에 큰 돈을 숨겨 놓고 있었다. 경총은 올해도 최저임금 동결 생떼를 썼다.

계급

이처럼 진정한 불평등은 바로 기업주와 노동자 사이에 있다. 노동계급의 정의를 바로 세우려면, 내부의 차이를 강조할 게 아니라 노동계급이 단결해 자본가계급에 맞서야 하는 것이다.

노동귀족론은 이쯤에서 또 독사의 혓바닥을 내민다. '대기업 정규직 이기주의' 때문에 노동계급 내부 격차가 커지고 있다는 것이다. 따라서 대기업·정규직이 양보·자제해야 한다고 말한다. 이것이 둘째 문제점이다.

노동부 통계를 보면, 2010년에 대기업과 중소기업 간 노동자 임금 격차가 더 벌어진 것으로 나온다. 반면, 2011년에는 그 격차가 좁혀졌다. 그런데 임금 인상률로 보면, 2010년에는 양쪽 노동자 모두 임금이 많이 올랐고, 2011년에는 둘 다 임금이 오히려 줄었다.

최근 임근 인상률 비교

	2004	2005	2006	2007	2008	2009	2010	2011
대기업	9.14	6.13	4.05	7.19	4.73	0.33	9.07	-0.42
중소기업	6.14	6.69	5.79	6.26	2.76	2.57	5.55	-0.89

※ 출처: 노동부 〈사업체 노동력 조사〉, 대기업(300인 이상), 중소기업(5~299인). 5인 이상 사업체 상용직 월 임금 총액 기준으로 계산

노동계급의 임금은 대체로 동반 상승하고, 동반 하락하는 것이다. 이런 패턴은 그 이전에도 나타난다. 사실 노동운동이 가장 활발했던 1987~96년에는 임금이 상승하며 내부 격차도 줄었다. 임금이 가장 낮았던 제조업에서 임금이 엄청나게 상승했기 때문이다.

또한 비정규직 정규직화, 최저임금 인상 같은 중요한 운동들은 모두 상향 평준화를 이루자는 요구다. 그러므로 상대적으로 더 나은 노동자들의 임금과 복지를 낮춰야 한다는 것은 상향 평준화 요구의 기준점 자체를 낮추자는 기만에 불과하다.

중소기업중앙회 인력정책실장은 "임금 격차가 워낙 크다 보니 중소기업에 오려는 인력도 적고, 어렵게 뽑아 놔도 금방 대기업으로 가는 게 현실"(〈한국경제〉)이라고 말한다.

즉, 대기업·정규직의 노동조건을 중소기업 수준으로 낮추자는 것이다.

그런데 중소기업중앙회가 올해 발표한 자료를 보면, 2011년 중소기업의 1인당 부가가치 생산성은 대기업의 29.1퍼센트에 불과하다. 반면 임금은 대기업의 약 62퍼센트다.

임금 격차보다 생산성 격차가 더 큰 것은 오히려 대기업 노동자가 기업주들에게 더 많이 착취당한다는 것을 보여 준다. 노동귀족론은 이런 현실을 가리는 구실도 한다.

자본주의에서 노동력을 판매해야 생계를 유지할 수 있는 노동자들의 처지를 이용해 기업주들은 임금보다 더 많은 일을 시킨다. 이런 잉여노동을 사장들이 집단적으로 가져가는 게 자본주의 착취다.

대기업 정규직 노동자도 마찬가지다. '노동귀족' 정규직들도 엄청난 노동시간에 허덕인다. 현대차 공장에서 1년에 2천5백 시간 넘게 일하는 노동자가 1만7천여 명이나 된다. 하루 8시간, 주5일 노동을 기준으로 OECD 평균보다 거의 넉 달을 더 일하는 셈이다.

바로 그 때문에 노동자들은 노동조합으로 뭉쳐서 착취당하는 몫을 줄이려고 투쟁하는 것이다. 임금을 깎지 말고 노동시간을 줄이자는 요구가 바로 그런 것이다. 그리고 그나마 상대적으로 나은 임금과 노동조건은 노동조합으로 조직돼 투쟁한 결과인 것이다.

노동귀족론이 하는 셋째 구실은 바로 이런 조직된 행동을 비난하는 것에 있다. 그리고 이것이 가장 해악적이다. 정부와 기업주들은 정부와 사측에 협조한 대가로 기사 딸린 고급 세단이나 타고 다니며 온갖 특권을 누리는 일부 어용 노조 지도자들은 '노동귀족'이라고 비난하지 않는다. 오히려 '합리적 노동운동가'로 치켜세운다.

반면 사측이 저지르는 불법, 차별, 폭력에 맞서 공장을 점거하고 싸움에 나선 현대차 비정규직 노동자들까지 '노동귀족'이라고 비난한다. 보통의 비정규직보다 두 배 가까운 연봉을 받는다는 이유로 말이다. 저들은 잘 조직돼 투쟁으로 자신의 노동조건을 올리는 노동자들을 '노동귀족'이라고 부르는 것이다.

주로 민주노총 소속인 이 노조들은 두 가지 강점이 있다. 자동차 등 주력 수출 대기업과 공공부문 등 한국 자본주의의 가장 중요한 부문에 잘 조직돼 있다는 점과 여전히 전투성을 간직하고 있다는 점이 그것이다.

조직

2008년 기준으로 조직 노동자 중 1천 명 이상 노조에 속한 노동자가 71.4퍼센트다. 최근 노동쟁의에서 대기업 노조가 차지하는 비중이 40퍼센트다.

10퍼센트를 간신히 넘는 노조 조직률에도 한국의 노조가 강력한 잠재력을 가진 것은 바로 이 때문이다. 정리해고 등을 도입하려는 노동법·안기부법 날치기에 맞선 1997년 1월 파업에서도 엄청난 파괴력을 발휘하며 앞장서 결국 승리를 불러온 주역은 대기업 노조들이었다.

역사에도 이런 사례가 많다. 20세기 초 유럽에서도 금속산업 대공장 노동자들은 "노동귀족"으로 비난받곤 했다.

그러나 러시아 페트로그라드에서, 독일 베를린에서, 전쟁을 끝내는 혁명에 앞장선 것은 잘 조직되고 투쟁의 경험이 탄탄한 이 "귀족"

노동자들이었다.

진정으로 자본주의의 패악을 끝장내고 싶다면 노동계급 대중의 힘에 기대야 한다. 노동계급은 자본주의 권력의 원천인 이윤 창출을 봉쇄할 수 있는 능력이 있다. 또한 바로 이 힘 때문에 노동계급은 새로운 사회를 주도해서 조직할 수 있는 힘을 보유한 유일한 집단이다.

이들은 "배제"됐기 때문이 아니라 그럴 만한 '힘'과 '경험(투쟁과 조직화의 전통)'을 갖고 있기 때문에 강한 것이다. 바로 이 때문에 한국 자본가들이 주요 부문에 잘 조직된 대기업 노동자들을 두려워하면서도 증오하는 것이다.

지금 노동운동이 위기인 이유는 이런 잠재력이 충분히 발휘되지 않고 있다는 데서 비롯한다.

이런 맥락에서 진보정의당 심상정 원내대표가 '노동중심성 패러다임과 대기업 정규직 정당에 치우친 것이 문제'라고 '반성'한 것은 번지수가 틀린 것이다.

이런 식으로 노동귀족론을 받아들이는 것은 노동운동의 약점에 진정한 책임이 있는 노조운동 상층 지도자들의 관료주의와 투쟁 회피에 면죄부를 주는 것이기도 하다.

노동운동 좌파 지도자들에게 의존하던 일부 좌파도 상층 지도자들의 투쟁 회피나 노동 대중의 일시적인 전투성 후퇴를 두고 도덕적 실망에 빠지곤 한다. 그 좌절감과 조급함이 일부에서 조직 노동운동과 거리 두기로 나타나고 있다.

그러나 우리가 자본주의와 맞서 싸우려면, 노동계급 대중의 잠재력을 현실화할 전략과 정치가 필요하다. 노동귀족론 따위는 쓰레기

통에 버려야 한다.

대기업·정규직 노동자들이 투쟁에 나설 때는 그것을 적극 지지·고무하면서 올바른 방향을 제시하려 해야 할 것이다.

이 과제를 가장 잘 수행할 집단은 조직된 사회주의자들일 것이다. 이들은 현장 노동자들의 연결망을 구축하며 그들이 투쟁 속에서 협소한 부문주의와 개혁주의를 뛰어넘도록 고무해야 한다.

노동조합 지도자들이 싸우려 하지 않을 때 현장의 투사들은 무엇을 할 것인가?

노동조합 상근 간부들은 노동조합이 직면한 어려움으로 조합원들의 낮은 의식 수준(특히 수동성 문제)을 지적하는 경우가 많다. 그러나 투쟁이 벌어지면 전혀 다른 그림이 펼쳐진다. 그때 노동조합 지도자들은 흔히 조합원들의 전투성과 능동성을 자제시키느라 전전긍긍한다. 최근 철도노조에서도 이런 일이 벌어졌다.

철도공사의 강제전출 계획에 맞서 기관사와 차량직종 노동자들이 앞장서 파업을 촉구했다. 하지만 3월 하순, 파업 시기와 방법을 위임받은 철도노조 위원장은 파업 명령을 내리지 않고 시간을 질질 끌었다. 그러는 사이에 사측과 협상에 나선 노조측 대표들은 사측이 새로 낸 안을 사실상 수용하고 파업 철회를 약속했다.

사측의 안은 현장 조합원들의 투쟁 기세를 우려해 강제전출 규모

김하영. 〈노동자 연대〉 124호, 2014년 4월 14일. https://wspaper.org/article/14337.

를 축소했지만, 노동자들을 이간질하는 고약한 안이었다. 현장 조합원들의 불만이 폭발했고, 결국 노사 협의의 결과는 파기됐다. 그러나 그 뒤에도 노조 위원장은 파업 선언을 하지 않았다.

결국 4월 4일 철도공사가 인사위원회를 열어 강제전출을 확정하자, 일부 지부들은 즉각 투쟁에 돌입했다. 서울차량지부 노동자들이 맨 먼저 전면 작업 거부에 나섰다.

그러나 노조 위원장은 지명 파업을 약속하며 지부 차원의 투쟁을 만류했고, 서울차량지부는 작업 거부를 중단했다.

서울의 기관차지부들도 파업을 결의하고 위원장에게 파업 지명을 촉구했다. 그러나 노조 위원장은 끝내 이를 거부했다.

투쟁을 결의한 기관차지부들과 차량지부들은 위원장의 파업 승인 거부에 직면해, 파업으로 나아가지는 못한 채 단식과 농성 등의 항의를 이어가고 있다.

노동조합 지도자가 조합원들의 이익을 제대로 대변하지 않고 저버리거나 투쟁을 회피하는 것은 이례적인 일이 아니다. 국제와 국내 노동운동사에서 이런 일은 흔히 벌어졌다. 현장 투사들은 어떻게 이런 문제를 극복할 수 있을까?

범좌파 전략

'노동조합 지도자가 조합원들을 저버릴 때 어떻게 할 것인가?' 하는 질문을 받는다면, 조합원들은 대부분 '갈아치우지!' 하고 답할 것이다. 실제로 노조 내 활동가들이 힘을 합쳐 기존 지도부를 더 좌파적인 인물로 교체한다는 '범좌파' 전략에 기초한 노동조합 내 동아리들을 자주 볼 수 있다.

노동조합 지도자를 더 좌파적인 인물로 선출하는 것은 필요한 일이다. 사회주의자들은 노동조합 안에서 좌파 지도부 선출 운동을 지지해야 한다. 좌파 지도부의 당선은 투쟁하는 노조를 조합원들이 원하고 있다는 의미이고, 현장조합원 활동가들의 자신감을 높여 줄 것이다.

그러나 범좌파 전략에는 근본적 약점이 있다는 사실도 알아야 한다. 그것은 지도부를 좌파적 인물로 교체하면 노조를 완전히 바꿀 수 있다고 착각하는 것이다.

그러나 국제와 국내의 역사적 경험은 노동조합 좌파 지도자들이 결정적 순간에 우파 지도자들과 비슷한 길을 추구했다는 것을 보여 준다. 1926년 영국 총파업 당시 퍼셀과 힉스 같은 좌파 노조 지도자들은 우파 지도자들과 함께 파업을 철회하고 광원들이 홀로 6개월 동안 싸우도록 방치했다.

이것은 서구만의 경험이 아니다. 1998년 정리해고제 도입 합의로 불신임당한 민주노총 1기 지도부를 대신해 등장한 비대위(단병호 위원장)와 민주노총 2기 지도부(이갑용 위원장)는 연이어 파업을 철회하는 실망스러운 모습을 보였다.

이런 문제는 좌파 지도자의 개성에서 비롯하는 것이 아니라, 사용자와 노동자 사이의 중재자 구실이라는 노동조합 지도자의 사회적 지위에서 비롯하는 것이다.

만약 활동가들이 주의하지 않으면, 좌파 지도부 세우기 전략은 현장 투쟁을 대체하게 되고, 집행부 장악이 가장 중요한 목적이 돼 버린다.

그러나 승리의 열쇠는 누가 노동조합을 운영하느냐가 아니라 현장조합원들이 얼마나 자신감 있느냐이다.

사회주의자들은 좌파 지도부 선출 운동이나 범좌파 전략에 기초한 동아리에서 활동할 때, 현장조합원들의 불만에 민감하게 관여하고 투쟁 지지 활동에 적극 나서도록 하는 전망을 제시해야 한다.

현장조합원 전략

그러나 범좌파 전략과는 다른 투쟁 방법도 있다. 현장조합원 전략이 그것이다. 현장조합원 운동이 취하는 조직은 공식적인 노동조합 구조나 범좌파 전략이 취하는 조직과는 몇 가지 차이점이 있다.

첫째, 현장조합원 운동 조직은 작업장 대표들로 이뤄진다.

둘째, 현장조합원 운동 조직은 지역이 아니라 작업장에 기반을 둔다.

셋째, 현장조합원 운동 조직은 작업장 내의 직종 구분을 뛰어넘는다.

현장조합원 운동 조직은 대안적 노동조합이 아니라, 노동조합 내에서 작업장에 기초해 조직되는 집단이다. 현장조합원 운동 조직은 작업장 조직화를 촉진해 노동조합 지도부의 배신에 맞서기 위한 것이다. 노동조합 지도부에 대한 현장조합원 운동의 태도는 제1차세계대전 당시 영국의 대표적인 현장조합원 운동 조직이던 클라이드노동자위원회의 선언에 잘 나타나 있다.

우리는 지도부가 노동자들을 올바로 대변하는 한 지도부를 지지할 것이다. 그러나 그러지 않으면 곧바로 독자적 행동에 나설 것이다. 모든 작업장에서 파견한 대표자로 구성되고 낡은 규약과 규칙에 제약받지 않는 우리는 노동자들의 진정한 정서를 대변한다. 우리는 사안의 중요도와 현장 조합원들의 열망에 따라 즉각 행동에 나설 수 있다.

현장조합원 조직이 어떻게 등장해 어떤 활동을 했는지 살펴보면, 현장조합원 전략이 무엇인지 좀 더 쉽게 이해할 수 있다. 여기서는 영국의 1910년대 직장위원회 운동과 1930년대 버스 노동자 투쟁을 간단히 살펴보려 한다.

1910~14년은 노동자 투쟁이 영국을 뒤흔든 시기였다. 제1차세계대전은 이 전투성을 잠시 중단시켰다. 이때 노동조합 지도자들은 조합원들에게 속도 증가와 '노동 희석'을 받아들이라고 설득했다. '노동 희석'은 전쟁 노력을 위해 숙련 노동에 미숙련 노동자를 투입하는 것이었다.

이것은 격렬한 저항을 낳았다. 핵심적 군수품 생산으로 협상력이 있던 금속 노동자들은 자신들을 저버린 노동조합 지도자들을 거슬러 비공인 파업에 들어갔다. 이 운동은 직장위원(노조의 작업장 대표)을 기반으로 조직됐다. 이 현장조합원 운동은 사이드와 셰필드의 금속 노동자들 사이에서 영향력이 컸다. 서로 다른 노조와 작업장의 대표자들은 함께 모여 투쟁을 조율했다. 또, 이들은 정기적인 작업장 소식지를 내고 집회를 소집해, 정보를 공유하고 사용자와의 전투들을 준비했다.

직장위원회 운동은 '노동 희석'에 반대하는 주요한 파업들을 벌였는데, 가장 대규모 파업은 1917년 48개 도시에서 20만 금속 노동자들이 참가한 것이었다. 전쟁 시기 동안 직장위원회 운동은 노동계급에게 중요한 전진이었다.

1930년대 영국 버스 현장조합원 위원회 운동

1930년대 가장 효과적인 현장조합원 운동은 런던 버스 노동자들 사이에서 일어났다. 런던 버스 노동자 약 2만 5천 명은 TGWU(운송일반노조)에 속해 있었다. 그런데 1932년 사측이 임금 삭감과 해고를 단행할 것이라는 얘기와 함께, 노동조합 지도부도 사측의 안을 수용하려는 입장이라는 게 알려졌다.

런던의 한 차고지는 이에 반대해 비공식 회의를 소집했다. 이 회의에 33개 차고지 대표들이 참가했고, 나중에 현장조합원 위원회로 알려진 대표자위원회를 만들기로 결정했다. 이 위원회에는 공산당원들, 노동당원들, 그리고 전투적 노동조합원들이 포함됐다. 현장조합원 위원회는 하루 7시간 노동, 탄력적 노동시간제 반대 등 일련의 요구를 채택했다.

TGWU의 베빈 사무총장은 사측의 안을 투표에 부쳤다. 현장조합원 위원회는 임금 삭감 반대 운동을 헌신적으로 펼쳤고, 결국 조합원들은 사측의 안을 거부했다. 베빈은 파업을 선언하지 않을 수 없었다. 그러자 사측은 임금 삭감과 해고 위협을 철회했다. 이것은 현장조합원들의 완벽한 승리였다.

그 뒤 4년 동안 현장조합원 위원회는 사측과의 투쟁을 이끌었다.(노조 지도부와도 어쩔 수 없이 싸워야 했다.)

현장조합원 운동은 해당 부문의 이슈만을 다루지 않았다. 현장조합원 위원회는 반파시스트 행진 참가나 스페인 내전 지원 등 조합원들이 더 넓은 정치적 이슈에 동참하도록 애썼다.

1937년 노동시간 단축을 둘러싸고 현장조합원 운동은 사측과(불가피하게 노조 지도부와도) 중요한 투쟁을 벌였다. 버스 노동자들은 하루 7시간 30분 노동을 요구했다. 다시금 TGWU 베빈 사무총장은 파업을 반대했고, 다시금 현장조합원들은 파업을 밀어붙였다.

1937년 5월 1일 버스 노동자들은 전면파업에 들어갔다. 만약 전차와 트롤리 버스 노동자들도 파업에 돌입했다면 확실하게 승리할 수도 있었다. 하지만 노조 지도부는 이를 거부했다. 버스 노동자들은 4주를 버텼지만, 노조 지도부는 버스 부문 파업을 중단하고 작업 복귀를 명령했다. 이는 현장조합원 위원회 리더들이 노조의 공식 파업에만 의존한 문제점을 보여 준 것이기도 했다.

1937년 이후 버스 노동자들의 현장조합원 운동은 지속되지 못했다. 공산당이 1930년대 말에 현장조합원 전략을 버리고 그 대신에 좌파 지도부 세우기 전략을 채택했기 때문이다.

이는 현장조합원 운동 조직이 혁명적 사회주의자들뿐 아니라 광범한 좌파 활동가들로 이뤄지지만, 혁명적 사회주의자들의 구실이 결정적으로 중요하다는 것을 보여 준다.

적용

노동조합 지도자들이 싸우려 하지 않을 때 현장 투사들은 무엇을 할 것인지 국제 노동운동 경험에서 배우는 것은 매우 중요하다.

물론 지금은 정세가 고양되고 계급투쟁이 매우 활성화된 상황은 아니므로 대부분의 노동조합에서 현장조합원 전략을 적용할 수는 없을 것이다.

그럼에도 1910년대 영국 금속노동자들의 직장위원회 운동과 1930년대 영국 버스 노동자들의 현장조합원 위원회 활동을 보면, 철도노조 내 투사들이 무엇을 해야 하는지 배울 수 있다.

철도공사의 강제전출에 맞서 파업을 결의한 지부의 활동가들은 비공식 회의를 소집해, 강제전출에 맞서 함께 싸울 지부들의 대표들을 모아 투쟁위원회를 만들었어야 했을 것이다. 그래야 사태가 어떻게 돌아가는지, 다른 지부의 사정은 어떤지 등을 논의하고, 투쟁 계획을 조율하며, 다른 지부들로 투쟁을 확대하기 위한 활동을 할 수 있었을 것이다.

그러나 이것은 그저 과거지사에 관한 것이 아니다. 지금도 지부별로 분산된 강제전출 항의 행동들이 벌어지고 있다. 그리고 7월에는 기관사와 차량 직종의 대규모 강제전출이 예상된다. 바로 지금이 이런 교훈을 돌아보며 현장 투사들이 투쟁위원회 같은 조직을 만드는 것에 관한 논의를 시작해야 할 때다.

노동조합은 정치적 중립을 지켜야 하는가

검찰이 전교조와 공무원노조의 민주노동당 지지 활동과 가입을 "중대한 공안 사건"으로 규정했다. 이것은 명백한 이중 잣대다. 정부 고위 관리들은 대체로 특정 자본가 정당들을 지지한다. 장관들 상당수는 아예 자본가 정당의 정치인이다. 또, 지난 대선 때 교총은 이명박을 공개적으로 지지했다. 이런 사례들을 열거하기는 어렵지 않다. 물론 검찰은 이들을 조사하지 않았다.

결국 검찰이 문제 삼는 것은 **노동자 공무원들의 정치 활동**이다.

그러나 검찰의 주장을 뒤집으면 지배자들의 우려를 발설한 것이기도 하다. 그들은 노동조합의 정치 활동이 "공안", 곧 자본주의적 "공공의 안녕과 질서"에 위협이 된다고 본다.

지배자들은 노동조합의 활동이 현존 사회 질서 내에서 즉각적이고 협소한 이익을 보장하는 데 그치기를 원한다. 그래서 노동조합이

김인식. 〈레프트21〉 24호, 2010년 1월 30일. https://wspaper.org/article/7526.

좌파 정치나 사회주의 정치와 접촉하지 못하도록 가로막으려는 것이다.

노동계급의 경제적 힘과 노동계급 정치 조직의 결합을 통해 노동자들이 노동조건 개선을 위한 단결만이 아니라 노동계급의 자기해방 운동을 촉진시킬 투쟁을 위한 단결로 발전할 수 있기 때문이다.

정말이지 오늘날 빈부격차 확대, 복지 삭감, 해고, 민주적 권리 제약, 전쟁 등을 둘러싸고 첨예한 계급 갈등이 발생하고 심화하고 있다. 그래서 노동조합과 노동계급의 정치 조직들이 함께 참가하고 행동해야 하는 노동자 투쟁 영역이 확대되고 있다. 또, 그래야 한다.

노조의 정치 활동에 대한 지배자들의 공격은 노동조합이 이런 투쟁들에 참가하지 못하게 하려는 것이다. 이명박 정부가 교사·공무원 노동자들의 '시국선언'(기본적인 권리인 표현의 자유라 할 수 있는)을 공격한 것도 그래서다.

이 공격이 법원의 무죄 판결로 뜻대로 되지 않자, 이번에는 노동조합과 노동계급 정치 단체(이번 경우에는 민주노동당)의 관련성을 공격하고 있다.

지배자들이 노동조합은 정치적 중립을 지켜야 한다고 주장하는 것은 이런 의도를 가리는 이데올로기적 은폐물이다.

따라서 우리 운동은 전교조·공무원노조의 정치 활동에 대한 정부 공격을 단호히 반대해야 한다. 교사·공무원 노동자들은 단지 개별 시민으로서가 아니라 노동조합원으로서, 집단으로 정치 활동을 할 수 있는 자유가 보장돼야 한다.

이데올로기적 은폐

노조의 정치 활동에 대한 지배자들의 공격은 노동조합 내 기회주의를 강화하는 효과를 낼 수 있다.

19세기 후반에 독일사회민주당의 수정주의자들은 노조의 정치적 중립성을 지지했다. 그러나 러시아의 사회주의자 레닌이 지적했듯이, 정치적 중립성 표방이 노조 내에 기독교 노조나 자유주의 노조가 등장하는 것을 막지 못했다.

노조 규약에서 "정치적 지위 향상" 조항을 삭제하려는 공무원노조 지도부의 시도가 그래서 우려스럽다.

물론 국가 탄압 문제를 간과할 수는 없다. 국가 탄압이 주는 어려움은 십분 이해할 수 있다. 그러나 올바른 태도는 아니다.

먼저, 그런다고 정부가 공무원노조 탄압을 완화할 것 같지 않다. 더 나아가 공무원노조의 민주노총 가입을 공격하려 할 것이다. 또, 지금처럼 첨예한 계급적·정치적 갈등 한복판에서 그런 후퇴가 노동자들의 ('비정치적인') 물질적 조건조차 개선해 줄 것 같지 않다. 불가피하지 않은 후퇴는 조합원들의 사기를 떨어뜨릴 것이다. 그것은 또 다른 후퇴를 부를 명분이 될 것이다.

한편, 우리 운동 안에는 노동자들의 광범한 단결을 위해 노조의 정치적 중립성이 필요하다는 주장이 적지 않다.

물론 노동조합은 사용자들에 맞서 되도록 광범하게 단결해야 한다. 일부 노조들의 민주노총 탈퇴 시도에 반대하고, 공무원노조의 통합과 민주노총 가입을 지지하는 까닭이다.

그러나 첫째, 노동조합은 비당파적이며 정치는 정당이 하는 것이라는 식의 정치와 경제의 분업은, 진정한 노동자 계급투쟁을 무디게 하는 대가로 조건 개선을 보장 받는 것이다. 노동조합 투쟁은 경제적 조건 개선에 한정하고, 정치 권력의 변화는 진보정당의 선거운동을 통해 이뤄야 한다는 생각을 강화할 것이기 때문이다.

물론 노동조합과 노동계급 정치 단체는 각각 그 성격에 따라 고유한 자기 영역이 있고, 그 안에서 나름 독자적으로 행동해야 한다. 그러나, 그와 동시에, 둘은 언제나 그 영역들에 상호침투할 수 있도록 노력해야 한다. 노동조합의 독자적 존립 근거와 노동조합의 비당파성 문제(또는 노동계급 정치 조직과 긴밀히 협력하는 문제)를 뒤섞어서는 안 된다.

둘째, 노동조합 안에는 불가피하게 정치적 차이들이 존재한다. 누군가는 자본가 정당을 지지하고, 누군가는 '노사상생'을 주장하고, 누군가는 파업의 단결을 해치는 주장과 시도를 할 수 있다. 이런 주장과 시도에 맞서 노동자들의 단결을 꾀하려면 정치적 차이를 드러내야 한다.

노동조합에서 정치적 차이를 제기하는 것은 단결에 해롭다고 주장하는 플레하노프(러시아의 마르크스주의자)에 맞서, 레닌은 "이렇게 말하는 사람들은 현재 계급 모순의 발전 단계가 이런 개선이 현대 사회 내에서 어떻게 가능한지 하는 문제들을 놓고 불가피하게 '정치적 차이'를 제기한다는 점을 망각한다"고 반박했다.

이 때문에 한국을 포함해 많은 나라들에서 여러 노동계급 정치 단체가 존재하는 것이다. 그래서 이 단체들의 단결이라는 문제가 생긴다. 그와 동시에, 특정 나라에서 어떤 정치 단체가 노동계급의 이익을 일관되게 옹호하는 진정한 노동계급 정치 단체냐 하는 문제는 결국 주장과 실천을 통해 입증돼야 하는 문제다.

그러나 노동계급의 정치 단체들이 여러 개 존재한다는 현실이 노조의 정치적 중립성을 정당화할 수는 없다. 언제나, 모든 곳에서 노동조합과 노동계급 정치 단체의 협력은 강화돼야 한다.

노동조합운동의 위기와 정치적 노동조합운동

　최근 현대차에서 정규직 자녀 '특혜' 요구안이 노조 대의원대회를 통과했고, 서울지하철에선 조합원 과반이 민주노총 탈퇴에 찬성 투표했다. 그러면서 노동조합운동 위기 주장이 더 불거지고 있다.

　특히 정부와 조중동은 "민주노총의 추락" 운운하며 독설을 쏟아 내고 있다. 고용노동부 장관 박재완은 민주노총을 "대기업 정규직만 대변하는 소수의 노동권력"이라고 비난하며 "중소·영세·하청기업의 비정규직을 위해서도 ⋯ [이들의] 횡포를 방치할 수 없다"고 핏대를 올렸다.

　그러나 최상위 부자·권력자 들을 위해 비정규직·저임금 노동자들을 짓밟아 온 장본인들의 이런 말은 정말 구역질난다. 지금 진정 추락하고 있는 것은 이명박 정부와 한나라당이다.

　이들은 특히 민주노총의 정치투쟁과 전투성을 공격하고 있다. "민

박설. 〈레프트21〉 56호, 2011년 5월 7일. https://wspaper.org/article/9652.

주노총식 정치·이념 투쟁과 대결 방식"이 "변해야" 위기를 벗어날 수 있다는 것이다.

그러나 진실은 정반대다. 노동운동 위기는 거꾸로 "제대로 된 투쟁을 조직하고 함께하지 못한 [것의] 귀결이다."(안재원 금속노조정책연구원 연구위원)

실제로 민주노총은 지난 수년간 구조조정과 비정규직 확대 등에 맞서 제대로 싸우지 못했다. 2008년 촛불항쟁 때 별다른 투쟁을 못한 것과 쌍용차 투쟁 때 살인해고를 막아내지 못한 것이 대표적이다. 이런 틈을 이용해 현대차나 서울지하철 노조에서 실리주의를 내세운 우파가 비집고 들어올 수 있었던 것이다.

전투성 약화

독재 정권에 맞서서 강력한 투쟁을 벌이며 민주노조 물결을 일으켰던 민주노총의 전투성과 연대의 전통은 왜 약화돼 왔을까?

물론 지금 대기업 정규직 노동자들이 누리고 있는 임금 수준과 노동조건은 명백히 노동조합을 통한 단결과 투쟁의 성과다.

그러나 민주노조 20년 역사 동안 노동조합이 안착화하면서 협소한 부문의 이해에 골몰하는 부문주의, 눈앞의 실리에 매달리는 경제주의도 함께 발전했다. 현장 조합원들의 정서에서 멀어져 투쟁보다는 협상을 중시하며 보수화하는 노조 상층 간부들은 이 과정에서 문제를 악화시켰다. 심지어 이들 중 일부는 지배자와 유착해 비리를 저지르면서 위기를 더 부추겼다.

노동조합운동의 위기는 경제 위기와도 연관이 깊다. IMF 위기 이후 구조조정 속에 '안정된 정규직 직장'이라는 신화는 깨졌고, 민주노조는 이것을 제대로 막아내지 못했다. 그래서 노동자들은 언제 다시 그런 일이 벌어질지 모른다는 불안감에 '있을 때 벌자'며 잔업·특근에 매달리기도 한다.

민주노조운동은 이런 현실을 타개하고자 산별노조 건설, 진보정당을 통한 정치세력화라는 '양 날개'에 힘써 왔다. 그러나 이것의 결과도 만족스럽지는 않다.

예컨대, 2009년엔 쌍용차 파업에서 금속노조가 보인 무기력 때문에 '산별노조 무용론'이 불거졌다. 쌍용차 파업 직후 금속노조 대의원의 단 7퍼센트만이 '금속노조를 신뢰한다'고 답했다. 2004년 국회의원 열 명을 배출해 커다란 기대를 모았던 진보정당도 2008년 대선이후 분열하면서 노동자들에게 실망감을 안겨 줬다.

일부 좌파는 투쟁을 회피하는 우파 지도부에 맞서 좌파 지도부 건설을 추구했지만, 이것도 진정한 대안이 되지 못했다. 현대차·서울지하철 등에서 좌파 노조 지도부도 제대로 싸워보지 않고 투쟁을 중단시키는 일이 벌어졌고, 이것이 낳은 냉소 때문에 다시 우파가 주도권을 쥘 수 있었다.

이런 경험들은 현장 조합원들의 투쟁과 자신감에 기반을 두지 않고선 산별노조도, 진보 의원도, 좌파 지도부도 그 자체로는 성공하기 어렵다는 것을 보여 줬다.

따라서 지금 필요한 것은 현장 조합원들이 자신의 잠재력을 확신하고 투쟁에 나설 수 있도록 이끄는 것이다. 이를 위해 정치가 중요하고 정치적 노동조합운동이 필요하다.

자신감

정치적 노동조합운동은 우선, 투쟁의 정당성과 확신을 불어넣을 이데올로기 전투를 뜻한다. 최근 대학 청소 노동자들의 잇따른 승리는 싸움의 정당성과 명분이 분명할 때 강력한 투쟁과 연대가 건설될 수 있음을 보여 줬다. 따라서 노동조합운동의 투사들은 운동에 정당성을 부여해 지배자들의 이데올로기 공격에 맞서며 노동자들의 사기를 높이려고 애써야 한다.

또 정치적 노동조합운동은 부문주의에 맞서 단결과 연대를 추구하는 것을 뜻한다. 부문주의는 노동자들의 의식을 협소하게 만들어 투쟁을 마비시킨다. 현대차 노조 이경훈 집행부가 제시한 '정규직 자녀 우선 채용 요구안'을 대의원 과반수가 지지한 것은 전형적인 부문주의다. 비정규직 차별에 맞서 정치적 투쟁을 건설하는 게 아니라 '내 자식만 비정규직이 안 되게 하자'는 지극히 협소한 태도를 보인 것이다. 현대차 노조가 '불법파견 정규직화'를 요구하며 비정규직과 단결할 때 사회적 지지를 받을 수 있고, 그런 투쟁만이 많은 노동자들이 느끼는 비정규직화에 대한 불안감을 해소할 수 있다.

노동조합운동은 이명박 정부의 정치 위기를 투쟁의 기회로 삼아야 한다. 지배자들의 위기와 분열은 '싸워볼 만하다'는 생각을 낳고 노동자들의 자신감을 높인다. 노동조합운동은 이명박 정부의 경제 위기 고통전가와 고물가 방치 때문에 신음하는 수많은 사람들의 이익을 대변하며 임금 인상·노조법 재개정 등을 위한 정치투쟁에 나서야 한다.

투사들은 이런 정치적 노동조합운동을 건설하며 그것을 근본적 사회변혁을 위한 투사들의 네트워크 건설과 연결시켜야 한다.

제3노총과 실리주의 노선의 어두운 앞날

"노동계에 변화의 바람이 거세게 불고 있다."

제3노총의 성공을 기원하는 조중동의 호들갑을 보고 있자면, 이제 노동운동의 중심은 실리주의로 이동할 것처럼 느껴진다. 그러나 실리주의 노선의 미래는 밝지 않다.

이미 한국노총 장석춘 지도부가 실리주의의 미래를 보여 줬다. 그는 한나라당과 정책연대를 맺고 몇 차례나 노동자들의 뒤통수를 쳤지만, 이명박에게 이용만 당하고 결국 욕만 먹다가 쓸쓸히 물러났다.

현대차 노조 이경훈 집행부가 내세운 실리도 꾀죄죄하다. 그가 고용 불안과 노후 불안에 시달리는 4만여 조합원들에게 제시한 것은 고작해야 몇몇 장기근속자 자녀들에게 '가산점'을 주겠다는 것뿐이다.

이것은 서울지하철에서도 마찬가지다. 특히 정연수 집행부의 위선을 간파한 노동자들은 이번 민주노총 찬반투표가 끝이 아니라고 말한다.

"이명박 정부가 구조조정·반노동 정책 방향을 바꾸지 않을 것이기 때문에, 노·사 협조로 얻을 것은 한계가 있습니다. 결국 조합원들도 정연수 집행부에 불만을 제기하며 투쟁의 필요성을 느끼게 될 것입니다. 활동가들은 그때까지 조합원들 사이에서 투쟁을 호소하며 지지를 얻으려고 노력해야 합니다." 메이데이 집회에서 만난 서울지하철 노조 차량지부 조합원의 말이다.

실리주의는 경제 위기가 깊어질수록 파산할 가능성이 높다. 정부와 사장들이 양보할 가능성이 줄기 때문이다.

그러나 "투쟁"을 외치던 좌파가 제대로 투쟁과 승리를 만들어 내지 못할 때 실리주의 우파가 주도권을 쥘 수도 있다는 것을 잊지 말아야 한다.

정규직은 더는 투쟁의 주체가 될 수 없는가

현대차 정규직 노조 지도부가 비정규직 노동자들을 배신하고 정규직 '특혜'를 내세우자, 정규직 노조에 대한 불신이 커지고 있다.

이남신 한국비정규노동센터 소장은 최근 "정규직 노동자들이 보수화돼 더 이상 계급 형성을 주도할 수 없게 됐다"며 "[비정규직이라는] 새로운 계급 주체 형성 문제가 중요하다"고 말했다.

정규직 노조에 배신감을 느끼는 이남신 동지의 심정을 이해 못할 바는 아니다. 그리고 이런 생각이 퍼진 책임은 명백히 현대차 노조 이경훈 집행부에 있다. 그러나 정규직 노조 지도부와 노조가 보이는 문제점 때문에 정규직 노동자들의 잠재력까지 불신해선 안 된다.

현대차 정규직 노조 파업 현황		
연도	파업일수	파업 손실액
1998	36	9,644억
2005	11	5,795억
2006	36	1조 6,443억
2007	13	2,595억
1987~2007	351	10조 8,439억

민주노총 조합원의 대다수를 차지하는 정규직 노동자들의 힘과 가능성은 여전히 매우 크다. 최근 두 달 동안 벌어진 현대차 울산 1공장 정규직 노동자들의 투쟁이 공장 가동률을 절반 밑으로 떨어뜨리자 〈월스트리트저널〉은 "강성노조 망령이 안 떠난 현대차"라고 우려했다. 노동조합으로 조직돼 오랜 투쟁 속에서 단련된 정규직 노동자들이 국제적으로도 중요한 공장을 멈춰 세우고 지배자들에게 압력을 가했던 것이다.

이 힘은 진정한 변화와 개혁을 이루는 중요한 동력이 될 수 있고, 그래서 지난 연말 파업을 벌였던 비정규직 노동자들도 그토록 정규직의 연대를 바랐던 것이다.

따라서 이런 정규직 노동자들을 투쟁의 주체로 만드는 것이 여전히 중요하다. '비정규직과 사회적 약자를 위해 정규직이 임금을 양보하고 세금을 더 내야 한다'는 주장은 답이 아니다.

이것은 정규직 노동자들의 정당한 요구와 투쟁을 가로막을 뿐이다.

활동가들은 끈기있게 정규직·비정규직의 단결을 추구하며 정규직 노동자들의 잠재력이 사회 진보와 변혁을 위한 무기가 될 수 있도록 애써야 한다.

노동조합 관료주의

과학적 사회주의와 노동계급 운동의 만남은 언제나 마르크스주의 자들에게 핵심적 문제가 되어 왔다. 실천적으로 이것은 노동자 계급의 정치적 조직과 일상적 조직 사이의 관계 문제로서 당과 계급 문제의 또 다른 표현이다.

87년 6~9월의 노동자 투쟁은 로자 룩셈부르크가 진지하게 다루었던 대중파업의 대표적인 사례였다. 특히 7~9월의 파업 물결은 일반노동자들의 이니셔티브 그 자체로서, 평조합원 운동 또는 민주주의의 전형이었다. 자주적 단결에 기초하여 독립적인 조합을 새로 건설했을 뿐만 아니라 수많은 황색 노조, 즉 사용자 노조를 민주화시켰다.

	노동조합 수	조합원 수
87년 6월말 당시	2,742개	105만 201명

이 글은 《국제사회주의》 4호 (1993년 봄)에 실린 것이다.

87년 12월말 당시	4,103개	126만 7,457명
88년 12월말 당시	6,164개	170만 7,456명
89년 12월말 당시	7,883개	193만 2,415명
90년 12월말 당시	7,698개	188만 6,884명
91년 12월말 당시	7,656개	180만 3,408명

진실로 87년 7월부터 89년말의 산업투쟁들은 평조합원 조직으로서의 노조 직장위원(작업장으로부터 직접 선출된 노동자 대표들) 조직을 탄생시켰다. 이것을 두고 노조 관료(또는, 노조 관료주의)라 한다면 어불성설이요, 아래로부터의 직접적·자주적 노동자 행동을 전면 부인하는 것이다. 노조 관료주의의 문제와 관련하여 문제가 되는 것은 그 뒤 이 투쟁, 이 운동이 어찌 되었는가 하는 것이다. 다시 말해, 산업투쟁이 쇠퇴할 때 독립적 노동조합에 무슨 일이 일어나는가 하는 문제가 지금 우리의 관심사이다. 우리는 노조 지도자들을 폄하한다든가, 심지어 그들의 도덕성을 공격한다든가, 아니면 지금 우리가 영향을 미치지 못하고 있는 노동조합 운동을 깎아내리는 데(이솝 우화의 신 포도처럼) 관심을 갖고 있지 않다. 다만, 우리는 노동조합과 그 운동의 위상을 정확히 평가하자는 것이다.

87년 7~9월 대중파업은 혁명적 사회주의자들의 노동조합 전략에서 근본 원리를 이루는 것이 무엇인지를 가르쳐 주었다. 즉, "노동자 계급의 해방은 노동자 계급 자신의 행동"이라는 마르크스주의의 제1원리가 바로 그것이다. 그러므로, 우리의 노동조합 전략은 **평조합원의 자주적 활동**에 주안점을 두어야 한다.

1. 문제의 제기

그러나, 노동자 계급의 일반적인 자신감 결여로 말미암아 평조합원을 비롯한 일반 노동자들의 활동수준이 낮은 시기에는, 우리는 대중적인 혁명적 사회주의 정당을 건설하기 위해 노동조합 관료의 영향력을 분쇄할 수 있는 전략을 인식해야 한다. 그래야만 조직된 노동계급의 잠재력을 해방시킬 수 있고, 오직 그에 바탕을 둠으로써만 우리는 진정한 사회주의 노동자 당을 건설할 수 있다.

노조 관료주의 문제를 얘기할 때 두 가지 극단적인 가정에 맞부딪힌다. 하나는 남한에서는 노조 관료주의가 문제될 수 없다는 견해이고, 다른 하나는 서구 부르주아 민주주의처럼 남한에서도 노조 관료주의가 막강하다는 견해이다.

트로츠키는 독일의 나치즘에 관해 논하는 자리에서, 부르주아 민주주의의 핵심을 그 형식적 대의제도가 아니라 노동자 조직의 허용 — 특히, 노조 관료의 수용 — 여부에서 찾았다. 권위주의 정치 체제는 부르주아의 일부가 다른 부르주아를 억누르는 국가 형태이다. 그럼으로써 민주적 자유권들이 억압당하고, 그리하여 독립적인 노동조합 설립의 자유가 억압당한다. 따라서, 노동조합 관료가 득세할 여지가 없다. 파시즘적 국가 형태가 그 대표적 사례이지만, 제정 러시아 국가도 마찬가지로 대표적인 예이다. 반면에, 부르주아 민주주의는 부르주아 계급 **일반**의 지배 체제이므로, 민주적 자유권들이 거의 다 인정된다. 노조 설립은 거의 완전히 자유로우며, 따라서 노동조합 관료주의가 유력한 기반을 점할 수 있다. 영국과 미국과 독일 등이 단연 두드러진 사례이다. 남한 국가는 위의 두 극단 사이에서 조금씩 오락가락하고 있는 상태이다.

그러므로, 남한 노동조합의 처지가 어떤지를 알기 위해, 러시아와 영국의 노동조합이 어떠했는지를 아는 것은 우리의 인식에 큰 도움이 될 것이다.

2. 러시아와 영국의 경험

러시아의 노동조합 경험은 매우 빈약했다. 1905년 혁명 전에 노동조합은 거의 존재하지 않았다. 1901년에서 1903년까지 존속한, 주바토프 경무관이 세운 어용 노조를 제외할 때, 노동조합이라고는 1903년에 설립된 인쇄공 노조밖에 없었다.

1905년 혁명의 충격으로 제한된 수준에서 노조가 합법화되었다. 그와 동시에, 스따로스찌(Starosty)라는 노조 직장위원 조직이 파업위원회나 공장위원회와 함께 등장했다. 이들은 공장 내부 생활에 영향을 미치는 모든 문제들을 담당했으며, 단체협약과 노동자의 고용및 해고를 감독했다.

그러나, 1905년 혁명 동안에조차 러시아 산업 노동자 전체 가운데 단지 7%인 24만 5,555명만이 노동조합으로 조직되었다. 노동조합들의 규모도 작았다. 전부 600개 가운데 349개는 조합원이 100명 미만이었다. 108개는 조합원 수가 100~300인이었고, 2,000명 이상의 조합원을 가진 노동조합은 단지 22개밖에 안 되었다. 그 뒤, 약간

부흥했지만, 전국적 노동조합 조직은 전혀 존재하지 않았다. 몇 안 되는 지역노조들이 간신히 2~3만 조합원을 결속시킬 수 있었을 뿐이다. 공장위원회나 스따로스찌는 거의 다 파괴되었다.

노동조합이 사실상 불법이었던 제정 러시아에서, 노동조합 관료가 성공적인 개량주의적 전략을 추구할 수 있는 여지는 거의 없었다.

그러나, 1917년 2월혁명 이후 노동조합은 급성장했다. 10월쯤 페트로그라드의 노동조합원 수는 약 39만 명이나 되었는데, 이것은 전 세계의 도시들 가운데 최고 수준이었다.

게다가, 영국·프랑스·독일·미국 등 서구와는 달리, 혁명 러시아에서는 산(업)별 노조가 등장했다. 서방에서는 많은 노조가 직업별 또는 업종(trade)별로 조직되어 있었다. 직업별 노동조합은 특정 기술을 공유한 노동자들의 보수적이고 편협하며 배타적인 조합이다. 다른 한편, 업종별 노조는 바로 우리가 통상 일컫는 노동조합(trade union)으로서, 몇 개의 관련 업종들의 노동자들이 결속된 조합을 가리킨다. 반면, 산(업)별 노조는 직종에 관계없이 한 산업 부문의 모든 노동자들을 결집시킨 조합을 뜻한다.

1917년 6월 제1차 전국노동조합회의는 산(업)별 노조를 선호한다는 결의안을 가결했다. 일각에선 업종별 노조를 추구하고자 했으나, 볼셰비키와 멘셰비키는 단결해서 이를 배격했다. 그리하여, 페트로그라드 노동조합원의 적어도 90%가 산(업)별 노조의 조합원이 되었다.

반면에, 영국의 노동조합 역사는 부문주의의 역사였다. 특히, 1850~89년의 직업별 조합 운동은 편협한 보수주의로 영국 노동계급에게 큰 손해를 입혔다. 예를 들어 보자. 러시아의 노동조합은 애초부터 남녀 노동자 모두를 포함했는데, 독일 금속노조는 창립 뒤 약 20년이 지나서 여성 조합원을 허용했으며, 영국의 금속노조는 수십만이나 되는 여성 노동자들에게 창설 후 91년이 지난 1943년에야 비로소 가입을 허용했다. 오늘날 영국에서 산(업)별 노동조합은 단지 몇 개밖에 안 된다.(대표적인 예: 전국 광원 노조.)

영국 노동조합의 또 다른 속성은 계급투쟁 기피증이다. 억지로 파업 투쟁을 해야 했을 때조차도 엄격히 경제적 요구에만 국한된 것이었다. 반면, 러시아는 매우 계급투쟁적이었으며, 정부 타도 투쟁과 분리되지 않았다.

또, 영국 노동조합은 러시아 노조와는 달리 관료에 의해 지배되었다. 1889년 이전의 보수적인 직업별 노조 시기에는 오히려 관료주의가 미약했다. 즉, 관료는 매우 소수였고 노동자들의 손으로 그 지위에 선출되었다. 그러나, 1889년 이후 '신노조 운동'(New Unionism)기에 관료는 명확히 규정되는 변별적인 집단으로 부상했다. 노조원은 1894년 143만 6,300명에서 1914년 391만 8,809명으로 증가했는데, 상근 전임자들의 수는 이보다 훨씬 더 급속히 증대해, 1920년쯤 그들은 3~4천 명이나 되었다.(89년 6월 당시 남한의 노조 전임자 수는 적어도 7,050명이나 된다. 1920년 당시의 영국보다 조합원 수는 훨씬 더 적으면서도 전임자 수는 훨씬 더 많은 이유는, 조합들의 규모가 대부분 작고 업종별 노조가 훨씬 덜 발달해 있기 ― 이 나라는 대부분 기업별 노조이다 ― 때문인 듯하다. 게다가 대부분의 전임자들이 회사로부터 급여를 받고 있다.)

시드니 웹과 베아트리스 웹 부부가 함께 쓴 《노동조합 운동의 역사》(1894년)는 노동조합 관료가 "별개의 계급"(a class apart)이라고 말하고 있다. 이 "별개의 계급"은 평조합원과 사용자 사이의 투쟁을 자신의 일만 늘리고 걱정만 더해 주는 것으로 여긴다. 그들은 과거의 생각을 잊게 되고 갈수록 일반 노동자들의 불만을 성가시게 여긴다. 사장과 고급 관리자들은 그들의 비위를 맞추려 신경 쓰게 된다. 그들은 그를 저녁식사에 초대하고, 그는 그들의 좋은 집과 고급 카페트, 그들의 안락과 사치를 칭찬한다. 그 자신은 소자본가 주택가에 살며 자신의 옛 노동자 친구들과 멀어지게 되고 그의 아내도 시키는 사람으로 바뀌게 된다. 새 이웃들의 관습을 익히게 되면서 그는 그들의 관념을 받아들이게 된다. 평조합원들에 대한 그의 태도도 바뀌게 된다. 대규모 파업은 조합 조직을 절박한 전쟁에 빠뜨리기 때문에 기피된다. 파업은 어렵고 반갑지 않은 일들을 잔뜩 안겨다 주기 때문에 그는 평조합원들의 요구에 별로 공감하지 않는다. 그리하여 평조합원 대부분이 반기지 않을 조건으로 적당히 타협하는 선에서 갈등을 마무리지으려 한다. 영국의 "별개의 계급"은 러시아와 달리 국가에 통합되는 경향이 있었다. 특히 국가가 위기 상태에 놓였을 때는 더욱 그러했다. 제1·2차 세계대전 때 이 현상이 가장 두드러졌다. 전쟁 찬성과 국가 통합의 교환이라는 상호 반대급부가 전제되었음은 물론이다. 러시아에서는 노동조합이 국가에 반대하는 1905년과 1917년 혁명으로부터 태어나서, 혁명과 함께 국가에 반대하는 투쟁을 전개했다. 러시아의 노조 지도자들은 평조합원들의 요구들을 효과적으로 전달하는 통로 구실을 했다.

3. 마르크스주의와 노동조합 및 노동조합 관료

노동조합을 논할 때 그것을 정적(靜的)인 것으로 보거나 역사적 조건 속에서 보지 않는 경향이 있다. 그저 추상적인 노동조합이 떠올려질 뿐이다. 그러나, 혁명적 시기의 노조냐 '정상적' 자본주의 시기의 노조냐에 따라 노조는 그 성격과 기능·양태가 다르다.

차티즘 운동에서 1848년 혁명에 이르는 시기에 마르크스와 엥겔스는 노조에 관해 비교적 상세한 논의를 폈던 반면, 수십 년 뒤에는 그렇지 않았다.

1844년《영국 노동자 계급의 상태》에서 엥겔스는 노동조합이 자본주의의 근간인 경쟁을 없애려 하므로 노조는 자본주의 체제와 정면 대결하게 될 것이라고 전망했다. 체제와의 정면 대결이 전쟁이라면, 파업은 유격전이다. 파업은 "전쟁의 학교"이다. 마르크스 역시《철학의 빈곤》(1847년)에서, 노동조합이 자본에 대항한 저항의 조직화에서 자본가 국가에 대한("정치적 성격"의) 최종 공격 — "진정한 내전" — 으로 전환할 수 있다고 보았다.《독일 이데올로기》에서 마르크스와 엥겔스는 같은 주제를 반복했다.

그러나, 1865년의 저작인《임금, 가격, 이윤》에서 마르크스는 노동자들의 일상 투쟁이 결과와 싸우는 것이기 때문에, 따라서 그러한 결과의 원인과 싸우는 것을 잊어서는 안 된다고 역설했다. 즉, 일상 투쟁은 완화제 구실은 할지언정 병 치료 자체는 아니라는 것이다. "공정한 노동에 공정한 임금을!"이라는 모토 대신에 "임금 체제의 철폐를!"이라는 모토를 채택해야 한다는 것이다. 1871년 제1인터내

서널 런던 회의에서 마르크스는 노동조합이 귀족적 소수파에 지나지 않고, 대다수 노동자들은 노조 밖에 있다고 말했다. 똑같은 회의를 준비하는 예비 모임에서 엥겔스는 노동조합이 운동 전반의 진전에 도움이 되기보다는 오히려 장애가 되고 있다고 이탈리아인 동지에게 말했다.

1844~47년과 1865~71년 사이에 이처럼 마르크스와 엥겔스가 노조에 대해 태도를 바꾼 것은, 노조 자체의 성격이 그 사이에 바뀌었기 때문이다. 후자의 시기의 노조는 소위 "새로운 모델"의 노조라 했던 보수적이고 부문주의적인 직업별 노동조합이었다.

똑같은 강조점 변화가 레닌에게서도 나타났다. 1902년의 《무엇을 할 것인가?》에서 레닌은 노동조합 의식이 사회주의 의식에 비해 저열하다고 역설했다. 그러나, 1905년 1월 푸틸로프 제철소 노동자들이 파업에 들어가자, 그는 노동자들이 "혁명적 본능"을 가지고 있다고 극찬한다. 혁명이 더 고조되자 그는 "노동계급은 본능적으로, 자생적으로 사회민주주의적"이라고까지 썼다. 같은 때, 로자 룩셈부르크도 이러한 견해에 동의했다. 경제적 개선을 위한 투쟁은 혁명적 상황에서는 자생적으로 혁명적 행동으로 전환할 것이다.

다른 때인 비혁명적 시기에는, 레닌은 노동조합 의식과 혁명적 의식 사이에 커다란 격차가 존재함을 힘주어 말했다. 혁명정당의 개입이 없으면 노동자들은 사용자에 맞선 투쟁과 국가를 전복하는 투쟁 사이의 심연을 건널 수 없다.

혁명 과정으로부터 배출되는 노동조합이 '정상적' 시기에 성장하는 노조와 질적으로 다르다는 점은 의심할 여지가 없다. 부문주의와 관료주의에 물든 '정상적' 시기의 노동조합이 혁명 직전 상황 또는 혁명적 상황에 휘말리게 될 때 상황이 꼬이게 된다. 우선 평상시의 노조부터 살펴보기로 하자.

평상시의 노조는 노동자들을 결속시키는 동시에 다른 한편으로 그들을 분열시킨다. 즉, 일부 업종의 노동자들은 단결시키지만 다른 업종의 노동자들에 대해서는 부문주의적 태도를 갖게 한다.

노동조합은 자본주의 생산관계 안에서, 즉 임금 체제 내에서 노동자들의 이익을 방어하기 위해 존재한다. 노조는 노동자들이 착취당하는 조건을 개선하기 위해 존재하는 것이지, 착취 자체를 끝장내기 위한 것은 아니다. 여러 다른 업종 또는 산업들에서 일하는 노동자들이 서로 다른 임금을 받고 서로 다른 조건 속에서 일하므로, 노동조합은 한 무리의 노동자들을 결집시키는 대신 다른 무리의 노동자들과는 분리시킨다. 여기에서는 저임금이 문제인데, 다른 곳에서는 노동강도나 작업 안전도가 문제이다. 교사들의 단체협상이 광원들의 단체협상과 똑같을 수가 없다. 광원 노조가 교사들을 가입시킬 여지도 없지만 교원 노조가 광원들을 받아들일 여지도 없는 것이다.

노조 관료주의는 노동조합의 경제주의적·부문적 성격에서 비롯한다. 노동자들 사이에 일종의 분업이 형성되어, 사용자와 교섭하는 데 전념하는 사람들이 생겨난다. 노조 전임자들은 사용자와 노동자 사이의 중개인 또는 중재자이다. 바로 이 역할이야말로 조합 내에서 그의 권위를 강화해 주는 요인이다. 노조 관료는 일종의 "불만의 관리자"이다. 그는 작업장의 규율로부터 배제된다. 그 불결함과 위험으로부터도, 십장(직장)이나 관리자와의 충돌로부터도, 그러나 그의 동료 노동자들과의 우정으로부터도 그는 배제되어 사무실이라는 매우 다른 환경으로 이전한다. 노사간 협상 전문가라는 그의 해결사적 지위가, 그와 그가 대변하는 사람(평조합원)들을 서로 격리시키는 것이다. 그의 급여가 평조합원들의 급여보다 많지 않을지라도 그의 소득은 더 이상 자본주의 생산의 성쇠에 달려 있지 않다. 잔업을 할 필요도 없으며, 시간제 고용이나 일시 고용 또는 해고의 위협을 받지 않는다. 회사가 망해서 공장 조업을 단축하더라도 해고자 수와 심지어 명단을 놓고 협상하는 관료는 해고당하지 않을 것이다. 경영자들과 끊임없이 밀실 협상을 하는 처지에 있는 그는 자본과 노동의 협상·타협·화해를 노동조합 운동의 정수로 여기게 된다. 투쟁은 단체협상의 결렬·성가심·불편으로 보이게 되고, 조합 기금을 축내는 일로 다가온다. 조직은 수단이 아닌 목적이 되어 버리고, 노동자 착취 조건의 개선이라는 제한된 목적조차 위협하는 것으로 바뀌어 버린다.

노조 관료는 자본주의 사회의 두 주요 계급인 사용자와 노동자 사이에서 줄타기를 하는, 사용자도 아니고 노동자도 아닌 사회집단이다. 노조 사무실이 사람(들)을 고용하긴 하지만, 이 때문에 노조 관료가 사회·경제적 지위를 누리는 것은 아니다.(자본가와 다름.) 그러나, 노조 관료는 다른 노동자들이 겪는 낮은 임금, 자본가의 냉대, 일자리 불안정 등을 당하지 않는다.(일반 노동자와 다름.)

노조 관료는 다른 사회집단과 구별되는 기본적으로 보수적인 사회계층이다. 그들은 야누스의 처지에 있다. 그들은 노동자 투쟁을 견제하고 통제하지만, 노조의 완전한 무기력화를 조성하는 데까지 사용자 및 국가와의 협조를 밀어붙이지 않는 것에 사활적 이해관계를 가지고 있다. 왜냐하면, 관료는 독립적인 중재자가 아니기 때문이다. 즉, 만일 관료가 조합원들의 불만을 전혀 대변하지 못한다면, 지도부에 대한 내부 반대에 직면하거나, 조합원의 냉담과 조직의 와해가 뒤따라 조합원들을 다른 경쟁하는 노조에 빼앗길 위험이 있다. 노조 관료가 부르주아 진영에 너무 깊숙이 빠져들어 있으면 그들은 자신들의 기반을 잃을 위험이 있다. 자기 소득과 사회적 지위를 유지하려면 조합 조직을 보존할 필요가 있다.

노조 관료는 서로 다른 평조합원 집단 사이에서 줄타기할 필요도 있다. 그는 좀더 수동적이고 냉담하거나 무지한 조합원들에게 기댐으로써 적극적이고 전투적인 선진 부문의 조합원들을 견제한다. 또한, 조합 관료는 자기 노조와 다른 노조를 대비시킴으로써 조합에 대한 통제력을 유지한다. 한 산업 안에 여러 다른 노조들이 있는 것, 그리하여 완전히 통일된 행동을 조직하는 데 어려움을 겪는 것은, 노조 관료들에게 그들의 소극성에 대한 아주 편리한 알리바이를 제공해 준다.

한편으로 사용자와 국가의 압력과 다른 한편으로 일반 노동자들의 압력은 계속 대등한 균형 상태를 유지할 수 없다. 조합에 영향을 미치는 대내외적 힘은 변동하고 동요한다. 어떨 때는 아래로부터의 압력이 더 우세하고, 또 어떨 때는 자본가와 국가의 위로부터의 압력이 더 우세하다. 때때로 위아래 모두로부터의 압력이 비교적 약해서, 노조 관료가 비교적 커다란 자율성을 누릴 수 있을 때가 있다. 때때로 위아래 압력이 둘 다 막강해서, 노조 관료는 샌드위치 꼴이 될 때가 있다. 그러나, 관료는 항상 자신들의 필요를 추구하려 하므로,

어느 경우에도 그들이 일반 노동자들을 참으로 대표하고 있다고는 결코 믿지 말아야 한다.

물론, 노조 관료는 동질적인 집단이 아니다. 서로 다른 산업 또는 업종에 속한 노조 관료는 서로 다른 정도의 위아래 압력을 받는다. 사상적으로도 노조 관료는 결코 똑같지 않다. 노조 관료 내의 좌파와 우파 구분은 필요하다.(예를 들어, 전통적 노총 관료: 극우, 노총에 형식적으로 속해 있지만 느슨한 통제만을 받는 관료: 중도우, 업종회의·사무금융노련·대기업노조연대회의: 중도좌, 전노협: 극좌.) 관료 내부 분열 — 노조간에 또는 노조 내에서 — 은 관료의 보수적 영향력을 약화시킬 수 있다.

그러나, 관료 사이의 그 모든 차이에 우선하는 **근본적인** 사실은 관료가 보수적인 사회계층에 속한다는 것이다. 특히, 근본적인 위기의 때에는 좌파 관료와 우파 관료 사이의 구분은 **부차적**으로 된다. 그런 때는 관료의 **모든** 부문이 노동자들의 투쟁성을 구속하고 견제·통제하려 한다.

노조 관료는 개량주의적이며 소심하다. 그래서 그들의 처지는 우스꽝스러울 만큼 무력하고 한심하다. 그들은 개량을 바라지만 국가와 관계를 청산할 생각은 진지하게 할 엄두를 내지 못한다. 그런데, 국가는 개량을 허용하려 하지도 않고 심지어 이미 허용한 개량을 도로 회수해 가려고까지 한다. 더구나 관료는 일반 노동자들의 투쟁을 두려워한다 — 그것만이 개량을 획득할 수 있는 유일한 방법인데도 말이다. 노조 관료는 평조합원에 비한 자신들의 특권을 잃고 싶어 하지 않는다. 대중투쟁에 대한 그들의 두려움은 국가의 노조 통제에 대한 그들의 혐오보다 더 크다. 노조 관료는 결정적인 순간에는 언제나 국가 편을 든다. 그러나, 그들은 그 사이에서 동요한다.

그렇다고 해서 모든 노조 관료들이 애당초부터 관료로 출발했다는 것은 아니다. 실제로, 많은 노조 관료들이 전투적인 노동운동 투사로서 인기를 얻으며 높은 지위에 도달했다. 그리고 이것은 좌파 노조 관료에만 해당하는 일이 아니다.(예를 들어, 폴란드의 레흐 바웬사, 남한의 이원건·이형건, 영국의 어니스트 베빈, 브라질의 룰라.)

노조 관료의 과거가 얼마나 화려하고 빛나는 투쟁성으로 전력에 기록되어 있을지 몰라도, 그가 조합 기구의 수호자이자 노사간 중재자로서 오랫동안 일하다 보면 아주 자연스럽게 관료적 사고방식이 습관처럼 몸에 밴다. 사실, 화려한 투쟁 경력 때문에 관료의 조합 통제는 그만큼 더 효력을 내게 되는 것이다.

4. 결론을 대신하며

노동자 계급의 권력 장악을 목표로 하는 사회주의자들은 노동자 계급의 다수를 획득함으로써, 즉 노동조합과 같은 대중조직을 획득함을 통해서만 그 목표를 성취할 수 있다. 혁명정당과 노동조합 사이의 관계를 올바르게 정립하는 일이 중요한 것은 바로 이 때문이다.

올바른 관계 정립의 출발점은 두 조직 사이의 차이를 명확히 하는 것이다. 혁명정당은 노동조합처럼 산업별·직업별·기업별 토대 위에서 조직원들을 충원하지 않는다. 혁명정당은 공통의 정치적 전망에 기초하여 행동과 조직의 통일을 추구하는 의식적인 분자들로 그 조직원을 제한한다. 이와는 달리 노동조합은 산업별·직업별·기업별로 조직되어 제각기 다른 판단 기준에 따라 활동한다. 또, 노동조합은 누구나 가입할 수 있으며, 조직원의 수가 많으면 많을수록 보다 더 효과적으로 직무를 수행할 수 있다. 그리하여 노동조합은 서로 다른 의식 수준의 광범한 노동자들로 조직된다.

그러나, 노동조합은 조직의 폭이 확대될수록 불가피하게 그 깊이가 얕아진다. 평조합원뿐만 아니라 조합의 지도자들도 다양한 기회주의적·민족주의적 사상들과 지역적·종교적 편견들에 사로잡혀 있다는 사실은, 노동조합이 계급투쟁적인 선진 노동자들뿐만 아니라 지배계급의 관념을 받아들이고 있는 후진 노동자들을 모두 포함하고 있다는 사실을 잘 보여준다. 그러므로 트로츠키의 지적처럼 "노동조합의 약점은 그 장점 때문에 생긴다."

따라서, 노동조합 문제를 다룰 때는 다음과 같은 점들을 반드시 염두에 두어야 한다. 첫째, 자본주의의 '정상적' 조건에서 노동자 계급은 결코 **동질적이지 않다**는 점이다. 노동자 계급이 공통의 목표를 가지고 일반적인 사회주의 의식을 획득할 수 있게 되는 때는 혁명적 시기뿐이다. 둘째, 혁명적 상황이라는 조건에서 많은 미조직 노동자들이 새로이 노동조합으로 조직될 수 있겠지만 이때에도 노동조합이 가장 중요하고 지배적인 대중조직이 된다는 보장은 없다는 점이다. 혁명적 시기에 노동조합은 노동자위원회나 소비에트와 같은 새로운 대중조직(노동조합보다 권력 장악 투쟁에 더 적합한 형태의 조직이다)에 의해 보강되거나 심지어는 대체될 수도 있다.

그러나, 이런 점들 때문에 혁명적 시기까지 사회주의자의 주된 임무는 선전이 되어야 하며 가급적 노동조합의 부문적 투쟁에 개입하는 일을 삼가는 것이 좋다는 결론을 내린다면, 그것은 치명적인 오류를 저지르는 것이다. 왜냐하면, 혁명은 자생적으로 등장하기는커녕 그 자체가 계급투쟁의 산물이기 때문이다. 노동자들은, 자신들이 자본주의를 전복할 만반의 준비를 갖추기 전에 그리고 결정타를 가하기에 충분할 정도로 자본주의 체제가 약해지기 전에, 셀 수 없이 많은 부분적인 전투를 벌인다. 노동자들은 이러한 투쟁을 통하여 새로운 사회를 이끌어 갈 힘과 의식 그리고 조직을 발전시킨다. 더욱 중요한 것은 혁명을 승리로 이끌기 위해 반드시 필요한 혁명정당의 정치적 지도력은 개혁을 위한 부분적 요구들을 둘러싼 노동자들의 일상적 투쟁과 관련을 맺음으로써만 발전될 수 있다는 점이다.

선전이나 투쟁 결의만으로 마르크스주의의 실천을 제한하고자 하지 않는다면 어떤 선택이 있을 수 있을까? 올바른 선택은 당연히 혁명정당이 평조합원들의 자주적 활동을 고무하는 것이어야 한다. 잘못된 선택은 평조합원들이 자신들의 이익을 위해 노동조합 지도자들에게 압력을 가하는 생강단체(ginger group: 노조 지도부가 좀 더 잘하도록 자극·격려·비판하는 것을 기본 임무로 삼는 단체)가 되도록 하는 것이다. 아래로부터의 압력이 노동조합 관료들이 혁명의 길을 걷도록 강제할 수 있을 것이라는 믿음을 가지는 순간부터 잘못된 선택은 불가피한 방도가 된다. 그것은 노동조합 관료의 성격을 잘못 파악한 것일 뿐만 아니라 그들에 대한 환상을 조장하는 것이며 노동자들의 의식과 행동을 무디게 만드는 것이다. 때때로 노동조합 관료들이 평조합원들의 몇몇 열망에 복종할 수밖에 없는 상황이 조성될 수 있다. 그러나, 그들이 대중의 집단적 행동을 대신할 수는 없는 것이다.

노동자 투쟁에 개입할 때 사회주의자는 판단의 우선 순위를 명확히 해야 한다. 가장 먼저 자본주의의 기본 모순인 노동자 계급과 자본가 계급간의 모순에서 출발하여 노동조합 관료와 일반 노동자들 사이의 모순을 그 다음 고려사항으로 한 다음, 세 번째로 노동조합 관료들 사이의 분열을 고려해야 한다. 순서가 뒤바뀌면 안 된다.

노동조합 관료들 사이의 분열은 서로 다른 방향으로 나아가는 사회의 두 주요 계급인 자본가 계급과 노동자 계급의 힘에 의해 생겨난다. 이러한 분열은 조합 내의 일부 선진 노동자를 지도하는 혁명가들과 노동조합 관료 사이의 **일시적 공동행동**의 가능성을 열어준다. 혁명가들이 일시적으로 조합 관료의 일부와 맺는 동맹은 노동조합 관료 전체의 장악력을 약화시킬 수 있기 때문에 노동자 투쟁을 발전시키는 데 유용하다. 혁명가들은 좌파 관료와 우파 관료 사이의 분열, 전투적인 연설을 할 준비가 되어 있는 관료들과(비록 그렇게 행동하진 않는다 하더라도) 항상 공공연한 타협을 일삼는 관료들 사이의 분열을 이용할 방법을 터득해야 한다. 그러나, 이런 분열을 이용하더라도 혁명가들은 노동자들에게 좌파 관료의 급진적 미사여구를 믿어서는 안 된다고, 심지어 그들이 폭발적인 노동자 운동의 선두에 서 있을 때조차도 그들은 운동을 더 효과적으로 통제하기 위해서 그러는 것이라고 말해 주어야 한다. 그럴 때만 평조합원들의 독립성과 자주적 이니셔티브, 그리고 자신감이 강화될 수 있다. 좌파 관료들과의 일시적 동맹은 광범한 **행동**의 수단일 뿐이다. 그러므로, 동맹의 실시 여부는 다른 많은 전술들과 마찬가지로 단 하나의 판단 기준, 즉 그 동맹이 평조합원들의 행동을 고양시켜 자신감을 높이고 의식을 발전시킬 수 있는가 그렇지 않은가에 따라 결정되어야 한다.

평조합원들의 힘을 증대시키기 위해서는 **조합 내 민주주의**를 위해 투쟁해야 한다. 관료들을 소환할 권리, 조합 관료의 정기적 선출 등의 민주적 장치들이 중요한 쟁점들이다. 이러한 민주적 장치들이 조합의 규약에 명시되도록 해야 한다. 그러나, 가장 우수한 규약도 조합원들의 활동에 기초하지 않으면 공문구에 지나지 않게 된다.

혁명가들은 노동조합이 국가에 통합되는 경향에 대해서 무관심해서는 안 된다.(일반적으로 이런 경향은 체제가 위기에 처해 있을 때 강화된다.) 혁명 없이는 국가로부터의 **완전한** 독립이 불가능하다는 사실 때문에 독립성의 수준이 떨어지는 것을 수수방관해선 안 된다. 국가 및 조합 관료로부터의 평조합원의 독립성이 언제나 옹호되어야 한다.

일상적 시기의 노동조합은 자본주의 내에서 노동자들의 생활조건의 개선을 추구하려 하므로 탈정치화되기 쉽다. 사실 노동조합은 체제가 만들어 놓은 틀을 암묵적으로 받아들이면서 노동조합의 토론에서 정치적 쟁점들을 배제하거나 체제에 도전하지 않는 개량주의 정당을 지지하는 경향이 있다.

개량주의자들과는 완전히 다르게 노동조합에 접근하는 혁명가들은 이러한 노동조합의 탈정치화 경향을 무시해서는 안 된다. 개량주의자들은 점진적 개혁에는 찬성하지만 혁명에는 반대한다. 그러나,

그들은 자본주의 체제의 틀 내에서 조건을 개선하려 하므로, 자본주의가 양보를 허용할 정도로 건강할 때에만 앞으로 나아갈 수 있다. 경제가 위기로 치달으면 치달을수록 개량주의자들은 스스로 개량을 위한 투쟁에서도 아주 무능함을 드러내고 종종 과거의 성과물들을 잃게 만들기도 한다.

반면에 혁명가들은 개혁과 혁명 모두를 옹호한다. 그들은 자본주의의 전복을 위해 싸울 뿐만 아니라 자본주의 내의 부분적 성과물들을 위해서도 싸운다. 노동자 계급이 자신들의 이익이라는 노동자 의식을 획득하게 되는 것은 체제 내의 투쟁을 통해서이다. 이러한 투쟁은 체제가 위기에 직면하여 혁명적 지도가 필요하게 될 때를 대비하여 노동자 계급의 일부를 훈련시키고 준비시킨다. 개량을 위한 투쟁과 혁명 투쟁 사이의 관계는 1905년 페테르부르크 소비에트의 슬로건인 "8시간 노동과 총"으로 가장 잘 표현된 바 있다. 더 짧은 노동일을 위한 요구가 러시아 국가의 무장력에 대한 도전과 결합되었던 것이다.

그러므로 혁명가들은 노동조합을 정치화하는 노력을 기울여야 한다. 이러한 노력이 오직 혁명적 시기에만 그 결실을 볼 수 있을지라도 혁명가들은 이것을 위해 투쟁해야 한다. 노동조합 운동 전체를 획득하지 못할지라도 또 심지어는 단 하나의 노동조합조차 획득하지 못할지라도 소수의 노동자들 — 지역의 조합 활동가이던 노조 내의 소그룹이건 혹은 직장 내의 개별 노동자들이건 간에 — 을 사회주의 의식으로 끌어들이는 일은 가능하고 반드시 해야만 하는 일이다.

혁명정당은 언제나 그리고 어떤 경우에도 노동조합원들의 **활동**에 강조를 두어야 한다. 혁명가들은 노동자 계급이 투쟁 속에서 스스로를 변화시키지 않으면 사회를 변혁할 수 없다는 사상, 즉 사회주의는 아래로부터 성취된다는 사상을 언제나 고수해야 한다. 그러나, 이러한 근본 원리가 혁명 이전에는 혁명가들이 조합의 구성을 변화시키기 위해서 싸울 필요가 없다는 것을 의미하진 않는다. 그렇지만 혁명가가 혹은 혁명 정당의 지도를 받는 선진 노동자가 조합의 관료가 되는 경우에는 그 활동을 통제하고 뚜렷한 한계를 부여하는 규율이 적용되어야 한다. 무엇보다도 먼저 조합장, 조합 상근간부, 노동조합 전국회의 대의원 등의 직책을 가질 것인가 하는 결정은 그렇게 함으로써 평조합원의 자주적 활동에 도움을 줄 수 있는가 또는 평조합원 활동의 장벽을 제거할 수 있는가가 판단 기준이 되어야 한다. 따라서, 노조 내의 어떤 직책을 맡는 데 있어 결정적인 요소는 그가 대표하는 노동자들의 의식과 전투성을 고양시킬 가능성이라 할 수 있다.

혁명정당이 노동조합과 관련을 맺는 목적은 노동조합과 같은 대중조직에 대한 당의 영향력을 확대하는 것이다. 그러나, 이러한 목적은 혁명적 시기를 제외하면 기대만큼 성과를 거두기 어렵다. 노조원의 대다수가 획득될 수 있다거나 노동조합 관료기구가 혁명의 분출 없이도 노동자들의 의식 변화에 조응하여 그 성격과 구조가 변화될 수 있을 것이라고 생각하는 것은 잘못이다. 이런 잘못된 입장을 가지면 노동조합 활동에 대한 선전주의적 관점(투쟁에 개입하지 않고 선전만으로 노동자들을 획득하려고 하는 것)이나 노동조합 관료와의 화해(높은 직책을 장악하거나 그렇지 않으면 높은 직책에 있는 관료들에 대한 영향력 확대에 탐닉하는 것)를 추구하는 것으로 나아 갈 수 있다.

혁명가들은 모든 단계에서 노동조합의 투쟁에 개입해야 한다. 그리고, 이 개입은 혁명가들이 노동자들에 대한 영향력을 확대해 나가는 정도가 조합 구성상의 변화나 새로운 지도부의 선출 등의 결과로 반영되도록 노력하는 것이어야 한다. 물론 노동조합 관료들에게 이용당할 위험도 크다. 하지만 기권주의가 대안이 될 수는 없다. 그러나 어떤 경우에도 조합 구성의 변화가 노동자들의 활동을 보조하는 것이어야 하지 그것을 대신하는 것이어서는 안 된다. 정기적인 노동조합의 선거도 마찬가지이다.

노동조합 관료 일반에 대한 혁명가의 태도는 "조합 관료가 노동자를 올바로 대표하는 경우에는 지지하지만 그렇지 못할 경우에는 즉각 조합 관료로부터 독립적으로 행동한다"는 태도이어야 한다. 트로츠키는 다음과 같이 썼다. "대중이 동요하는 노동조합 지도자들을 밀어붙이고 있는 동안에는 그들을 이용할 필요가 있다. 잠시도 그들에 대한 비판을 포기하거나 유보하지 않으면서."

국가자본주의 하의 산별노조

요즈음처럼 노동자 계급 연대의 움직임이 두드러지게 나타난 적은 거의 없었던 것 같다. 이것은 87년 7-9월 노동자 대투쟁으로 급속하게 성장했던 "민주노조" 운동이 또 다시 새로운 발전 국면을 맞이하고 있음을 뜻한다.

사회운동은 사회세력들 사이의 갈등을 규정하는 정치·경제 상황을 반영한다. 정치·경제가 이전과 비교하여 눈에 띄게 다른 양상을 보일수록 운동의 변모도 더욱 두드러진다. 80년과 87년에 벌어졌던 노동자들의 투쟁은 이를 잘 입증해 주었다.

공황이 강타했고 국가에 대항하여 광주 민중이 무장 항쟁을 벌였던 그 해에는 자본에 맞선 노동자들의 투쟁이 그 이전에 비해 4배나 증가했다. 그러나 광주 항쟁이 진압되고 지배계급의 통제력이 강화되면서 노동자들의 투쟁은 다시 급격히 떨어졌다. 그 뒤의 호황은 노

─────

이 글은 국제사회주의자들(IS)이 발간한 《노동자 권력》(1991년 5월)에 실린 것이다.

동자 계급의 자신감보다는 정치적 반동을 강화시켰다. 그러다가 지배계급 내부 갈등의 틈새를 뚫고 분출한 87년 6월 민주화 운동으로 민중 투쟁이 확산되고 정치적 위기가 도래하자 노동자들의 투쟁은 다시 폭발적으로 고양되었는데 7-9월 3개월에 걸쳐 노동자들의 투쟁은 지칠 줄을 몰랐다. 이 때의 "노사분규" 발생건수는 바로 전 해에 비해 14배에 달할 만큼 비약적으로 확산되었다. 이 사실은 투쟁의식이 소규모의 노동자 집단에서 점점 더 많은 대중으로 확산되어 간다는 점을 말해 주고 있다.

사회운동은 상승과 하강을 거듭하면서 발전하는데, 그것은 자본주의의 모순을 반영하는 것이기도 하다. 자본주의 하의 계급 갈등은 궁극적으로 그 생산관계에 의해서 규정된다. 자본은 노동을 착취함으로써만 존재할 수 있기 때문에 그러한 관계를 안정적으로 유지할 수 있는 정책적 통제가 필요하다. 이것은 지배계급의 정치 행위로 나타난다. 그러나 다른 한편으로 노동자들은 지배계급의 통제에 의해 더욱 착취당하고 억눌리게 됨에 따라 그러한 처지에서 벗어나려는 생각을 갖게 되고 나아가서는 그것을 행동으로 옮기게 된다. 이러한 상황은 점점 노동자들을 노동운동으로 결속시킨다.

오랫동안 노동자 운동은 가시밭길을 걸어 왔다. 개별 사업장에서 민주노조를 건설하는 투쟁이 '혁명적'으로 보였을 만큼 어려운 때가 있었다. 조금이라도 노동자들을 규합하는 기미가 보이면 지배계급의 엄청난 탄압이 가해졌다. 그러한 열악한 조건에서 소수의 선진 노동자들의 헌신적인 투쟁은 많은 노동자들을 움직일 만한 값진 모범이었다. 투쟁 의지는 점점 더 많은 대중에게 확산되어 갔고 그들은 왜 소수의 선진 노동자들이 자신의 몸을 희생하면서까지 노동자 계급의 연대를 촉구했는지를 비로소 알게 되었다.

전노협이 결성되었던 해인 90년 말에는 대기업 노동자들의 민주노조 건설이 활발히 진행되었다. 그리고 연대를 위한 노력으로서 〈연대를 위한 대기업노동조합회의〉를 결성하였다. 이것은 그 동안 노동자 계급이 어려운 조건 속에서도 굽힘 없이 투쟁해 온 결과이며 노동자 계급 의식의 발전을 반영하는 것이다.

노동자 투쟁의 규모는 더욱 커지고 있다. 그러나 그런 만큼 한 번 패배의식에 빠지게 되면 그것이 미치는 영향도 매우 클 것이다. 이제 운동은 사회주의자의 역할이 매우 중요함을 더욱 뚜렷이 나타내 주고 있다.

노동운동은 어려움을 겪으면서 발전해 왔다. 그리고 경험을 통해 획득한 연대의식은 노동조합의 발전으로 나타나고 있다. 산별노조를 건설하자는 목소리도 점점 높아지고 있다. 이제 노동자들은 자본가들의 물리력이 얼마나 거대한지, 그리고 그에 비해 자기들의 이전의 고립되고 분산된 투쟁이 얼마나 보잘것없는 것인지를 깨닫게 되었다.

지난 오류를 잊지 않고 있다는 것은 매우 유익하다. 그러나 더욱 중요한 것은 기억하는 것이 아니라 배우는 것이다. 노동운동의 발전 과정을 살펴보건대, 이 점은 이제 노동자 계급에게는 상식이 되고 있다. 선진 노동자들을 지도해야 할 사회주의자들은 이것이 과학적 인식 방법이라는 것을 받아들이지 않으면 안 될 것이다.

1930년대의 공황 이래 자본주의는 국가와 자본을 더욱 긴밀하게 융합하면서 발전해 왔다. 국가와 자본은 더 이상 분리할 수 없는 것이 되었다.

세계시장을 무대로 경쟁을 하는 국가는 마치 하나의 거대기업과도 같아 보인다. 남한이라는 '주식회사'(국가자본)는 독일, 일본, 대만, 싱가폴 같은 다른 '주식회사'(국가자본)와 경쟁을 하면서 더욱 축적에 열을 올리고 있다. 그리고 그 '기업'들이 도산당한다는 의미는 노동자 혁명의 승리를 뜻할 것이다.

억지 비유처럼 보이겠지만, 이것은 국가자본주의들로 이루어진 세계경제를 그대로 표현해 주고 있다.(앞의 비유를 지나친 단순화라고 해도 무리는 아닐 것이다. 어찌 되었든 비유일 뿐이니까.)

자본주의 생산력은 국민국가의 울타리 안에서 문을 꼭꼭 걸어잠근 채로는 더 이상 감당해 낼 수 없을 만큼 발전했다. 이것은 폐쇄적인 일국 경제로는 더 버틸 수 없게 된 북한이 서서히 문호를 개방하고 있는 점만 보더라도 알 수 있다. 이렇게 자본이 세계시장을 무대로 하여 국민국가 간의 경쟁으로 집중되고 있는 만큼 국가의 역할이 증대되었음은 명백하다.

자본이 세계시장에서 효과적으로 경쟁을 하기 위해 국가와 융합하게 됨으로써 국가는 집합적 자본으로 기능하게 되었다. 국가는 한 나라 안에서 또는 그 밖에서 자본주의적 생산체제를 효과적으로 재생산하기 위한 정책을 실행에 옮긴다. 그 정책은 궁극적으로 자본과 노동의 계급관계에서 자본의 안정적인 지배를 확립하기 위한 것이다.

한 나라 안에서 개별 자본들은 모든 노동자들을 통제할 수가 없기 때문에 국가권력에 의한 통제가 가장 효과적인 지배 방법이다. 국가의 이러한 성격은 반국가 투쟁이야말로 자본 일반에 맞서는 투쟁으로 나아가는 직접적이고 결정적인 투쟁이 될 것임을 나타내 준다.

노동자들의 투쟁은 점점 연대 투쟁의 성격을 띠고 있다. 이것은 노동운동이 '총자본 대 총노동'의 양상으로 발전하고 있음을 뜻한다.

지난 21일에 〈연대회의〉 소속 간부들을 구속한 것에 항의하는 집회와 시위가 인천의 대우자동차 노조를 비롯하여, 부산의 한진공업, 부산의 대우자동차, 현대정공 울산 공장, 현대중공업 등 전국 〈연대회의〉 소속 사업장에서 일제히 벌어졌고 전노협도 구속자 석방 및 노동부 장관 퇴진을 촉구하는 홍보작업을 벌였다. 그리고 23일과 24일에는 전노협과 〈연대회의〉가 지역별로 연합집회를 갖기로 했다.

지난해 대기업 사업장에 대대적으로 민주노조가 들어서고 〈연대회의〉의 결성을 통해 노동자들의 연대의식이 고양되자 지배계급은 벌써부터 탄압을 가해 오고 있다. 최병렬 노동부 장관은 21일에 있었던 노동자들의 연대투쟁을 3자개입이라는 이유를 들어 단호히 처벌하겠다고 말했다. 노동자들이 노동자들을 지지하는 것이 3자개입이라면 정부가 자본가를 지지하고 나서는 것도 3자개입일 것이다. 3자개입이 아니라면 그것은 이 정부가 노동자 계급의 정부가 아닌 ― 그렇다고 해서 무계급적인 중립 정부도 아닌 ― 자본가 계급의 정부임을 뜻한다. 그리고 그는 지난해 대우조선 단체협상안의 한 요구조건인 "인사 결정권을 노·사 동수로 할 것"에 대해서 "경영권은 사유재산권에 기초한 사용자의 고유 권한이므로 노조가 침해해서는 안되며 징계·해고 등에 대한 합의 요구도 사용자의 인사 결정권에 대한 본질적 침해이므로 절대 허용할 수 없다"고 엄포를 놓으면서 노동자들을 탄압할 만반의 준비가 돼 있음을 내보였다.

전노협 결성을 저지하기 위해 저들이 어떻게 했던가! 또 〈연대회의〉에 대해서도 지금 저들은 어떻게 행동하고 있는가! 지하철 노조의 파업투쟁을 저지할 때도, 현대중공업 노동자들의 투쟁을 진압할 때도, 그리고 메이데이 투쟁을 짓밟을 때도 정부는 언제나 자본가의 편에서 노동자들을 탄압해 왔다. 결국 노동자들은 언제나 국가에 맞서 투쟁할 수밖에 없는 상황에 놓여 있다. 노동자들은 투쟁할 준비가 돼 있다. 그리고 그들은 투쟁 속에서 국가의 본질을 깨닫게 될 것이고 자신들이 해야 할 일이 무엇인지를 알게 될 것이다.

노동자들은 자본가들의 물리력에 맞서기 위해서는 강력한 조직이 필요하다는 것을 느끼기 시작했고 그것은 점점 행동으로 나타나고 있다. 〈연대회의〉는 이러한 노동자들의 의식과 실천의 결과이며 민주노조 운동이 산별노조의 건설을 지향하는 과정에서 이루어 낸 발전적인 성과이다. 그렇다면 노조 운동이 지향하는 산별노조는 왜 필요한가?(더 정확하게는 어떤 물질적 토대에서 비롯되는 조직인가?) 그리고 그것의 실현은 어떻게 가능한가? 또 〈연대회의〉는 산별노조 건설에 어떤 역할을 하는가?

생산이 사회화되지 않은, 봉건제 같은 전자본주의 사회에서는 어떤 장인이 물건을 만들어내는 일을 중단한다고 해서 그것이 미치는 영향은 그리 심각한 것은 못 될 것이다. 대부분이 스스로 필요한 도구를 만들어 썼기 때문이다. 그러나 자본주의 사회는 그것과 다르다. 그 영향은 매우 복잡하게 나타난다. 대우조선과 같은 대규모 사업장에서 노동자들이 일손을 놓는다면 — 자본주의적 생산은 집단적이기 때문에 작업 중단도 집단적일 수밖에 없으며, 이것은 봉건제 사회에서 한 직인이 생산을 중단하는 것과는 근본적으로 차이가 있다 — 어떻게 될까? 노동자들의 파업을 맞고 있는 그 회사야 말할 나위 없고 계열회사들도 타격을 받게 될 것이다. 그리고 하청관계에 놓여 있는 작은 회사들도 가동중인 기계를 중단할지도 모를 위기에 빠질 것이다. 그러한 파업이 장기화되면 될수록 이러한 사태는 더욱 심각하게 전개된다. 같은 계열에 있는 회사들은 투자분을 조정해야 할 사태에 놓이게 되고 조업을 중단하는 하청회사도 생길 것이다. 이러한 영향은 직접적으로 노동자들에게까지 미친다. 일자리를 잃는 노동자들도 생길 것이고 전보다 더 허리띠를 졸라매도록 강요받을 것이다. 이러한 상황은 정부로 하여금 사회적 불안을 통제하는 데 나서도록 만들 것이다. 이러한 상황 전개는 국가자본주의의 물질적 조건 — 자본의 집적과 집중에 의해 자본간의 분업 체계가 유기적으로 통합되어 나타나고 그러한 과정에서 발생하는 계급갈등이 심화되는 — 에서는 결코 특별한 것이 아니다.

자본주의는 경쟁을 통해서 분업 체계를 형성하고 조정한다.(국가자본주의 체제에서는 더욱 효과적으로 이루어진다.) 예컨대, 어떤 생산부문에서 초과이윤이 발생한다면 다른 부문의 자본을 자극하여 그 부문의 경쟁을 심화시켜 이윤율을 떨어뜨린다. 또 어떤 부문의 경쟁이 치열해서 서로 나누어 갖는 이윤이 다른 부문과 비교하여 낮으면 그곳에 투자된 자본은 더 높은 이윤을 얻을 만한 곳으로 이동하게 된다. 이러한 자본의 이동은 전체 생산과정에서 분업적 요소로 존재하는 모든 부문들이 어느 것 하나 사회적으로 필요하지 않은 것이 없음을 의미한다. 따라서 만일 이러한 생산과정에서 어떤 한 부문(심지어는 그 부문에 속한 한 요소)에 생산성이 저하될 자극이 가해지면 자본의 이동을 촉진시키게 되고 이것은 사회관계에 직접적인 영향을 미치게 된다. 물론 그 역도 성립하는데, 서로 원인과 결과를 뒤집으면서 자본주의 생산체제를 움직여 나아간다.

노동자는 자신의 노동력을 자본가에게 팔아야 살 수 있다. 그러나 그는 노동력을 파는 그 순간부터 자신이 만든 부(富)의 대부분을 도둑 맞을 운명에 놓이게 된다. 그는 자본가에게 계속 자신이 일하여 만든 대부분을 빼앗기게 됨에 따라 빈곤을 면치 못할 것이다. 노동자들의 투쟁은 이러한 생활조건에서 비롯된다. 그리고 자본가들의 조직된 힘에 맞서기 위해서는 자기들도 조직된 힘을 갖춰야 함을 깨닫게 된다. 노동조합은 이러한 자본주의 생산체제를 토대로 해서 형성되었고 그것의 발전과 함께 발전해 왔다. 산별노조는 자본의 집적과 집중에 의해 계급대립이 생산의 전(全)과정을 지배하게 됨으로써 등장하게 된 가장 발전된 형태의 노동조합이다. 그것은 자본에 대한 노동자들의 투쟁을 대규모로 확산시킬 수 있다는 점에서 노동운동에 기여하는 바가 매우 클 것이다.

지난해 대기업 노조 선거에서 "민주노조" 후보가 대거 당선되고 곧이어 대기업 노동자들이 전국적 연대를 모색하는 노력으로서 〈연대회의〉가 등장함에 따라, 89년 공안정국 이후 지배계급의 탄압공세에 위축되어 왔던 노동운동은 새로운 활력을 얻고 있다. 이러한 상황은 지난 침체기의 고립되고 분산된 투쟁에서 얻은 교훈을 반영한다. 사실 지난해에도 KBS와 현대중공업 노동자들의 투쟁, 5.1 메이데이 투쟁과 같은 노동자들의 괄목할 만한 투쟁이 있었다. 그 투쟁의 규모나 성격으로 보아 전국적인 연대 투쟁을 고무할 만한 것이었으나 지배계급의 대규모 탄압공세와 연대 투쟁을 조직할 주체적 조건의 열악함으로 인해 이루어지지 못했다. 이러한 뼈아픈 경험을 통해 노동자들은 강력한 연대조직의 필요성을 절감하게 되었다.

대기업 사업장에서 벌어지는 파업 투쟁의 위력은 엄청나다. 이것은 지난해 현대중공업 파업 투쟁이 비록 대대적인 연대 투쟁을 고무해 내지는 못했지만 현대계열사의 동조 파업을 이끌어 냈던 점을 보면 잘 알 수 있다. 그리고 지난해 11월 초부터 100여일을 끌어 온 대우조선 노동자들의 투쟁은 4만여 명의 노동자들이 움직인 대규모 투쟁이었다. 그 투쟁들의 규모는 남한 경제에 직접적으로 큰 타격을 줄 수 있을 정도였다. 김우중은 어느 정도 흑자를 거두고 있던 대우조선의 노동자 파업 투쟁이 다른 계열사에 미치게 됨으로써 입을 타격을 두려워해 노동자들의 요구조건의 대부분을 수락하였다. 이것은 91년 임투를 앞두고 있는 다른 노동자들에게 매우 고무적인 승리라 할 수 있다. 그리고 탄압에 맞서 〈연대회의〉를 확고하게 구축할 밑거름이 되었다는 점에서도 매우 중요한 의미를 갖는다.

〈연대회의〉 간부수련회에 참석했던 노동자들을 연행하여 구속 처리한 것에 대해 항의하는 집회와 시위가 벌어지고 연대 모임이 활발히 진행되고 있다. 인천의 대우자동차 노동자들은 도로를 점거하고 경찰과 투석전을 벌이면서 노동조합 탄압에 맞서 투쟁하였다. 그리고 대우전자 인천지부 간부들이 단식농성을 벌이면서 노동조합 탄압에 맞서고 있고 인천지역 노활추와 '인천지역 대공장 노조 연대 모임' 등이 연대 활동을 벌이고 있다.

한편 "범죄전쟁" 선포, 강성 친정 체제로 내각 개편 등을 통해 지배력을 더욱 강화해 온 노태우는_요즈음 수서 사건들로 인해 다듬어 온 방망이를 함부로 꺼내 쓰기가 다소 개운치 않겠지만_지자제 선거를 통해 손색없는 통제권을 다시 구축하려고 잔뜩 벼르고 있다. 노태우는 노동강도를 높이고 자본의 안정적인 이윤 확보를 통해 국제 경쟁력을 높이려는 산업구조조정 정책을 진행하고 있는데 이에 따라 발생할 계급대립을 무마하려는 모든 노력을 기울이고 있는 것이다. 노동자들도 이에 맞설 태세를 갖추려는 노력을 기울이고 있다. 〈연대회의〉는 바로 이러한 노력의 결과이다. 그리고 지배계급과 더욱 전면적인 대결 양상으로 발전해 가고 있음을 반영하고 있는 것이기도 하다.

〈연대회의〉는 어떤 점에서 중요한 의미를 갖고 있는 것일까?

첫째로 노동자들의 연대의식을 고무하고 침체기에 빠져 있던 노동자들에게 새로운 활력을 불어넣어 주고 있다는 점이다. 〈연대회의〉의 주요 사업장인 대우조선의 파업투쟁과 〈연대회의〉 간부수련회에 참석했던 노조간부들을 구속 처리한 것에 대한 항의 투쟁이 임투 시기를 맞아 일어난 것은 시기 적절했고 특히 대우조선 파업 투쟁의 승리는 임투를 준비하는 다른 노동자들에게 자신감을 불어넣어 줄 만한 것이었다.

둘째, 노동조합의 가장 발전된 형태인 산별노조를 건설하는 데에 밑거름이 된다는 것이다. 산별노조는 자본이 대규모로 집중을 이루는 물질적 조건을 기초로하는데, 하청회사들과 계열회사들로 결합되어 있는 대기업에서 민주노조가 건설되고 그것의 연대조직이 결성되었다는 것은 산별노조 건설의 기반이 마련되었음을 의미하는 것이다.

셋째, 그 동안 지배계급의 탄압에 시달려 다소 위축되어 있던 전노협을 강화하는 데 기여하고 있다는 점이다. 전노협은, 〈연대회의〉에 탄압을 가하고 있는 지배계급에 맞서 투쟁하고 있는 노동자들과 공동 투쟁을 전개하기 위해 대기업노조특위를 구성하였다. 그리고 지난 21일에는 〈연대회의〉 탄압에 대한 항의 투쟁을 전개하였고 23-24일에 〈연대회의〉와 공동 집회를 전국적으로 조직하기로 하였다. 전노협은 대기업 노동자들이 연대의식을 강화하고 연대조직을 결성한 것에 기반하여 다시 전열을 가다듬기 시작했다.

이렇게 〈연대회의〉가 노동운동에 활력을 불어넣고 있는 시점에서 지배계급의 공격이 격렬해지고 있다.

지난 9-10 양일간 경주 도투락월드에서 열린 〈연대회의〉 간부합동수련회 및 제 3차 대표자회의에는 경찰과 해당 사업장 노무과 직원 등 30여명을 동원해 감시하고 수련회를 마치고 돌아가는 참가자들을 연행.구속하였다. 또한 〈연대회의〉에 소속해 있는 포항제철 노동조합을 와해 직전으로 몰아 넣고 있다. 유령 〈연대회의〉 실무회의가 소집돼 연대회의에 참가하고 있는 사업장의 현황과 연대회의 사업내용을 캐내려고 한 일도 있었다. 한진중공업에서도 한때 흑색선전이 난무했다. 지배계급은 이러한 탄압 공세를 통해 〈연대회의〉를 조기에 무력화시키고 올 임투를 제압함으로써 안정적인 노동착취체제를 확보하려고 하는 것이다.

노동자 계급은 자본가들에 의해 빈곤한(상대적 개념이다) 생활을 강요받고 있다는 사실 때문에 그들과 싸울 수밖에 없다. 이것은 그가 대부분의 시간을 자본가들에게 봉사하는 처지에 놓여 있는 한 계속될 것이다. 그들은 좌절을 겪으면서도 다시 일어나곤 한다. 그리고 오히려 그러한 경험을 통해 어떻게 싸워야 하는지를 배운다. <연대회의>는 바로 그들의 투쟁 경험 속에서 획득된 의식의 구현체인 것이다.

노동자들은 늘 국가와 맞붙어 왔다. 지배계급의 총체적인 억압이 국가권력에 의해 표출되기 때문이다. 국가의 엄청난 물리력에 대항하려면 노동자들에게도 그만한 조직적인 힘이 필요하다. 지금은 그 '필요한' 조직적 힘이 노동조합인 것처럼 보인다. 그러나 노동조합은 자본주의 생산체제를 토대로 하여 형성된 조직이다. 그래서 그것은 근본적으로 자본주의 생산체제를 반영하는 조직이다. 그럼에도 불구하고 그것은 노동자들에게 자신들의 권리를 주장하도록 가르치기도 하고 투쟁을 통해 단련되도록 하기도 한다. 그리고 그것은 노동자 연대의 기초를 이룬다. 노동조합은 이러한 조건에서 발전해 간다. 노조 조직의 발전은 결코 순탄한 것도 그렇다고 해서 더디기만 한 것도 아니다. 그것은 노동자들의 '의식'에 달려 있다. 그런데 그 '의식'은 하늘에서 떨어지는 것이 아니다. 그것은 노동자들의 투쟁경험과 당시의 정치·경제적 상황이 결합되어 나타난다. 사회주의자는 이 점을 명심해야 한다. 계급의식은 자생적으로 획득되는 것도 단숨에 획득되는 것도 아니기 때문에 사회주의자는 명확한 사상으로 자신을 단련하고 그것을 대중 투쟁과 접목시킬 모든 노력을 기울여야 할 것이다. 대중 투쟁이 벌어지는 곳으로 언제든지 달려가 그들의 투쟁을 공감적으로 취재하고 그들이 저들의 탄압에 주눅들지 말도록 심리적·도덕적으로 고무하는 것, 그리고 그들의 투쟁으로부터 배우는 것, 이것이야말로 사회주의자가 점점 더 많은 대중을 획득할 수 있는 진정한 길일 것이다.

그러므로 사회주의자는 〈연대회의〉가 노동조합의 한계를 갖고 있다고 탓할 것이 아니라 또 그 한계 안에 안주하는 것이 아니라 그것을 지도해야 한다. 그러나 그럴 수 있으려면 그러기 전에 먼저 대중 투쟁의 한가운데에 뛰어들어 그들한테서 배워야 한다.

사회주의자는 노동자들 스스로도 얼마든지 잘 할 수 있는 임금인상 투쟁을 위해 노동자 계급은 이래야 한다 저래야 한다 하며 노동자 대중에게 '명령(독재)' 하기를 그만두어야 한다. 대중을 움직이지도 못하는 소규모 조직이 대중에게 "노동자 대중 통일전선"을 건설하라고 제안하는 과대망상에서 벗어나야 한다. "한국 노동자 계급의 임무"는 운위하면서 사회주의자들인 자신들의 임무는 언급하지 않는 기회주의와 단절해야 한다. 산별노조 건설은 노동자 계급의 임무이지 사회주의자의 임무는 아니다. 사회주의자는 대중의 산별노조 건설 투쟁을 지지하지만 자신의 진정한 임무는 다른 데 있음을 유념해야 한다.

남한의 노동조합 관료주의

지금 노동조합 관료주의에 대해 말하려고 하는 것이 노동조합의 중요성을 부인하거나 과소평가하는 것이 아님을 먼저 지적해야겠다. 오히려 우리는 아래와 같은 몇 가지 이유 때문에 노동자 계급 투쟁에서 노동조합이 아주 중요한 역할을 한다고 생각한다.

첫째, 노동조합은 노동자 계급이 하나의 계급으로서 독립적으로 조직하고 행동하기 시작하는 수단이다. 노동조합은 노동자들이 자신의 요구를 관철하기 위해 취하는 계급 저항의 기본 형태이다. 노동자들은 일자리와 임금과 노동조건을 더 효과적으로 방어하기 위해 노동조합에 가입한다.

둘째, 마르크스주의자들은 사회주의가 한 개인이나 단체가 계획하는 그 무엇이라고 생각하지 않는다. 노동자 계급의 해방은 노동자 계급 자신에 의해 획득된다. 노동자들은 사회를 변화시키는 과정

이 글은 《사회주의 평론》 5호 (1995년 9-10월)에 실린 것이다.

에서 자기 스스로 변화한다. 마르크스주의자들은 지금 후진적인 노동자들이 미래에 사회를 이끌 수 있느냐는 질문에 언제나 "그렇다"고 자신있게 답해 왔다. 그러나 완만한 발전은 아니더라도 미래는 현재의 연장선에 있다. 혁명은 자동적으로 등장하는 것이 아니라 그 자체가 계급투쟁의 산물이기 때문이다. 노동자들은 체제 내에서 비록 제한적인 것일지라도 전투를 끊임없이 수행하며, 주로 그 투쟁은 노동조합을 통해 이루어진다.

셋째, 노동자들은 일상으로 벌이는 투쟁을 통해 계급 의식을 발전시킨다. 할 드레이퍼가 말했듯이 노동자들은 "그들 자신의 투쟁을 통해서만 지배할 준비를 하게 된다." 노동조합은 계급 투쟁의 실제 경험을 제공하는 중요한 장이다. 우리는 노동자들의 일상 투쟁을 '정치적'이지 않다는 이유로 저버리는 좌익들을 비판해 왔다.

남한에서 노동조합으로 조직되어 있는 노동자들은 전체 노동자 가운데 16% 정도이다. 이들은 자신들의 이익을 방어하기 위해 노동조합을 조직하여 일상적인 투쟁을 벌이고, 투쟁하는 과정에서 계급 의식을 발전시킨 선진 노동자들이다. 사회주의자들이 노동조합 투쟁에 관심을 기울이지 않는 것은 명백한 잘못이다.

국제사회주의자들이 혁명정당의 필요성을 주장하는 것은 노동조합이 필요없다고 말하는 것이 절대로 아니다. 오히려 혁명적 사상과 조직은 노동조합 투쟁과 같은 실제 경험을 통해 발전할 수 있다. 그러나 다른 한편 사회주의자들이 노동조합 그 자체를 대안으로 삼을 수는 없다. 왜냐하면 노동조합은 노동자들을 조직하지만 동시에 노동자 계급이 자신의 조직된 힘을 궁극적 목적을 위해 사용하는 것을 가로막는 역할도 하기 때문이다.

노동조합은 "자본의 잠식에 맞선 저항의 중심" 역할을 하지만 자본주의 생산관계 안에서 그렇게 한다. 이를 두고 마르크스는 "결과의 원인이 아니라 결과와 싸우는 것"이라고 했다. 노동조합으로 조직된 노동자 계급의 집단적 힘이 노동자 계급의 자기해방을 위해 사용되기 위해서는 노동조합이 설정한 한계를 뛰어넘어야 한다. 노동조합 관료주의는 이런 맥락에서 이해되어야 한다. 이 글은 아래로부터의 사회주의 관점에서, 그 무엇으로도 대체될 수 없는 **노동자 계급의 자기 행동**을 강조하는 글이 될 것이다.

노동자들의 전투성은 사라졌는가

최근 몇 년 동안 노동조합 투쟁이 위기에 **빠졌다**는 주장이 널리 퍼졌다.

분명히 이 나라 노동조합 운동에 어떤 변화가 있었던 것만큼은 사실이다. 이 글이 다루려 하는 커다란 주제 가운데 하나가 1987년 노동자 대투쟁 이후 노동조합에 어떤 변화가 있었는가 하는 것이지만, 이 내용은 노동조합의 위기에 대해 많은 사람들이 떠벌리는 주장들과는 차이가 있다. 이 차이를 분명히 하기 위해 노동조합이 겪은 변화를 살펴보기 전에 온갖 '위기론'에 대한 견해를 먼저 밝히는 것이 좋겠다.

노동조합 운동이 위기에 **빠졌다**는 것을 가장 과장되게 역설하고

자 하는 것은 지배자들이다. 그들은 자신들이 어떻게 노동조합 투사들을 잡아 가두고 고문과 린치, 공권력 투입 등으로 탄압해 왔는지는 절대 말하지 않는다. 어떻게 자신들이 의문사와 분노에 찬 분신 등으로 투사들을 죽음으로 몰고 갔는지도 말하지 않는다. 그들은 온갖 통계 수치를 이용하여 계급세력균형이 자신들에게 기울고 있다고, 이제 노동조합은 끝났다고 주장한다. 그들이 말하는 요지는 이제 노동자들은 파업에 관심이 없기 때문에 노동조합에서 우르르 몰려나가고 심지어 노동조합 투사들을 혐오한다는 것이다.

노동조합 투쟁이 후퇴했다는 주장은 지배자들뿐 아니라 좌익들에게서도 들을 수 있다. 그러나 가장 고통스럽게, 가장 자주 노동조합의 후퇴를 주장하는 사람들은 아마 노동조합 지도부들일 것이다. 그들에게서 흔히 들을 수 있는 말은, 노동자들 사이에 개인주의가 팽배해 있다는 것이다. 그들은 노동자들이 1987년처럼 노동조합에 적극적이지도 않고 투쟁을 하려고도 하지 않는다고 불만을 표시한다. 요즘 20대는 1980년대 후반에 노동조합 활동을 열심히 하던 20대와는 달리 집단으로 융화되지 않으며 개인적인 실리만을 추구한다는 것이다. 노동자들의 생활 수준이 나아진 것도 중요한 이유로 제시된다. '자동차를 가진 노동자들도 파업을 원하는가' 식의 주장은 너무나 자주 들을 수 있다. 어쨌든 이런 주장의 핵심은 노동조합이 겪는 문제의 원인이 평조합원들에게 있다는 것이다. 열심히 노동조합을 이끌려는 지도부와 이를 따라 주지 않는 변해 버린 노동자. 이것이 그들이 말하려 하는 요지이다.

우리는 노동조합이 겪고 있는 변화를 설명하려고 하지만 그것을 종종 노동자들의 전투성이나 힘의 약화와 동일시하는 것에 반대한다.

노동자들의 전투성이 떨어지고 있다는 것을 강조할 때 흔히 쓰이는 방식은, 노동조합 조직률이 줄어든 통계를 아무런 분석 없이 내미는 것이다. 실제로 1989년에 최고에 달했던 노동조합 조직률 19.8%는 1993년에 15.6%로 떨어졌다. 그러나 이 수치가 노동자들이 투쟁을 기피하고 노동조합에서 떠나고 있음을 보여 주는 것은 아니다.

노동조합원의 수가 줄어든 주요한 이유는 회사가 문을 닫았기 때문이다. 회사가 없어졌는데 노동조합원으로 남아 있을 수 없다는 것은 새삼스러울 게 없는 사실이다. 노동조합 조직률이 전반적으로 감소한 것은 주로 제조업 부문의 노동조합원 수가 줄어들었기 때문이다. 1992년부터 1994년 하반기까지 255개의 노동조합이 없어졌다. 종종 공장폐쇄는 노동자 조직이 돌이킬 수 없이 쇠퇴하고 있다거나 심지어 노동계급 자체가 사라지고 있다는 증거로 취급된다. 그러나 이것은 한 부문의 고용인 제조업 노동을 전체 노동계급과 일치시킴으로써 혼란을 부추기는 것이다. 노동계급은 생계를 위해 자신의 노동력을 팔 수밖에 없는 모든 사람들로 구성된다. 사적 부문과 공공 부문에서 서비스 산업 노동자들의 수가 늘어난 것은 노동계급의 소멸을 보여 주는 것이 아니라 산업구조가 재조정되고 있음을 보여 줄 따름이다. 오늘날 사무직 노동자들은 제조업 노동자들과 같은 노동 조건에 놓여 있고 더 형편없는 임금을 받는 경우도 있다.

1988년부터 1992년 사이에 제조업의 노동조합원 수는 6만 명이 줄어들었지만 금융, 전력, 통신, 체신, 관광 산업부문에서만 8만 명이 늘어났다. 그리고 올해 한국통신 노동자들이 증명해 주었듯이 전투적 노동조합주의는 비제조업 노동자들에게까지 확산되고 있다.

그러나 노동조합원 수의 감소를 모두 직장폐쇄 탓으로 돌릴 수는 없다. 많은 경우에 제조업에서 빠져 나온 노동력이 상점, 음식점, 주유소 등 다른 부문으로 흡수될 때 곧바로 조합으로 조직될 수 없는 조건도 감소의 요인으로 작용한다.

더 중요하게 짚고 넘어가야 할 것은, 노동조합이 노동조합원들이 원하는 것을 제대로 받아안지 못했다는 점이다. 노동자들은 자신이 직장에서 겪는 고통을 함께 해결하기 위해서 노동조합에 가입한다. 임금과 노동조건을 개선하는 것은 물론이고, 한 여성단체가 실시한 설문 통계가 보여 주는 것처럼 성희롱 등의 문제가 벌어졌을 때 노동조합이 자신을 지지하고 함께 싸우기를 바란다.

그러나 최근 회사측의 신경영 전략 때문에 노동강도가 높아지고 통제가 심해졌는데도 노동조합이 일상적인 저항을 조직하지 못하자 노동자들은 "노동조합이 이룬 일이 없지 않는가" 하고 불만을 토로한다. 만약 회사 내 집회에 참가했다는 이유로 관리자에게 불이익을 당했을 때 노동조합이 함께 싸워주지 않는다면, 노동자들은 노동조합에 가입할 때 품었던 희망을 유지할 수 없을 것이다.

대우 조선 노동조합원 박삼훈 씨가 남긴 유서에는 "집회도 마음대로 참석하지 못하게 하고 … ." 하는 구절이 있었다. 뿐만 아니라 올해 들어 이미 5백 명이 넘는 노동자들이 퇴사를 했다. 일을 견딜 수가 없었기 때문이다. 그러나 대우조선 노동조합이 작년말부터 실시하고 있는 '새로운 방법'은 과연 노동자들이 원하는 것인지 의구심을 갖게 한다. 대우조선 노동조합은 "일상적인 요구를 대변"한다는 취지로 거제도 내의 주유소, 수퍼, 술집 등에서 할인을 받을 수 있는 ID카드를 노동조합원들에게 발급해 주었다. 그러나 이런 서비스를 받기 위해 노동조합에 가입하는 노동자는 거의 없다. 아마도 서비스 제공 같은 무기를 더 잘 사용할 수 있는 쪽은 자본가들이 아닐까? 노동자들에게는 신용카드와 값싼 보험을 제공하고 "자동차 사고시 응급 처치 요령"을 교육하는 노동조합보다 임금과 노동조건을 개선하기 위해 함께 싸우는 노동조합이 더 필요하다.

노동조합이 쇠퇴하고 있다는 증거로 많이 사용되는 다른 통계는 파업건수이다. 파업건수가 1987~1989년에 비해 낮아진 것은 사실이다. 올해는 특히 1987년 이후 파업건수가 최고로 낮았다. 그러나 종종 이 통계 수치들은 노동자 계급의 저변에서 들끓고 있는 분노와 전투성을 무시한다. 파업통계에는 하루에 못 미치는 파업과 노동조합 지도부들의 공식적인 호소 없이 이루어지는 살쾡이 파업 등이 포함되어 있지 않다. 또 파업찬반 투표 결과는 찬성이었지만 노동조합 지도자들이 이를 수용하지 않은 경우도 빠져 있다.

예를 들어 서울지하철 노동조합은 6월 7~9일 쟁의행위에 대한 조합원 찬반 투표를 하여 77%라는 높은 찬성을 얻었다. 그러나 노동조합은 재투표도 치르지 않은 채 "선거에 부정적 영향을 주지 않기 위해" 모든 일정을 선거 이후로 넘긴다고 발표했다. 따라서 통계 수치들에는 노동자들의 분노와 기꺼이 싸우려 하는 분위기가 과소평가되어 있음을 간과해서는 안 된다.

노동부는 올해 노동조합 쟁의 발생 건수가 24% 줄었다고 발표했다. 그러나 올해 벌써 두 명의 노동자가 노동조건에 항의해 스스로 목숨을 끊었고 공공부문 노동자들은 처음으로 분노를 표출했다. 이것은 파업건수의 감소가 노동자들이 투쟁을 기피하고 있음을 나타내는 지표가 아니라는 것을 보여 준다.

노동계급은 약하지 않다. 노동자들이 이제 더 이상 전투적이지 않으며 개인주의에 젖어 있다는 말은 책임을 평조합원들에게 돌리는 것이다. 노동자들은 특히 노동강도의 강화 때문에 고통받고 있으며 여전히 노동조합을 통해 이 문제를 해결하고 싶어 한다. 노동조합 탈퇴가 줄을 잇고 있는 상황도 아니다. 그러나 노동조합은 조합원들이 원하는 바를 행동에 옮기고 있는가?

노동자들은 분노를 쌓고 있다. 노동계급은 여전히 강력하고 전투적이다. 진정한 문제는 어떻게 그 힘을 발휘할 수 있는가이다.

노동조합은 역사의 물결 속에서 작동한다

우리는 일반으로 노동조합의 성격을 말할 수 있다. 노동조합은 노동자들이 집단으로 일을 멈출 수 있는 힘을 효과적으로 조직한다. 동시에 노동조합은 근본적인 한계를 갖는다. 첫째, 노동조합은 각기 다른 노동조건을 개선하기 위해 협상하는 조직이기 때문에 자본주의 체제가 노동자들에게 부여하는 분리를 반영한다. 제조업 노동자와 사무직 노동자, 비숙련 노동자와 숙련 노동자, 실업자와 취업 노동자 사이의 분리를 뛰어넘지 못한다. 둘째, 노동조합은 착취 그 자체를 없애려고 노력하기보다 자본주의 체제의 틀 안에서 착취의 완화를 위해 노력한다. 이 두 가지 약점 때문에 노동조합은 정치와 경제 사이에 예리한 구분이 존재한다는 생각을 받아 들인다. 이런 생각은 노동자들이 자본주의 안에서 더 나은 대가를 요구하는 데에서 자본주의 체제 자체에 도전하는 데에로 나아가는 것을 막는다. 이것은 자본가와 노동자 계급 가운데 누가 승자가 될지를 결정하는 데에 중요한 역할을 한다.

그러나 노동조합의 일반적 성격을 말한다고 해서 노동조합의 성격을 고정 불변의 그 무엇으로 못박고자 하는 것은 아니다. 우리가 어떤 나라의 혹은 어떤 시기의 노동조합의 성격을 분석할 때는 언제나 구체적이어야 한다. 세상에는 많고도 다양한 노동조합이 있다. 사람들이 종종 착각하는 것과는 달리 노동조합의 성격은 그것이 작동하는 시기의 영향 아래 있다. 노동조합의 일반적 성격은 늘 똑같이 발현되지는 않는다. 어떤 시기에 노동조합은 아주 전투적이며 또 다른 어떤 시기에 노동조합은 아주 타협적이다. 중요한 것은 둘 다 노동조합의 근본적인 한계를 공유한다는 점이다. 마르크스주의자들은 노동조합의 성격을 전투적이냐 타협적이냐 하는 도덕적인 관점에서 파악하지 않는다. 노동조합의 특성은 자본주의에서 노동조합이 하는 역할에 의해 규정되기 때문이다.

전투성과 타협성 가운데 어느 하나만을 노동조합의 특성으로 여기는 사람은 결코 노동조합의 중요성과 한계를 둘 다 인식할 수 없다. 만약 타협만을 노동조합의 특성으로 여긴다면 그는 노동조합이 전투적으로 투쟁할 때는 노동조합의 한계를 까맣게 잊고 노동자 계급의 궁극적 목표를 이루기 위한 조직적 수단을 노동조합으로 대체하려 할 것이다. 다른 한편 전투성만을 노동조합의 특성으로 여긴다면 노동조합이 타협을 거듭할 때 '이제 노동조합은 한물 갔다', '저건 노동조합도 아니다' 하고 생각하여 노동조합의 중요성을 망각할 것이다. 사회주의자들은 이 두 가지 생각을 모두 경계해야 한다.

노동조합의 역사를 살펴보면 노동조합이 변화하는 역사의 물결에 따라 함께 변해 왔음을 알 수 있다. 마르크스가 시기에 따라 노동조합에 대해 서로 상반되는 듯한 주장을 펼친 것은 바로 이 때문이다. 마르크스와 엥겔스가 차티스트 운동 당시부터 1848년까지 노동조합에 대해 펼친 주장은 그로부터 20년 후의 주장과 사뭇 다르다.

그들은 초기 저작에서, 노동조합은 자본에 대한 조직적인 저항에서 시작해 자본가 권력에 대해 최종적인 공격을 하는 것으로 변화한다고 거듭거듭 주장했다. 《독일 이데올로기》에서도 "파업하는 노동자들이 소수일지라도 그들은 혁명적 방식으로 행동하지 않으면 안된다는 것을 깨닫게 된다."고 주장했다.

이런 주장은 차티즘 운동을 배경으로 하는 것이었다. 1839년 영국 의회가 차티스트들의 청원을 거부했을 때 차티스트들은 총파업을 주장했다. 그 해 11월에 광부들의 봉기가 일어났다. 1842년에 의회가 2차 청원을 거부하자 노동자들의 자생적 행동이 영국의 많은 산업 중심지에서 일어났다. 이것이 역사상 최초의 총파업이었다. 러시아에서 1905년에 파업이 일어나기 전까지 이 파업은 세계 어느 것보다 많은 노동자들이 참여한 파업이었다. 한 공장 노동자들은 다른 공장으로 행진해서 노동자들을 밖으로 불러냈다. 경제적 요구와 정치적 요구는 파업투쟁에서 한데 어울어졌다. 개별 직장에 한정된 일상적인 요구를 보통선거권 요구와 통일시켰다. 당시에 보통선거권 요구는 자본주의 사회에 대한 혁명적 도전을 의미했다. 1842년 한 재판관은 파업 노동자의 재판에서 이렇게 말했다. "재산이 없는 자들이 법을 만들 수 있는 힘을 가지고 있다면 그들은 필연코 재산을 가진 자들을 파멸시킬 것이다." 파업을 이끈 조직은 직업협의회였다. 노동자들은 직업과 단체를 통일시키기 위해 전국에서 직업협의회를 조직했다. 직업협의회는 파업위원회 이상의 역할을 했다. 치안을 담당하고 식량을 모아서 배분하며 대중집회를 열어서 지역의 모든 사람들이 파업의 과정을 결정하도록 했다.

이런 일들이 벌어진 지 20년 후에 마르크스와 엥겔스는 노동조합에 대한 전혀 다른 주장을 폈다. 이것은 노동조합 그 자체의 성격 변화를 반영하는 것이었다. 그들은 노동조합이 매우 협소한 시야를 지녔고 근시안적인 목적에 바탕을 두고 있으며 사회주의로의 행진을 가로막는 역할을 한다고 보았다. 1865년에 쓴 《임금, 가격 그리고 이윤》에서 그들은 노동조합 투쟁이 "그 결과와 싸우는 것이지 그 결과를 초래한 원인과 싸우는 것이 아님"을 강조했다. 1871년 제1인터내셔널 런던협의회에서 마르크스는 "대다수 노동자들은 소수의 노동귀족으로 이루어진 노동조합 외부에 있"으며 "가장 비참한 노동대중은 결코 노동조합에 들어오지 않는다."고 주장했다. 엥겔스도 "노동조합 운동은 진보의 수단이라기보다 전반적인 운동의 장애물이 되었다."고 주장했다. 이 당시 노동조합은 20년 전과는 완전히 다른 성격을 띠었다. 직업별 노동조합은 부르주아 사상을 받아들이는 노동조합 관료들에 의해 지배되었고 자유당이나 보수당을 지지했으며 자신의 이익을 위해 분파적 이익을 옹호했다.

영국의 노동조합 경험은 17세기말부터 시작된다. 웹 부부는 최초의 노동조합이 1720년에 만들어진 재단사 노동조합이라고 썼다. 영국에는 2세기에 걸쳐 노동조합이 존재해 온 것이다. 18세기에 영국의 노동조합은 지역 단체로 구성되어 있었다. 1850년 이후 등장하여 '새로운 모델'의 노동조합이라고 불린 직능별 노동조합은 차티즘 운동이 벌어졌던 1830년대 초반의 노동조합과는 달리 협소하고 보수적이었다.

노동계급 전체의 단결을 중요하게 여기는 차티즘 운동의 이상과 노동자 조직의 특성은 숙련 노동자들의 이익을 보호한다는 원칙으로 대체되었다. 직능별 노동조합은 1889년에 등장한 새로운 노동조합주의와 1910~1914년에 격렬해진 노동자들의 투쟁으로부터 도전을 받았다. 산업혁명의 격변과 경제적 불안정이 전투적 노동조합주의와 혁명적 정치를 부채질했기 때문이다. 그러나 19세기 중반의 경제적 부흥으로 이 운동은 다시 약화되었다. 노동조합의 성격 변화와 사회적 조건에는 긴밀한 연관이 있다. 호황 덕에 직능별 노동조합이 자리를 지킬 수 있었다. 이 노동조합은 골깊은 종파주의와 보수주의의 전통을 형성시켰고 미숙련 노동자와 여성 노동자들을 배제했다.

영국의 노동조합은 일상적 시기에 노동조합이 나타내는 특징의 전형을 보여 준다. 파업을 기피하는 것, 경제투쟁과 정치투쟁을 분리하는 것이 그것이다. 이 경향은 차티즘 운동이 쇠퇴할 때부터 나타났다. 1845년 동부노동조합 전국협의회는 "작업장 문제와 정치를 상황이 정당화시켜 주는 한 분리하여 독립적인 것으로 취급"하기로 결정했다. 1850년대부터 상근관료들이 등장하기 시작했고 이들에 의해 노동조합이 지배되었다. 노동조합 관료들은 1889년부터는 주로 임명되었고 1910~1914년 거대한 노동자투쟁이 벌어지면서 독자적인 집단으로 발전했다. 이들의 또 다른 특성은 국가에 편입하는 것이었다. 국가로의 편입은 국가가 위기에 몰렸을 때 절정에 달했다. 1926년 총파업이 패배한 이후 노동조합회의(TUC)는 계급협조 정책을 노골적으로 드러냈고 국가의 위기를 넘기는 데에 주도적인 역할을 했다.

영국의 경우가 일상적 시기에 나타나는 노동조합의 특성을 보여준다면 러시아의 경험은 혁명적 시기의 산물인 노동조합이 어떤 성격을 띠는지 보여 준다.

차르 통치 아래 러시아에서는 노동조합이 합법적으로 인정되지 않았다. 1901년 주바토프라는 경찰 총수가 노동자들을 통제할 목적으로 일종의 노동조합을 건설했다. 그러나 노동자들이 이 조직을 이용하여 자신의 요구를 내걸고 투쟁하자 곧 통제불능의 상태가 되었고 결국 그 조직은 2년만에 해산되었다. 1905년 혁명이 일어나기 전에 노동조합이라곤 1903년에 세워진 인쇄공 노동조합뿐이었다.

1905년 혁명이 일어나자 노동조합에 대한 제한된 합법화가 이루어졌다. 직장위원회, 공장위원회와 더불어 노동조합이 우후죽순처럼 생겨났다. 직장위원회인 '스타로스치'는 작업장에서 직접 선출되었으며 공장 안에 영향을 주는 모든 문제를 감독했다. 그러나 1905년 혁명 때에조차 전체 산업 노동자의 7% 정도만이 노동조합에 속해 있었다.

이 제한된 범위에서 만들어진 노동조합마저 1908~1909년 반동기 동안 모두 없어졌다. 1905년과 1917년 사이에 러시아에서는 노동조합이 부흥할 조건이 형성되지 않았다. 노동조합은 거의 존재하지 않다가 1917년 2월혁명 이후 드디어 급성장했다. 러시아의 노동조합은 혁명의 산물이었다. 1917년 10월에 페테르스부르크의 노동조합원 수는 39만 명이었는데 노동조합 조직률은 선진국들도 따라잡지 못할 세계 최고 수준이었다. 이 때 러시아 노동자들은 산업별 노동조합을 건설했고 조합원의 90% 이상이 산별노조의 구성원이었다.

영국에서 평조합원 조직(직장위원회)은 노동조합이 설립된 후 관료로부터 독립하여 싸우려는 평조합원들에 의해 만들어졌다. 그러나 러시아에서 스타로스치는 남한의 경우와 마찬가지로 업종이나 산업별 노동조합과 동시에 등장하거나 아니면 그보다 빨리 생겨났다. 뿐만 아니라 러시아의 노동조합들은 소비에트와 동시에 또는 그 뒤를 따라 등장했다. 소비에트는 "8시간 노동제와 총을"이라는 슬로건에서 표현되듯 노동자들의 경제적 요구뿐 아니라 정권에 대항한 정치적 투쟁도 조직했다. 소비에트는 스타로스치와는 달리 특정 부문의 노동자들만이 아니라 계급 전체를 단결시켰고 정치와 경제 사이의 장벽을 허물어뜨렸다.

혁명적 좌익의 영향력은 모든 노동자 조직에서 잘 나타났다. 여러 공장위원회들은 볼셰비키를 지지했다. 전체 노동조합 대표들 가운데 58%가 볼셰비키의 편이었다. 노동조합은 자본주의 체제 내에서 노동조건을 협상하는 법을 배우기도 전에 혁명의 물결에 뛰어든 것이다.

러시아혁명에서 노동조합 관료주의가 사회주의로 가는 길을 막을 정도의 힘을 발휘하지는 못했지만 그렇다고 완전히 존재하지 않았던 것은 아니다. 1917년 10월혁명 직전에 인쇄노동조합과 철도노동자협회, 우편·전화 노동조합은 볼셰비키에 저항했다. 혁명이 승리한 후에야, 차르 체제 아래서 14년의 역사를 가진 인쇄공 노동조합의 관료주의는 비로소 분쇄되었다.

레닌이 노동조합이 만개할 수 없는 상황에서조차 노동조합 의식과 혁명적 의식 사이의 커다란 간극을 강조했던 것은 완전히 옳았다. 그는 혁명정당의 개입없이 노동자들은 개별 자본가들에 대항하는 투쟁과 체제에 대항하는 투쟁 사이에 있는 심연을 건널 수 없다고 주장했다.

남한에 노동조합 관료층은 형성되었나

영국과 러시아의 경험에서 일상적 시기와 혁명적 시기에 노동조합이 어떻게 작동하는지 살펴본 것을 바탕으로 이제 남한 노동조합에 어떤 변화가 있었는지 볼 차례이다.

남한에서 1987~1989년 대중파업은 로자 룩셈부르크가 표현했듯이 "노동자 운동의 다채로운 그림"이었으며 이를 통해 직장위원회

(평조합원조직)*가 우후죽순처럼 탄생했다. 러시아의 스타로스치처럼 남한의 직장위원회들은 노동자 계급의 반란의 산물이었다. 이 조직들은 평조합원들의 아래로부터의 주도권이 발현되었으며 자신감으로 충만했다. 민주주의 투쟁의 확산과 호황이라는 조건에서 노동자들은 스스로 싸워서 노동조건 개선과 임금인상을 쟁취할 자신감을 가지고 있었던 것이다.

1987년 6월에 불과 2742 개였던 직장노조(직장위원회)의 수는 1989년에 7883 개로 늘어난다. 같은 시기에 업종·산별 연맹 수는 16개에서 21 개로 늘었다. 1989년말을 기준으로 전체 노동조합 가운데 60% 정도가 신규 노동조합이었다. 이 시기에 늘어난 직장위원회는 대체로 한국노총으로부터 독립적으로 행동했다. 노동자들은 한국노총이라는 국가 공인 어용 노동조합으로부터 독립적으로 직장에서 '민주노조'를 건설하거나 황색노조를 민주화시킨 것이다.

이 직장위원회들은 한국노총 외부에서 독립적으로 활동하면서 그 스스로 노총과는 별도의 업종·산별 노동조합을 지향했다. 직장위원회의 전국조직인 전노협은 1990년 창립선언문에서 이를 분명히 했다. "기업별 노동조합체계를 타파하고 자주적인 산별노조의 전국중앙조직을 건설하기 위해 총매진할 것이다."

서구에서 평조합원조직들은 업종·산업별 노동조합 관료로부터 독립적으로 작업장에 기반하여 만들어지며 자신의 지향점을 새로운

---

* 평조합원조직은 노동조합 관료로부터 독립적으로 건설되는 단위 작업장 조직을 말한다. 평조합원조직은 작업장에 기반한다는 점과 평조합원들이 비전임 대표자들을 직접 통제한다는 점에서 업종 차원 이상의 노동조합과 다르다.

노동조합 건설에 두지 않는다. 그런데 이 나라에서는 직장위원회가 먼저 만들어졌고 지금까지 업종·산업별 노동조합을 건설하기 위한 분화 과정을 밟고 있는 중이다. 남아프리카 공화국도 이와 비슷한 과정을 거쳐 남아프리카노동조합회의(COSATU)를 건설했다.

우리는 1987년 당시 노동자들의 아래로부터의 주도권이 충만했던 직장위원회 지도부를 노동조합 관료주의라고 비판하지 않는다. 우리가 살펴야 할 것은 1989년 이후 '민주노조'에서 무슨 변화가 일어났는가이다. 앞에서 말했듯이 노동조합의 성격은 고정불변하는 것이 아니라 사회적 변동에 따라 변화한다.

평조합원조직들은 노동조합 건설이라는 지향점을 향해 움직여 왔다. 러시아에서 1905년 혁명기 동안 등장했던 직장위원회들이 반동기 때 사라진 반면, 이 나라 직장위원회들과 직장위원회 지역·전국조직은 1987~1989년 대중파업의 물결이 가라앉고 다시 계급세력이 팽팽한 상태로 돌아선 다음에도 합법 혹은 법외노조로 스스로를 유지할 수 있었다. 이 시기 동안 비록 수많은 탄압을 받았을지라도 직장위원회들은 업종·지역 노동조합에 소속되거나 그 스스로 일상적 시기에 노동조합이 하는 역할을 담당하는 것으로 안착되었다. 다시 말하면 지난 8 년 동안 '민주노조'는 자본주의 체제 내에서 노동조건을 개선하기 위한 역할을 해 왔다.

이 과정에서 노동조합은 체제에 익숙해질 수밖에 없다. 노동조합의 목표가 자본주의적 착취를 근절하는 데 있기보다는 착취의 결과와 싸우는 것인 한, 계급세력 관계가 노동자들에게 불리할 때 노동조합이 타협하는 것은 불가피하다. 누군가 이런 타협을 위해 협상에 나가야 한다. 그는 조만간 노동조합 일을 전업으로 하는 상근자가 되고 고용주와 교섭을 하는 데에 더 많은 시간을 들이게 된다. 전임 상근자의 정치적 신조가 무엇이든 간에 그는 자신이 대변하는 조합원들로부터 점점 더 멀어지게 된다. 그는 더 이상 지저분하고 위험한 작업환경으로부터, 작업반장과의 직접적인 충돌로부터 멀어진다. 전임 상근자가 다른 조합원들보다 비록 많은 임금을 받지 못할지라도 그의 소득은 자본주의적 생산의 부침에 영향을 받지 않는다.

노동조합 관료층의 형성은 노동조합주의의 본성에서 비롯한다. 노동조건을 개선하기 위한 중개자 역할은 자본주의를 철폐하지 않고도, 자본에 일격을 가하지 않고도 임금 인상을 확보할 수 있다는 생각에 바탕하고 있다. 그는 협상과 타협을 노동조합의 본업이라고 여기게 된다. 투쟁은 교섭과정을 뒤흔드는 골치아픈 일로 느껴진다. 몇 년 전부터 "이제는 임금인상투쟁 중심의 노동조합 활동으로는 노동조합의 단결력을 지켜내기 어렵다."는 노동조합 지도부들의 주장을 흔히 들을 수 있다.

1993년말을 기준으로 노동조합의 수는 7147 개이고 조합원 수는 166만 7천 명이다. 전임 상근자가 있는 노동조합 수는 4577개이고, 이 가운데 회사가 임금을 지불하는 전임상근자가 있는 노동조합은 3705 개이다. 한국노동연구원의 통계에 의하면 노동조합 전임자 수는 조합원 219 명당 1 명이라고 하니 전국적으로 7600여 명 정도일 것이다. 한국통신 노동조합에만도 전임상근자가 87명이나 된다.

로자 룩셈부르크는 "정규적인 노동조합 전임제의 도입"으로 인한 정치적 효과를 이렇게 서술하였다.

노동조합 지도자들의 전업화, 그리고 평화적인 시기에 별개의 분리된 경제투쟁들과 결부된, 자연적으로 제한된 경계는 너무나도 쉽사리 관료주의와 시야의 협소함을 가져온다. 그러나 두 측면 모두 노동조합 운동의 장래에 궁극적으로 치명적일 수 있는 일련의 경향들로 표출된다. 무엇보다도 조직에 대해 과도한 가치를 부여하는 일이 일어나는데 여기에서 조직은 수단에서 점점 더 목적 자체로 바뀌게 되었고, 투쟁의 이익이 그것에 종속되어야 하는 귀중한 것으로 변화되었다. 이로부터 또한 큰 위험부담을 기피하여, 평화에 대한 필요성을 공공연하게 인정하는 현상이 나타나고, 노동조합적 투쟁방법과 그 전망 및 성공에 과도한 가치 부여가 나타나게 된다.

물론 노동조합의 크기에 따라 전임상근자의 수는 일률적이지 않고, 상근비도 적고 선출되며 임기도 짧은 경우가 대부분이지만, 노동조합 일만을 전담하는 분업이 이루어졌다는 점은 분명한 사실이다. 상급단체일수록 이런 특성은 분명히 나타난다. 민주노총 준비위 운영위원들은 평균 노동운동 경력 8년 동안 대개 지도부의 위치를 지킨 사람들이다. 그 가운데는 현장을 떠난 지 8~9년이 되는 사람도 있다.

이런 사실들은 1987년 이후 노동조합 관료의 역할 즉, 노동자들의 일상적 노동조건을 개선하기 위한 중재자 역할이 이 나라에서도 자리잡고 있음을 보여 주는 것이다. 물론 정부가 전노협, 전노대, 민주노총 준비위 등을 합법화하지는 않았다. 그러나 직장위원회(직장노조)들은 협상권을 가지고 있었으며 지역이나 전국 범위의 법외노조들은 직장 차원의 협상과 투쟁에 음으로 양으로 참여했다. 전국적인 초점으로 떠오르는 투쟁이 벌어질 때 전노대나 민주노총 준비위 같은 전국조직은 정부와의 대화 통로를 어느 정도 가지고 있다는 것을 부인하지 않았다. 비록 남한의 노동조합 상근 전임자 즉 노동조합 관료들이 아직 안정적인 지위를 획득하지 못했고 해고와 구속의 위협 속에서 활동을 해 왔다 하더라도 그들은 노동의 규율에 얽매여 있는 노동자들과 더 이상 같은 처지는 아니다.

1987년 이후 부르주아 민주주의로의 완만한 이행이 강제되는 상황이기는 했으나 노동조합을 인정하고 관료들을 체제 내로 흡수하는 부르주아 민주주의로의 이행은 아직 이루어지지 않았다. 그러나 남한 국가가 노동조합 관료들을 인정하고 그 정치적 표현인 사회민주주의 정당을 허용하지 않았음에도 불구하고 이러한 지향은 1990년 이후 발전하기 시작했다. 1990년대 초반 노동조합 운동이 나아갈 길을 둘러싸고 진행되었던 논의들은 이것을 반영하는 것이었다. 1991년말 현대자동차 성과금 배분 투쟁을 기점으로 노동운동의 위기론이 대두되었고 타협과 협상을 강조하는 새로운 노동조합주의의 목소리가 굵어지기 시작했다. 두 가지 사례만 들어 보겠다.

먼저 현대중공업 128 일 투쟁을 이끌었던 이원건 씨이다. 그는 1991년 현대중공업 노동조합 위원장 선거에 출마했다. 128 일 투쟁 이후 1 년 6 개월의 실형을 살고 출소한 뒤 이원건 씨는 "노동운동의 제도 정치권 진입을 강력히 주장"했다. 전처럼 힘으로 밀어붙여서는

---

* '노동운동의 메카, 울산의 고민', 《말》, 1992. 7.

안 된다는 것이었다. 이런 주장에도 불구하고 현대중공업 노동자들은 128일의 영웅을 선택했다. 현대중공업 노동조합 위원장에 당선되고 현총련 의장이 된 그는 소감을 밝히는 자리에서 '비폭력 선언'을 했다. 결국 현총련은 현대자동차가 투쟁하고 있는 동안 움직여 주지 않았다. 또 현총련 의장단은 현총련 신문에 국민당을 비판하는 기사가 실리자 그 신문이 의장단 명의로 나오는 것을 반대했고 결국 선전부회 이름으로 발간된 일도 있었다. 결정적으로 이원건 씨는 현총련 출범식에서 발표하기로 되어 있었던 총액임금제 분쇄 결의 성명을 "의장의 직권"으로 뺐다.

1990년 이후 빈번히 문제가 되었던 직권조인은 노동조합 민주주의를 위협하는 것이었다. 노동조합 위원장들의 직권조인은 주로 '타협도 할 줄 알아야 한다'는 주장과 함께 이루어지곤 했다. 지하철 노동조합 위원장이었던 강진도 씨가 대표적인 경우이다. 1992년 지하철 노동조합의 평조합원들은 '시민의 발을 볼모로 한다'는 온갖 공세에도 불구하고 총액임금제에 분노하여 파업을 결의했다. 그런데 강진도 위원장은 파업에 들어가기 직전 총액 임금 5% 인상안에 위원장 직권으로 합의했다. 그는 직권조인 후 다음과 같이 소감을 밝혔다. "파업만이 능사가 아니며 … 노동운동의 새로운 지평을 열겠다"

"최대한 파업을 안 하고 따낼 수 있는 방법이 있다면 그런 방식으로 가야 한다", "이제는 임금인상투쟁 중심의 노동조합 활동으로는

---

* '노동조합 운동 신노선의 네 가지 쟁점', 《말》, 1992. 10.

** '나는 반드시 그 길로 가야 한다', 《말》, 1994. 3.

노동조합의 단결력을 지키기 어렵다."는 주장을 요즘은 흔히 들을 수 있게 되었다. 앞의 것은 조선노협 의장이었던 최은석 씨의 말이고, 뒤의 것은 현대중공업의 한 간부의 말이다.

이런 사례는 이제 더 이상 개별적인 현상도 아니고 개인들의 도덕성 문제도 아니다. 이런 현상은 김영삼 정부가 들어선 이후에 더 일반적인 것이 되었다. 이것을 단지 사상의 문제로 취급한다면 '기회주의'니 '개량주의'니 하는 식의 도덕적 비난만 퍼붓게 될 것이다. 이것은 물질적 토대에 바탕을 두고 있는 현상이다. 그 사회적 토대는 계급투쟁을 자본주의 생산관계 내에서 노동자들의 지위를 개선하는 것에만 한정시키는 데에 이해관계를 갖는 사회계층 즉 노동조합 관료이다.

물론 이 나라에서 노동조합 관료주의는 안정적이지 않다. 아래로부터 평조합원들의 참여가 활발하고 정부로부터의 탄압이 강력하기 때문에 노동조합 관료들이 기동할 수 있는 여지는 협소하다. 특히 이 나라의 노동조합 관료들은 노동자들로부터 큰 압력을 받는다. 현대그룹 신익현 전무의 말은 이런 사정을 잘 표현해 준다. "노선이나 성향을 떠나 이갑용 위원장의 지도력을 믿고 올해 노사관계가 안정될 수 있을 것이라는 희망을 가졌다. … 그러나 … 노동조합 안에서 전권을 쥐고 있지 못하는 노동조합 위원장을 어떻게 믿고 교섭에 나서겠느냐." 그가 말하는 지도력이란 노동자들을 완전히 통제할

---

* '최소의 파업손실과 최고의 임금인상이 빚어낸 역함수관계', 《길》, 1995. 9, 147쪽.

** '파업전야, 현대중공업 노조의 신사고', 《말》, 1994. 7, 181쪽.

수 있는 힘일 것이다.

노동조합 관료가 전권을 행사하지 못하게 견제하는 구실을 하기 위해 노동조합 민주주의는 아주 중요하다. 1987년 직후에는, 사측과의 협상은 반드시 사업장 안에서 하고 그 동안 노동자들이 집회를 하는 것이 예사였다. 대표자는 노동자들의 노랫소리, 구호소리를 들으며 협상을 하고 곧바로 평조합원들에게 결과를 발표해야 했다. 1990년 이후엔 1987년에 비해 노동조합 민주주의가 약화되었다. 노동자들이 퇴근한 후에 그것도 사업장을 벗어나서 이루어지는 협상도 많고, 이 과정에서 직권조인이 이루어지기도 한다.

올해 한국통신 노동조합이 유덕상 위원장에게 파업 여부를 일임한 것은, 평조합원들이 노동조합 지도부를 견제하는 길을 차단한 것이나 마찬가지이다. 노동조합의 의사결정과 권한이 노동조합 지도부에게 위임되는 것은 노동조합 관료주의를 공고화하는 토대가 된다. 이것은 결국 7월 30일에 평조합원들의 의사를 무시한 채 "단체행동을 중단한다"는 유덕상 위원장의 선언으로 투쟁이 중단된 것을 보면 확연히 드러났다. 우리가 이미 지적했듯이 "폴란드 연대노조에서 바웬사가 협력주의 정책을 진행하기 위해서 처음으로 한 노력이 '독재적 권한'을 요구하는 것이었음은 남한 민주노조 운동에 시사하는 바가 크다."

남한에서 노동조합 관료층의 형성은 계급세력 균형이 팽팽한 상태

---

* '87년 이후 민주노조 운동의 교훈과 민주노총', 《사회주의 평론 1》, 1995. 1·2월호, 32쪽.

로 접어든 1990년 이후에 진행되었고 볼 수 있다. 노동조합 관료층은 위에 지적한 것과 더불어 다음과 같은 조건에서 형성될 수 있었다.

첫째, 1987~1989년까지 조합원 수의 급속한 팽창이다. 뿐만 아니라 지난 3년 간 한국노총을 탈퇴한 136개 노동조합 가운데 많은 수가 결합하여 민주노총 준비위가 양적으로 급속히 확대되었다.

둘째, 거대한 노동조합의 형성을 가져오는 노동조합의 통합과정이다. 이미 1987년부터 몇십 개의 단위 노동조합을 산하에 두는 사무금융노련, 언론노련, 병원노련 등 업종·산별 노동조합이 건설되기 시작했다. 이 조직은 김영삼 정부가 등장한 이후에 합법화되었다. 1990년에는 상급단체들이 만들어졌는데 직장위원회의 전국조직이라고 할 수 있는 전노협, 상급단체인 산별연맹(업종 노동조합)으로 구성된 업종회의, 그리고 거대기업 계열사 노동조합의 연합이 건설되었다.

노동조합 통합 과정은 1994년부터 업종별 노동조합 건설로 더욱 본격화되었다. 1994년에는 6개 노동조합 3만 7천 조합원으로 구성된 조선노협과 1만 4천 조합원으로 구성된 전국지하철노동조합협의회 같은 거대 노동조합들이 형성되었다. 같은 해 4월에는 전문노련 산하 14개 정부출연기관 노동조합들이 단위 노동조합을 해산하여 산별 단일 노동조합인 전국과학기술노동조합을 만들기도 했다.

셋째, 아직 일반적인 추세는 아니지만 앞으로 전국적 단체 교섭도 한 요인이 될 것이다. 올해 5개 산별 연맹에서 공동교섭이 추진되었다. '통일교섭'을 한 곳은 과학기술 노동조합밖에 없지만 '대각선 교섭' 등의 방식으로 전국적 단체교섭이 추진되고 있다.

대각선 교섭을 진행한 병원노련의 한 간부는 이렇게 말했다. "대각선 교섭을 하려니까 몸이 열개라도 모자라요. 정확한 논리로 교섭을 이끌어갈 수 있는 간부는 몇 명 없는데 전국의 노동조합을 여기저기 뛰어다녀야 하니까 기업별 교섭보다 훨씬 더 많은 사람이 필요하더라구요." 이것은 공동교섭을 위해서는 노동조건을 개선하기 위해 협상하는 더욱 전문적인 중개인이 필요함을 뜻한다. 전국적 단체교섭이 진전되면 안정적인 사무체계를 갖추고 협상만을 전문으로 하는 관료층이 더욱 공고하게 형성될 것이다.

노동조합 관료주의의 특성

한 노동조합 간부는 자신의 처지를 이렇게 표현했다.

"노동조합 간부요? 샌드위치지요. 위로는 사장·경찰 쳐다보고, 밑으로는 노조원들 쳐다보는 게 간부 아닙니까?"*

그가 잘 표현했듯이 노동조합 관료는 고용주와 노동자들 사이의 조정자이다. 이들은 자본과 노동 사이의 협상, 타협 그리고 화해를 도모한다. 이것은 개인적 품성의 문제가 아니다. 관료주의는 자본주의 생산관계와 그 안에서 노동조합이 하는 역할과 관련지어 분석해

---

* 《길》, 1995. 6, 150쪽.

** '노동자 정치세력화, 도전과 가능성', 《말》, 1994. 6, 179쪽.

야 한다. 관료의 역할은 노동조합의 협소한 경제주의, 부문주의에 뿌리를 두고 있다.

노동조합은 노동자들을 단결시키기도 하고 분열시키기도 한다. 이론적으로 노동조합주의가 획득할 수 있는 최대한의 단결은 노동자계급 전체를 포괄하는 하나의 거대한 노동조합일 것이다. 그러나 많은 사람들이 꿈꿔왔던 이 이상은 결코 실현될 수 없다. 왜냐하면 노동조합이 부문주의에 기초하기 때문이다. 다양한 산업에서 노동자들은 다양한 노동조건과 임금조건에서 일하기 때문에 노동조합은 노동자들을 특정한 집단으로 단결시키지만 동시에 각각의 집단을 다른 집단과 분리시킨다. 아무리 연대를 강조한다고 할지라도 노동조합주의에 기초해서는 계급 전체의 단결을 도모할 수 없다.

노동조합 관료는 평조합원과 다른 이해관계를 갖는 보수적인 사회계층이다. 노동자 계급의 궁극적인 목표는 부르주아 국가를 파괴하고 스스로 권력을 장악하는 것인 반면 노동조합 관료는 노동조합의 존재 이유인 자본주의 체제의 유지에 이해관계를 갖기 때문이다. 노동조합 관료는 자본과 노동 사이에 위치하는 존재이지만 전통적인 중간계급과 동일하게 취급해서는 안 된다. 그들은 전통적인 중간계급과는 달리 노동자들과 조직적인 연관을 맺고 있다.

그래서 노동조합 관료주의는 투쟁이 노동조합의 존립을 위협할 정도로 나아가지 않도록 고용주나 정부와 협상한다. 다른 한편 노동자들의 불만을 나타내는 데에 완전히 실패해서도 안 된다. 만약 그렇게 되면 노동자들이 노동조합 지도부를 신뢰하지 않고 지도력에 도전할 것이기 때문이다. 이 두 가지를 다 충족시키는 것은 결코 쉬운 일이 아니다. 노동조합 관료가 아슬아슬한 줄타기를 해야 하는 이유는 바로 이 때문이다.

유덕상 씨는 한국통신 노동조합 투쟁을 중단할 것을 선언하면서 그 이유를 이렇게 밝혔다. "현 상황에서 파업이 강행될 경우 적극적으로 따를 지부가 3분의 1이 안 되고 정부의 무차별 강공탄압으로 340명의 전 지부장이 연행된다면 조직적인 손실이 너무 크기 때문이다." 결국 한국통신 지도부는 노동조합의 존립을 위협할지도 모를 투쟁을 피하는 쪽을 택한 것이다.

노동조합 관료들이 극단적인 투쟁을 필요로 하지 않는 '현실적'인 요구안을 강조하는 것도 이런 맥락에서 이해할 수 있다. 그러나 '현실적'인 요구안들은 종종 평조합원들의 바람과 너무 거리가 멀다. 올해 민주노총 준비위가 서울 중심가에 있는 사무실에서 산출한 임금인상률은 현장(직장) 노동자들의 요구와 차이가 있었다.

노동조합이 노동자들의 요구를 수용하지 못했을 때 평조합원들은 불만을 터뜨린다. 한국통신 노동조합의 한 지부장은 "지도지침과 정책결정 과정이 일부 세력에 편중되고 지부장 등이 배제된 상황이 계속된 것에 대해서는 반감이 없을 수 없다."고 말했다. 민주노총 준비위가 제시한 임금인상률에 대해서도 노동자들은 실망을 표했다.

노동조합 지도부들의 동요에 대해 영국의 국제사회주의자 토니 클리프는 이렇게 말했다.

---

* '한국통신이 남긴 것', 《사람과 일터》, 1995. 9, 99쪽.

노동조합 관료는 개량주의적이며 또한 비겁하다. 그들의 무능하고 한심한 처지는 바로 여기에서 오는 것이다. 그들은 개량을 꿈꾸지만 그러나 국가(국가는 개량을 내주기를 거부할 뿐만 아니라 심지어 이미 내준 것들조차 철회한다)와 본격적으로 협상하는 것을 두려워하며, 유일하게 개량을 가져다 줄 수 있는 평조합원 투쟁도 또한 두려워 한다.

노동조합 관료들은 평조합원 사이에서도 줄타기를 한다. 노동조합 관료들은 종종 노동조합원 가운데 수동적이고 무관심한 부분에 의존함으로써 활동적이고 선진적인 부분을 가로막는다. 말로는 선진적인 노동자들에게 동의를 표하지만 항상 후진적인 노동자들의 견해를 알리바이 삼아 선진 노동자들을 저지하는 행동을 한다.

이것은 노동조합 지도부들이 전국에서 통일된 행동을 조직하지 못하는 것을 기업별 노동조합 체계 때문이라고 둘러 대 면죄부를 받아 왔던 것과도 비슷하다. 연대투쟁이 조직되지 못하는 것을 민주노총 준비위의 느슨한 조직구조 탓으로 돌리는 것도 잘못이다. 오히려 민주노총 준비위의 호소가 단위직장노조(직장위원회)에서 좌절되는 것도 관료주의 특성의 일부이다. 각 업종 또는 산업의 노동조건을 협상하는 노동조합 관료들이 단일한 목표 아래 행동하는 것 자체가 어렵기 때문이다.

노동조합 관료들은 자본과 노동 사이에서 줄타기를 하지만 모든 노동조합 관료들이 똑같이 행동하는 것은 아니다. 국가나 평조합원으로부터 나오는 압력이 항상 똑같지 않기 때문이다. 노동조합에 가해지는 내외적 압력은 항상 변하고, 국가에 따라 또 산업이나 업종에 따라 서로 다르다. 만약 두 압력이 모두 강하다면 노동조합 관료는 샌드위치 꼴이 될 것이다. 다른 한편 두 압력이 모두 약하다면 관료들은 보다 많은 자율권을 갖게 될 것이다.

1990년 이후 남한의 노동조합 운동은 계급투쟁의 고양기를 벗어나 상대적인 침체감을 맛보았다. 평조합원들로부터 오는 압력도 1987년에 비해 상대적으로 줄어 들었다. 계급 투쟁이 고양되지 않을 때 노동조합은 연대하기 어렵다. 이런 상황이 몇 년만 지속되면 관료주의는 빠르게 발전할 수 있다. 올해도 노동조합 지도부를 사이에 둔 계급투쟁의 압력은 그리 크지 않았다. 불안정하나마 호황이었기 때문에 노동자들은 결사적으로 싸우지 않더라도 불만을 해소할 수 있다는 생각을 받아들였다. 따라서 올해 노동조합 지도자들에게 기동의 여지가 약간 있었다고 할 수 있다.

올해 노동조합 투쟁에서 나타난 노동조합 관료주의의 가장 커다란 특징은 노동조합 지도자들이 **평조합원의 힘을 동원하려 하지 않았다**는 것이다.

올초까지만 해도 "제3자개입 선언"이 잇따르고 "작년과는 다를 것"이라는 전투적인 발언이 많았기 때문에 노동자들은 민주노총 준비위에 대한 기대를 한껏 품었다. 그러나 현대자동차에 대한 탄압과 민주노총 간부들에 대한 검거령이 떨어지자 주요 지도자들은 아예 올 투쟁에 승산이 없다는 것을 전제하기 시작했다. 이 때부터 노동조합 지도부의 투쟁 전술은 '대결 회피'였다. 한국통신 노동조합 지도부는 스스로 열흘 동안 냉각기간을 갖겠다고 한걸음 물러났다.

그러나 노동조합 지도부들의 패배주의는 전혀 근거없는 것이었다.

2월말 사북·고한 광부 투쟁의 승리, "제3자개입 선언"에서 드러난 대중의 자신감, 정부가 선거 무기 연기를 꾀했을 만큼 분명했던 민심의 이반, 파업찬반 투표에서 표출된 노동자 대중의 투지 등 모든 것이 계급세력이 호각지세인 상황을 보여 주었다.

그런데도 노동조합 관료와 개량주의 좌익들이 올해 노동자 투쟁을 평가하면서 "자제와 유연함"에 대해 극찬을 보낸 것은, 앞으로 이런 식의 대응을 의식적으로 계속 밀고 나가려고 하는 것이 아닌가 하는 의구심을 들게 한다. 그러나 아직 정부와 사장들이 노동조합 관료들의 노동운동 단속 의지와 능력을 충분히 신뢰하지 못하는 상태에서 "자제와 유연함"은 고착되기 어려울 것이다. 어쨌든 노동조합 관료들이 '대결 회피' 전술을 밀고 나간다면 그것은 자멸의 길이 될 것이다. 자기의 힘을 사용하지 않고 버틸 장사가 어디 있는가?

지적해야 할 또 다른 특징은 여론 추수와 명망 추구이다. 다른 말로 하면 여론과 명망에 굴복하는 것이다.

이것은 노동조합 관료의 중간계급적 성격에서 비롯하는데, 이들은 중간계급 지식인 주도의 여론과 이들이 가하는 명망의 압력에 종속되곤 한다. 노동조합 관료들은 여론이 자신에게 등을 돌리는 것을 무척 괴로워한다. 민조노총 준비위 공동대표인 권용목 씨는 1993년 현총련 투쟁을 이렇게 회고한다. "절박했는데, 그래서 견디고 지켰는데, 사회적 여론은 차갑게 돌아서 있는 겁니다."**

---

* 앞에 인용된 현대 그룹 신익현 상무의 말을 떠올려 보시오.

** '사회개혁투쟁으로 기업별 노조의 한계를 돌파하겠다', 《사람과 일터》, 1995. 4,

여론이 요구하는 바에 자신을 맞추어 나가려고 하면, 당연히 투쟁은 여론을 돌아서게 하는 원인으로 치부될 것이다. 파업투쟁이 선거에 악영향을 미칠 것이라는 생각도 마찬가지이다. 민주노총 준비위가 당면 과제로 제시한 '사회대개혁투쟁' 역시 전국적인 규모로 조직되는 대중행동보다 여론화에 의존했던 것은 관료주의의 이런 특성 때문이다.

사회주의자들의 노동조합 전술

이 나라에서 노동조합 관료주의를 비판하는 좌익들은 극소수이다. 그러나 이들의 비판 방식은 온건한 관료에 대해 도덕적 비난을 퍼붓는 식이다. 이들은 노동조합 관료주의의 사회적 토대를 이해하지 못한다. 그러므로 이들은 '밖에서 비난'하는 초좌익적 태도를 취한다.

좌익 가운데 더 많은 부류는 노동조합 관료주의를 인정하지 않는다. 이런 주장이 《국제사회주의》 4호에 실리고 논쟁된 적이 있었다. 우리는 서로 연결된 네 가지 정도의 이유로 이 주장이 틀렸다고 생각한다.

첫째, 이들의 머리 속에 떠오르는 노동조합 관료는 서구의 양복입은 신사들뿐이다. 이들은 노동조합의 성격이 변화하는 역사의 물결

102쪽.

에 따라 변한다는 것을 이해하지 못하므로 '싸우는 관료'를 상상하지 못한다. 전투적일 뿐 아니라 권위주의 국가의 탄압으로 구속, 수배, 납치, 테러의 위협을 견디며 활동하는 노동조합 지도자들을 어떻게 노동조합 관료라고 할 수 있느냐는 것이 그들의 항변이다.

물론 국제사회주의자들도 노동조합 지도부들의 투지를 높이 산다. 그러나 노동조합 관료라는 말에서 반감부터 느끼는 것 자체가 노동조합 관료주의의 사회적 토대를 이해하지 못하는 것이다. 노동조합 관료주의는 전투성 여부와 직결되지 않는다. 구속, 수배, 테러의 위협 속에서 활동했던 폴란드 연대노조 지도자 바웬사가 대통령이 되는 데에는 불과 10년밖에 안 걸렸다. 스페인 노동조합 지도자 까마쵸는 감옥 안에서도 서구의 노동조합 관료들과 똑같이 행동했다.

전투성은 본질적인 것이 아니다. 노동조합 관료주의의 핵심은 노동자 투쟁이 노동조합을 넘어서 체제에 저항하는 데에까지 나아가지 못하게 하는 데 있다. 종종 노동조합 관료의 전투성은 노동자들을 통제하는 데에 유리하게 작용하기도 한다. 대부분 노동조합 관료들은 전투적인 투쟁 경력을 가지고 있다. 김영대 씨는 청계피복 노동조합 투쟁의 살아 있는 신화이고, 권용목 씨는 1987년 현대 노동자 투쟁을 이끈 작은 거인으로 알려져 있다. 또 민주노총 준비위 운영위원 15명 가운데 7명은 노동조합 활동을 하다 감옥에 갔다온 경험이 있다. 서구에서 우파 노동조합 관료의 대명사로 알려져 있는 어네스트 베빈조차 1920~1930년대 가장 전투적인 좌익 가운데 하나였다.

둘째, 권위주의 국가에서는 노동조합 관료주의가 형성되지 않는다는 것이다. 이 주장은 노동조합 관료주의가 자본주의 체제에서 노동조합이 하는 역할에 의해 규정되는 것이 아니라 국가 성격에 의해 규정된다고 본다. 이것은 권위주의 탄압에 이론상 특별한 지위를 부여한 나머지 권위주의 아래 노동조합을 혁명적 조직으로 탈바꿈시킬 수 있다고 착각하는 것이다. 또 이들은 노동자 투쟁이 전진하지 못하는 이유를 언제나 국가 탄압 때문이라고 생각하므로 이를 폭로하는 정치선동에 의존하려 한다.

물론 권위주의 체제에서 경제투쟁이 정치투쟁으로 더 쉽게 전화될 수 있는 것은 사실이다. 그러나 이 가능성을 현실성으로 전환시킬 수 있는 주체는 노동조합이 아니라 혁명정당이다.

셋째, 이들이 주장하듯 노동조합이 생래적으로 체제 내 개량을 추구하는 조직이 아니라면 왜 일상적으로 타협과 협상이 일어날까? 이를 해명하기 위해 그들은 '정치 좌익으로부터 노동조합에 유입된' 민중주의, 노동자주의를 문제삼는다. 노동조합 관료주의를 단지 사상의 문제로 치부하는 것이다. 이것의 실천적 결론은 노동조합으로서 불가피한 타협과 협상 자체를 도덕적으로 비난하는 것이다. 민중주의와 노동자주의 영향력만 제거되면 노동조합은 타협과 협상의 압력을 받지 않을 수 있을까? 이들의 관점에는 노동자들의 의식 변화를 본질적으로 사회주의 사상을 확산시키는 문제로 바라보는 근본적인 선전주의가 깔려 있다. 노동조합 조직에 혁명적 사상만 결합되면 그것이 혁명적 역할을 할 수 있다고 생각한다면, 공식 노동조합 기구를 장악하는 것을 자신의 으뜸 목표로 삼을 수도 있다.

넷째, 노동조합 관료주의와 평조합원의 구분보다 노동조합 관료의 좌우 구분을 더 중요하게 여긴다. 물론 노동조합 관료들은 아래 위로부터 서로 다른 압력을 받으며 이데올로기적으로도 똑같지 않다. 따라서 좌우를 구분하는 것은 혁명가들에게 필요하다. 그러나 관료들 사이의 모든 차이점들보다도 훨씬 더 커다란 공통점은 그들이 보수적 사회계층에 속해 있으며 노동자들의 투쟁을 통제한다는 점이다. 특히 국가가 위기에 처했을 때 좌익과 우익 관료주의 사이의 차이는 사라져 버린다.

노동조합 관료들의 사고를 일차적으로 규정하는 것은 그가 노동자와 고용주 사이의 중재자 역할을 하고 있다는 점이다. 과거에 어떤 사상을 받아들였든 간에 중재자로서 행동하는 한 관료들의 사고방식은 바뀔 수밖에 없다.

그렇다면 사회주의자들은 노동조합에 대해 어떤 태도를 취해야 할까?

이 글에서 지금까지 남한 노동조합 관료의 사회적 토대를 분석한 것은, 그들에 대한 초좌익적 반대를 주장하기 위한 것이 아니다. 노동조합에 대한 사회주의자들의 일차적 관심은 그것이 사회를 혁명적으로 변화시킬 수 있는 유일한 계급의 일상조직이라는 데 있다. 혁명정당이, 노동자 계급이 권력을 잡도록 지도하기 위해서는 노동자 계급 대중의 지지를 받아야 한다. 그런데 일상적 시기에 노동자들은 노동조합으로 조직되어 있으므로 사회주의자들은 거기에 뿌리를 내리지 않으면 안 된다.

물론 일상적 시기에 혁명 조직은 노동자 대중의 압도적 지지를 받을 수는 없다. 혁명정당은 혁명적 사회주의 정치를 받아들이는 노동계급의 일부로 구성된다. 혁명적 사회주의자들은 노동조합으로 조직되어 있는 노동자들의 의식이 결코 동질적이지 않다는 것을 알아야 한다. 노동자 대중은 오로지 혁명적 시기에만 사회주의 사상을 받아들일 수 있다. 그리고 혁명적 시기에 아무리 많은 노동자들이 노동조합에 가입할지라도 이것이 권력을 위한 투쟁을 지도하지는 않을 것이다. 노동조합은 노동자 계급 전체를 단결시키는 소비에트에 의해 보완되거나 대체될 것이다.

여기에서 어떤 사회주의자들은 이런 결론을 이끌어 낼 것이다. 노동대중의 의식은 단지 혁명적 시기에만 혁명적으로 변하기 때문에 그때까지 사회주의 조직의 과제는 순수히 선전에 한정되어야 하며 노동조합과 같은 부분적인 투쟁에는 기권해야 한다.

이것은 명백히 잘못된 것이다.

첫째, 노동자들은 혁명이 무르익기 전에도 제한된 범위에서나마 투쟁을 하며 그 속에서 계급의식을 발전시킨다. 혁명 조직은 이 투쟁에 개입하여 지지를 획득해야 한다. 비록 노동조합 전체의 지지를 획득하지 못한다 할지라도 소수에게 사회주의 사상을 전달할 수는 있다. 그 소수는 투쟁의 고양기에 더 많은 주변의 노동자들을 혁명조직 주위로 이끌 수 있다.

둘째, 혁명적 시기일지라도 노동조합이 혁명적으로 변하는 것도 아니고, 노동자들이 일시에 혁명정당을 지지하게 되는 것도 아니다. 여전히 많은 노동자들은 노동조합 지도부에 지지를 보낸다. 노동조합 관료주의의 영향력은 혁명 이후에야 완전히 분쇄될 수 있지만, 태어나고 있는 혁명을 노동조합 관료가 교살하지 못하게 하려면 노동자 계급에 뿌리 내린 혁명정당이 필요하다. 이러한 혁명정당은 노동자들의 일상적인 투쟁에 참여하는 것을 통해 건설될 수 있다.

자신의 행동을 선전에 국한시키지 않는다면 어떻게 개입해야 할까?

어떤 사회주의자들은 노동조합 지도자들이 노동자들을 위해 행동하도록 압력을 넣는 생강단체(압력단체)의 역할을 한다. 그러나 이것은 아주 위험한 짓이다. 노동조합 지도자들에게 압력을 넣어 혁명적 길을 걷게끔 할 수 있다고 믿는 것은 노동조합 관료주의의 성격을 잘못 이해하는 것이다. 이렇게 한다면 오히려 노동조합 관료에 대한 의존과 환상이 확산될 것이고, 노동자들은 수동적으로 되어 의식과 행동이 무디어질 것이다. 이것은 좌파와 우파 노동조합 관료 모두에게 해당된다. 설사 몇몇 노동조합 관료가 노동자들의 바람에 충실할지라도 그들이 노동자 대중의 집단적 행동을 결코 대체할 수는 없다. 가장 중요한 것은 노동자계급의 자기행동이다.

노동조합 투쟁에 개입할 때 사회주의자들은 다음의 순서를 거슬러서는 안 된다. 가장 근본적인 것은 노동자 계급과 자본가 계급의 모순이다. 그 다음이 노동조합 관료와 노동자 대중 사이의 모순이고 그 다음으로 고려해야 할 것이 관료주의 내부의 좌우 분열이다. 요컨대 노동조합 관료와 노동자 대중 사이의 구분이 좌우 노동조합 관료 사이의 구분보다 훨씬 근본적이다.

사회주의자들은 노동조합 지도부를 지지하지만 평조합원들이 그들에게 의존하거나 그들의 급진적 수사에 신뢰를 보내지 말아야 한다는 것도 동시에 주장한다. 또 사회주의자들은 노동조합 관료의 우파보다 좌파를 지지하지만 그것은 좌파 노동조합 관료에게 신뢰를 보내는 것이 아니라 노동자들의 활동과 자신감을 향상시키기 위해서 그렇게 하는 것이다. 사회주의자들은 모든 노동조합 관료에 대해 비판적으로 지지한다.

우리는 노동조합 관료에 의존하지 않는 평조합원들의 직접적인 행동을 강조한다. 이것은 아래로부터의 사회주의 즉 노동자 계급의 자기해방 사상에 기초한 것이다. 이러한 원칙을 실현하는 구체적 방식은 상황에 따라 다를 수 있다.

핵심은 노동조합의 일상적 투쟁에 참여하여 노동조합 관료를 비판적으로 지지하면서 독립적이고 민주적인 평조합원 대중 중심의 운동을 건설하는 것이다.

마르크스주의와 노동조합, 노조 관료

사람들 — 여기에는 많은 마르크스주의자도 포함된다 — 이 노동조합에 대해 쓸 때에는 종종 노동조합을 정적이고 변화하는 역사의 물결 외부에 있는 것으로 대한다. 그러나 많고도 다양한 종류의 노동조합이 있다. 노동조합은 항상 변화한다. 그러나 기본적으로 노동조합의 성격과 작동방식은 그것이 혁명적 시기의 산물인가 그렇지 않으면 '일상적인' 자본주의의 산물인가에 따라 결정된다.

마르크스와 엥겔스가 차티스트운동 동안이나 1848년까지 노동조합에 대해 말한 내용은 그들이 그 후 2-40년 뒤에 썼던 내용과는 근본적으로 다르다. 그들의 후기 저작보다는 초기 저작에서 노동조합의 역할에 대한 매우 상세한 논의가 들어 있다.

1844년에 엥겔스는 《영국노동자계급의 상태》에서 노동조합은 노동자들 사이의 경쟁을 폐지하려 하지만 경쟁은 '현 사회질서에서 중

필자 및 출처 미상.

추신경'이라고 적었다. 따라서 노동조합 투쟁은 불가피하게도 한 체제로서의 자본주의에 대항하는 투쟁으로 이끈다. 그리고 노동조합 투쟁은 '한 종류의 경쟁뿐 아니라 경쟁 그 자체도 폐지하려고 하며 또한 그렇게 할 것이다.'

파업은 체제에 대항하는 총체적인 전쟁으로 이끌 수 있는 자본주의에 대항한 게릴라 행동이다. '이러한 파업들이 믿을 수 없을 정도로 빈번히 발생한다는 점이 영국 전역에 걸쳐 사회적 전쟁이 어느 정도로 발생하는가를 가장 잘 증명해준다'고 엥겔스는 적고 있다. 파업은 전초전이며, '노동자들이 피할 수 없는 거대한 투쟁을 위해 스스로를 준비시키는 군사학교이며 … 전쟁의 학교로서 노동조합보다 능가하는 것은 없다.'

노동조합은 자본에 대한 조직적인 저항에서 자본가권력에 대한 최종적인 공격을 하는 것으로 변화한다는 주장이 마르크스와 엥겔스의 초기 저작에서 거듭거듭 보인다. 마르크스는 《철학의 빈곤》(1847)에서 이렇게 말했다.

만약 저항의 첫째 목적이 단순히 임금의 유지라면, 처음에 고립되었더라도 단결은 마치 자본가들이 억압할 목적으로 단결하는 것처럼 그들을 집단으로 형성시킨다. 그리고 항상 단결된 자본에 직면하여 노동조합의 유지가 그들에게는 임금보다 더 필수적이게 된다. 노동자들이 노동조합을 위하여 그들 임금의 많은 부분을 희생하는 것을 본 영국의 경제학자들이 깜짝 놀라는 것처럼 이것은 사실이다. 이들 경제학자의 눈에는 단지 임금을 위해서만 만든 것이 바로 노동조합이기 때문이다. 이 투쟁 — 진정한

계급전쟁 — 에서 다가올 전투를 위해 필수적인 모든 요소가 통일되고 발전한다. 이러한 지점에 도달하기만 하면 노동조합은 정치적 성격을 띤다.

이 글 바로 전에 완성된 《독일 이데올로기》에서 마르크스와 엥겔스는 이렇게 적고 있다.

단결하여 곧바로 파업을 하는 노동자들이 매우 소수일지라도 이들은 혁명적 방식으로 행동하지 않으면 안 된다는 것을 깨닫는다. 이것은 영국의 1842년 봉기와 1839년 웨일즈의 초기 봉기에서 배울 수 있는 진실이다. 이 당시 노동자들 사이에 혁명적 분출은 '신성한 달'이라는 말로 포괄적으로 표현되었는데 이것은 일반적인 인민의 무장이라는 주장과 동시에 제기되었다.

이것은 차티즘과 관련된 사태를 말하는 것이다. 의회가 1839년 7월에 최초의 차티즘 청원을 거부했을 때 차티스트 운동가들은 총파업('신성한 달')을 주장했다. 1839년 11월초에 광부들의 봉기가 남웨일즈에서 일어났으나 경찰과 군대에 의해 분쇄되었다. 1842년 8월 제2차청원이 의회에 의해 거부되고 난 뒤 노동자들의 자연발생적인 행동이 영국의 많은 산업중심지에서 일어났다. 이것이 발전하여 역사상 최초의 총파업이 되었다.

1848년 총파업이, 절정을 이루었을 때에는, 50만 명의 노동자들을 포함하고 있었으며, 던디와 스코틀랜드의 탄광에서 시작하여 남웨일즈와 콘

웰에 이르는 지역에 걸쳐 있었다. 이번 총파업은 1926년 총파업보다 두 배나 더 오래 지속되었다.

러시아에서 1905년 파업이 일어날 때까지 1842년 파업은 세계에서 그 어느 것보다 더 많은 노동자들을 포함하였다. 파업은 동남랭카셔의 비교적 작은 지역인 스탈리브릿지에서 시작하였다. 파업은 맨체스터의 동부에 있는 도시와 산업지역과 나중에는 맨체스터까지 번졌다. 거기에서 파업은 랭카셔의 나머지 지역과 체셔 그리고 요크셔로 확대되었다. 그리고는 랭카셔, 노르위치, 카를리슬과 나머지 도시들로 뻗어나가더니 결국에는 던디에서 솜머셋과 남웨일즈까지 뻗쳤다.

노동자들이 파업을 확대시키기 위해 사용했던 방법은 대규모 비행피켓이었다. 그들은 이것을 '동맹파업자'(turn-outs)라고 불렀다. 한 공장의 노동자들은 다른 공장으로 행진해서는 그 노동자들을 밖으로 불러냈다.

파업은 경제적·정치적 투쟁을 한데 어울렀다.

파업은 노동조합과 노동운동의 시야를 높였다. 파업은 개별 직업에 한정된 일상적이고 노동조합적 성격의 요구에서 계급적 목적을 내세우는 것으로 진전시켰다. 임금인상의 요구를 보통선거권의 요구와 통일시킨 것은 노동자계급 투쟁을 사회의 혁명적 변혁을 위한 계급투쟁의 수준으로 높였다.

그 시대의 조건에서 노동자들의 보통선거권 요구는 자본주의 사회체제에 대한 혁명적 도전을 의미했다. 1842년에 수석재판관은 파업노동자의 한 재판에서 이렇게 말했다. '재산이 없는 자들이 법을 만들 수 있는 힘을 지니고 있다면 이들은 필연코 재산을 가진 자들을 파멸시킬 것이다.'

파업의 공식적인 조직은 1905년과 1917년에 나타난 소비에트의 전조를 보여주었다. 파업노동자들의 다양한 직업과 단체를 통일시키기 위해 직업협의회(trade conference)가 세워졌다. 이것들은 전국의 여러 지역에서 조직되었다. 맨체스터의 상황을 묘사하자면 이렇다.

수천 명이 참여하는 전체 대중집회가 있었으며, 방직노동자와 기계공처럼 개별 직업의 대중집회, 동력직기 노동자와 기계공 그리고 다양한 직업과 방적공과 같은 특정 직업의 직업협의회, 마지막으로는 직업 전체협의회가 이어졌다. 개별 단계마다 상급기관을 이루며 종국에는 중앙직업협의회에 이른다.

직업협의회는 보통의 파업위원회 이상의 역할을 했다. 직업협의회는,

공동체를 조직하고 운영하며, 지역 행정장관과 군대지휘관에게 대담하게 대항하며, 작업허가증을 발급하며, 치안을 담당하고, 식량을 모아서 분배하며, 대중집회를 열어서 전 인구가 참여하여 파업의 과정을 결정하도록 한다.

이러한 일들이 일어난 지 20년 뒤에 마르크스와 엥겔스는 노동조합을 매우 협소한 시야를 가졌으며, 협소하고도 근시안적인 목적에 바탕을 두며, 사회주의로의 행진을 용이하게 할 수 없는 것으로 보았다.

《임금, 가격 그리고 이윤》(1865)에서 마르크스는 이렇게 썼다.

그와 동시에 노동자계급은, 임금체제와 관련된 일반적 노예상태를 완전히 도외시하고는, 자신들의 일상투쟁의 최종적인 성과들을 과장해서는 안 된다. 노동자계급은 그 결과와 싸우는 것이지 그 결과를 초래한 원인과 싸우는 것이 아님을 잊지 말아야 한다. 또한 이들은 임금이 하락하는 운동을 억제할 뿐이지 그 방향을 변경시키는 것이 아니며 또한 병을 근본적으로 치유하는 것이 아니라 단지 완화시킨다는 점도 잊지 말아야 한다. 따라서 노동자계급은 끊임없는 자본의 공격이나 시장의 변화로 말미암아 발생하는 피할 수 없는 유격전에 완전히 매몰되어서는 안 된다. 노동자계급은 그들의 기치에다 '공정한 노동일에 대한 공정한 임금을!'이라는 보수적 표어 대신에 '임금제도의 철폐!'라는 혁명적 구호를 써넣어야 한다.

노동조합은 자본의 공격에 맞서 저항의 중심 역할을 잘 해낸다. 노동조합은 부분적으로는 자기 역량을 무분별하게 사용하기 때문에 실패한다. 일반적으로 노동조합은 현존 체제를 변혁시키려고 노력하는 대신에 그리고 이들의 조직된 힘을 노동자계급의 궁극적 해방 즉 임금제도의 완전한 철폐를 위한 지렛대로서 사용하는 대신에 현존 체제의 영향력에 맞선 유격전에만 자신을 한정시키기 때문에 실패한다.

1871년에 열렸던 제1인터내셔널 런던 협의회에서 마르크스는 이렇게 말했다.

… 영국에서 노동조합은 반 세기 동안 존재했으며, 대다수의 노동자들은 소수의 노동귀족으로 이루어진 노동조합 외부에 있다. 가장 가난한 노동자들은 노동조합에 속해 있지 않다. 경제적 발전으로 날마다 농촌에서 도시로 내몰리는 거대한 노동대중은 오랫동안 노동조합 외부에 남아있으며, 가장 비참한 노동대중은 결코 노동조합에 들어오지 않는다. 런던 동부에서 태어난 노동자들에게도 사정은 마찬가지이다. 십중팔구는 노동조합에 속해 있지 않다. 농민과 일용노동자들도 이러한 (노동조합)단체에 들어오지 않는다.

협의회를 준비하면서 엥겔스는 이탈리아 동지들에게 이와 같은 주장을 했다. 영국에서, 그는 쓰기를,

거대하고 강력하며 부유한 모든 노동조합에서 노동조합 운동은 진보의 수단이라기보다는 전반적인 운동의 장애물이 되었다. 그리고 노동조합 외부에는 런던에서도 수년 동안 정치적 운동과는 꽤 거리를 두고 있어서 결과적으로 매우 무식한 많은 노동대중이 있다.

1844-47년과 1865-71년 사이에 노동조합에 대한 마르크스와 엥겔스의 상이한 주장은 노동조합 그 자체의 성격변화를 반영하고 있기 때문이다. 그 후에 직능별 노동조합은 부르주아 사상에 감염된

관료들에 의해 지배되었고, 자유당이나 보수당을 지지했으며 자신의 생존을 위해 다른 노동자들과의 싸움에서 분파적 이익을 옹호하는 데 의존하였다. 이들은 1842년 총파업에 참가하여 차티즘을 지지했던 노동조합과는 같지 않았다.

같은 양상이 레닌의 저작에서도 나타났다. 혁명의 시기에 그는 다른 시기보다도 노동자들의 경제적 노동조합 투쟁과 정치투쟁의 직접적인 연관에 더욱 집중하였음을 알 수 있다. 그래서 1905년 1월초 페테르부르크의 푸틸로프 공장에서 자연발생적인 파업운동에서 나타난 노동자들의 행동은, 레닌에게는, 노동자들의 '혁명적 본능'을 보여준 것이었다.

의식적인 사민주의자들[여기서는 혁명적 사회주의자들을 의미함]의 영향력이 결여되어 있거나 거의 조금밖에 없었다는 사실에도 불구하고 수만의 프롤레타리아가 보여준 거대한 단결과 에너지로 인해 순전히 경제적 기반에서 정치적인 것으로 매우 급속히 이행하는 것에 사람들은 충격을 받았다.

그후 1905년 혁명 동안에 레닌은 '노동자계급은 본능적으로, 자생적으로 사민주의자'라고 썼다. 여기서 사민주의자란 혁명적 사회주의자를 의미하는데, 이것은 다수의 사민주의당원들이 그들의 개량주의적 색채를 보여주기 전이었기 때문이다.

로자 룩셈부르크도 이에 동의했다. 첫째 러시아혁명의 시기에 글을 쓰면서 로자는 경제적 개량을 위한 투쟁은 자연스럽게 혁명적 행동으로 나아갈 수 있지만 이것은 단지 '혁명의 시기라는 뜨거운 분위기에서만' 가능하다고 말했다.

다른 비혁명적 시기에 레닌은 노동조합 의식과 혁명적 의식 사이의 커다란 간극을 강조했다.

> 노동자계급 운동의 자연적인 발전은 부르주아 이데올로기에 종속되는 것
> 으로 귀결된다. … 왜냐하면 자연발생적인 노동자계급 운동은 노동조합
> 주의이며, 노동조합주의는 노동자들이 부르주아지에게 이데올로기적인 노
> 예상태에 있음을 의미한다.

혁명 정당의 개입 없이는 노동자들은 개별 자본가들에 대항한 투쟁과 사회체제에 대항한 투쟁 사이에 있는 심연을 건너갈 수 없다.

혁명기에 성장하는 노동조합은 '일상적' 시기에 등장한 노동조합과는 **질적으로** 상이하다는 것은 자명하다. 우리가 앞으로 보겠지만, 종파주의와 관료주의에 물들어 있는 '일상적 시기의' 노동조합은 혁명 직전이나 혁명기에 직면하면 혼란이 발생한다. 그러나 우선은 비혁명기의 노동조합의 성격을 자세히 살펴보자. 이들 조직은 노동자들을 단결시키기도 하며 분리시키기도 한다. 이론적으로 노동조합주의가 획득할 수 있는 최대한의 단결은 노동자계급 전체를 포괄하는 하나의 조직 — 몇몇 사회주의 활동가들이 꿈꾸어왔던 '하나의 거대한 노동조합' — 일 것이다. 그러나 **노동조합**이라는 바로 그 명칭이 종파주의를 내포하고 있기 때문에 이 전망은 결코 실현될 수 없다.

만약 조직된 모든 노동자들의 목적이 임금제도의 철폐라고 한다

면 물론 그들의 공통된 이해관계는 하나의 집단체를 통하여 나타날 수 있다. 그러나 노동조합의 임무는 이와 다르다. 그 임무란 자본주의적 생산관계 내에서 즉 임금제도 내에서 노동자의 이익을 방어하는 것이다. 노동조합은 노동자들이 착취당하는 조건을 개선시키기 위해 존재하는 것이지 착취를 끝장내기 위한 것이 아니다. 다양한 산업에 있는 노동자들이 상이한 임금을 받고 상이한 노동조건 하에서 일하기 때문에 노동조합은 노동자들을 특정한 집단으로 단결시키지만 각각의 집단을 다른 집단과는 분리시킨다. 노동조합의 지형은 자본주의의 지형과 상응한다. 여기에서는 낮은 임금이 있고 저기에서는 작업속도의 증가나 위험한 노동조건이 있다. 고용주들과의 같은 협상도 교사와 광부들을 어떠한 방식으로도 포괄하지 못한다. 따라서 광부들의 노조에 교사가 그리고 교사들의 노조에 광부가 들어설 여지는 없다.

관료주의의 역할은 노동조합의 협소한 경제주의적·종파주의적 성격에 뿌리를 두고 있다. 노동자 대중과 그리고 고용주들과 협상하면서 시간을 보내는 사람들 사이의 노동분업이 발생한다. 노조관료는 노동자와 고용주 사이의 조정자이다. 이 역할은 노조 내에서 그들의 권위를 강화시킨다. 이들은 불만의 관리자들이다.

그 효과는 그가 대표하는 사람들과 자신을 분리시킨다. 그는 작업장의 규율, 작업장의 먼지나 위험, 십장이나 관리자와의 직접적인 충돌 그리고 동료 노동자들과의 우정에서 사무실이라는 매우 다른 환경으로 옮겨가게 된다. 설사 그가 조합원들보다 많은 임금을 받지 않는다 할지라도 그의 수입은 더 이상 자본주의적 생산의 등락에 의존하지 않는다. 그들은 더 이상 초과 노동에 관여하지도 않으며 조업단축이나 해고에 민감하지도 않게 된다. 공장이 문을 닫는다 할지라도 그 처리를 협상하는 관료들은 해고되지 않을 것이다. 계속해서 경영주와 밀담하면서 그는 노동조합주의의 본질인 자본과 노동 사이의 협상, 타협 그리고 화해를 도모한다. 투쟁은 모아둔 노조기금을 축내는 불쾌하고 성가신 일이며 협상과정을 방해하는 일로 보인다. 조직은 그 자체가 목적이 되며 노동자들이 착취당하는 조건을 개선시키는 제한된 목적조차 위협한다.

기본적으로 관료주의는 자본주의 사회에서 두 개의 주요한 계급 즉 고용주와 노동자 사이에서 줄타기를 한다. 노조 관료들은 고용주도 노동자도 아니다. 노조 관료들은 많은 수의 사람들을 고용하지만 자본가인 고용주와는 달리 이 점이 노조관료들의 경제적·사회적 지위를 부여해주는 것은 아니다. 다른 한편으로 노조관료들은 노동자 대중과는 달리 낮은 임금이나 고용주들의 차별대우 그리고 직업의 안정성 등의 고통을 받지 않는다.

노동조합 관료주의는 기본적으로는 보수적인 특정한 사회집단이다. 야누스 신처럼 관료주의는 두 얼굴을 가지고 있다. 이들은 고용주와 노동자 사이에서 줄타기를 한다. 관료들은 노동자들의 투쟁을 저지하고 통제하지만, 고용주나 국가와의 협력을 노동조합이 완전히 무능해지는 지점까지 나아가지 않는 것이 그들의 중요한 이해관계이다. 왜냐하면 관료들은 독립적인 조정자가 아니기 때문이다. 만약 노동조합이 조합원들의 불만은 나타내는 데 완전히 실패한다면 이것은 내부에서 지도력에 대한 효과적인 도전이 형성되거나 아니면 조합원들이 경쟁적인 노조로 옮겨감으로써 조합원들의 무관심과 조직적인 분열을 초래할 것이다. 만약 노조관료주의가 길을 잃어버려서 부르주아 진영으로 너무 멀리 가버린다면 그들은 토대를 상실할 것이다. 관료주의는 그들의 수입과 사회적 지위의 원천이 되는 노동조합 조직의 유지에 이해관계를 가진다.

노조관료들은 상이한 부문의 노조조합원들 사이에서도 줄타기를 한다. 이들은 노조원들 가운데서 더 수동적이며 무관심하거나 아니면 무식한 조합원들에 의존함으로써 더 활동적이고 반항적인 선진부문을 저지한다. 또한 관료들은 노조를 다른 노조와 병렬시킴으로써 노조 장악력을 증대시킨다. 한 산업에서 많은 상이한 노조의 존재 — 완전히 통일된 행동을 조직하지 못하는 어려움 — 는 각각의 관료들에게 그들 자신의 무기력함에 대한 편리한 알리바이를 제공한다.

한편으로는 고용주와 국가로부터 그리고 다른 한편으로는 평조합원들로부터 나오는 압력은 항상 균형에 머물지 않는다. 노동조합에 가해지는 내적·외적 힘들의 상대적 크기는 유동적으로 변화한다. 어떤 시기에는 아래로부터의 압력이 우선적인 효과를 발휘하며 다른 시기에는 자본가와 국가의 압력이 지배한다. 때때로 두 압력이 각각 약해서 노조관료들이 많은 자율권을 가지기도 한다. 다른 시기에는 두 압력이 강력하여 관료주의는 화해할 수 없는 힘들 사이에서 덫에 걸린 꼴이 되기도 한다. 그러나 관료주의는 항상 자기 자신의 필요를 추구하며, 그래서 어떤 경우에도 이들이 대표하는 자들을 진정으로 대표한다고 믿을 수가 없다.

물론 관료주의는 동질적이지 않다. 상이한 산업에서의 노조관료들은 아래위로부터 상이한 압력을 받는다. 그리고 이데올로기적으로 노조관료는 똑같지가 않다. 좌익과 우익 노조관료 사이의 분리가 중요하다. 관료주의 내에서의 분열 — 노조 사이에서든 아니면 한 노조 내에서든 — 은 보수적인 영향력을 약화시킬 수 있다.

그러나 관료들 사이의 모든 차이점들을 무효로 만드는 **근본적인** 사실은 그들이 보수적인 사회계층에 속해 있으며, 영국의 1926년 총파업에서처럼 특히 근본적인 위기의 시기에는 좌익과 우익 관료주의 사이의 차이점들을 **부차적으로** 만들어버린다는 점이다. 이러한 시기에 관료주의의 **모든** 부문은 노동자의 전투성을 제어하고 통제하려고 한다.

우리가 노동조합 관료주의는 이중적 역할을 하며 이들은 고용주와 노동자들 사이에서 동요한다고 이야기했을 때, 우리는 또한 이러한 동요의 변수들에 대해서도 구체적이어야 한다. 어디에선가 토니 클리프는 이것을 다루었다.

노조 관료주의는 개량주의이면서 겁쟁이들이다. 여기에서 이들의 어리석을 정도로 무능력하고 비열한 태도가 나온다. 이들은 개량을 꿈꾸지만 국가(개량을 허용해주는 것을 거부할 뿐 아니라 이미 주었던 것도 거두어들이는)와 진지하게 문제를 해결하는 것을 두려워하며 또한 개량을 가져다줄 수 있는 평조합원들의 투쟁도 두려워한다. 노조 관료들은 평조합원들에 대한 그들 자신의 위신을 잃어버리는 것을 두려워한다. 대중투쟁에 대한 두려움은 노조의 국가통제에 대한 혐오보다 더 크다. 모든 결정적인 순간에 노조 관료주의는 필연적으로 국가에 편들지만 일반적 시기에는 동요한다.

이것은 모든 노조 관료들이 처음부터 관료주의로 태어난다는 말은 아니다. 사실 많은 관료들은 인기를 얻어서는 노동자계급 투사들처럼 그들의 이전의 유능함 때문에 노조에서 높은 지위에 오른다. 그리고 이것은 단지 좌익 노조관료들에게만 해당하는 것은 아니다.

어네스트 베빈(Ernest Bevin)은 1920년대와 1930년대에 노조운동에서 가장 강력한 좌익 인물 가운데 한 명이었다. 그는 1926년 총파업과 그 배반에서 주된 역할을 했다. 그러나 베빈조차 과거의 전투성으로 그의 입지를 세웠다. 그의 전기작가는 이렇게 적고 있다.

전전(戰前)의 노동불안기에 베빈은 브리스톨에 항만노조의 중심을 형성하는 데 주도적인 역할을 했다. … 항만노동자들에 의해 노조위원회에 선출된 그는 도시 전역에서 노조운동으로 새로운 삶을 살았다.

전국적인 그의 명성은 1920년에 두 가지 업적에 바탕을 두고 있었다. 행동위원회(Council of Action)의 지도부가 소비에트 러시아에 대한 영국의 군사적 개입을 금지시킨 것과 항만 노동자들에 대한 '쇼 조사위원회'(Shaw Inquiry)에서 노동자의 권리를 옹호한 것이었다. "항만노동자 왕립위원"이었던 그의 지위 덕분에 그는 운송·공무원 노동조합으로 발전했던 혼합체를 설립할 수 있는 길이 열렸다.

노조관료가 과거에 아무리 전투적이었다 할지라도, 그가 지속적인 기간 동안 노조 기구의 보호자로서 그리고 노동자와 사장 사이의 중재자로서 행동한다면, 관료들의 사고습관은 불가피하게 바뀔 수밖에 없다. 사실 과거의 전투성은 관료가 노조를 더욱 효과적으로 통제하는 데 필요한 신뢰만 제공할 뿐이다.

노동조합과 사회주의를 위한 투쟁 사이의 관계에 관한 가장 중요한 교훈은 투쟁과정 그 자체 — 특히 1926년 총파업을 포함하여 — 에서 배울 수 있다. 1926년 총파업을 살펴보기 전에 이러한 교훈들을 여기서 명백하게 밝히는 것이 유용하다.

1926년과 마찬가지로 오늘날에도 노동조합 문제는 다수의 구 자본주의 국가들뿐 아니라 영국의 혁명적 사회주의자들에게 가장 중요한 논쟁거리이다. 자신의 목적을 노동자계급이 권력을 잡도록 지도하는 것이라고 보는 사회주의자들은 다수의 노동자계급을 획득할 때만 따라서 노동자계급의 대중조직, 주로 노동조합을 획득할 때만 이러한 혁명적 사명을 수행할 수 있다.

그러나 혁명 정당은 노동조합과 같은 조직이 아니다. 혁명 정당은 노동조합처럼 분리된 산업이나 직종에서 구성원들을 재충원하지 않는다. 구성원들의 공통된 정치적 전망으로 판단해보자면 소수만이 행동과 조직의 통일에 결부되어 있다. 노동조합은 상이한 기준에 따라 작동한다. 그들에게는 구성원들의 수가 많으면 많을수록 그들의 임무를 더욱 효과적으로 수행할 수 있게 된다. 트로츠키는 이렇게 썼다.

노동조합은 상이한 차원에서 광범한 노동대중을 포괄한다. 이들 대중이 많으면 많을수록 노동조합은 자신의 임무를 더 잘 수행하게 된다. 그러나 그 조직이 폭넓게 획득하는 것으로 인해 불가피하게 그 깊이를 상실한다. 노동조합 내에는 기회주의, 민족주의 그리고 종교적 경향들이 스며들며, 노동조합 지도부는 노조가 그 전위뿐 아니라 굼뜬 예비부대까지 포함한다는 사실을 표현한다. 따라서 노동조합의 약점은 그 장점에서 비롯한다.

그래서 혁명가들이 노동조합 문제에 접근할 때에는 다음의 점들을 명심해야 한다. 보통의 조건에서 노동자계급은 결코 동질적이지 않다는 점이다. 단지 혁명적 격변기에만 노동자계급은 공통의 목적과 공통의 사회주의적 의식을 가질 수 있다. 이러한 상황에서는 비록 조직되지 않은 많은 노동자들이 노동조합에 가입한다 할지라도 노동조합이 주요한 또는 지도적인 집단적 대중조직이 되리라는 보장은 없다. 노동조합은 새로운 조직에 의해 보완되거나 아니면 대체될 것이다. 새로운 조직이란 권력을 위한 투쟁을 지도하는 데 더욱 적절한 노동자위원회 또는 소비에트가 될 것이다.

이것으로부터 사람들은 다음의 결론을 이끌어낸다. 즉 노동대중의 의식은 단지 혁명의 시기에만 혁명적으로 변하기 때문에 그때까지 마르크스주의 정당의 과제는 순수한 선전에만 한정시켜야 하며 노동조합과 같은 종류의 부분적인 투쟁에서는 기권해야 한다. 이것은 명백히 잘못되었다. 왜냐하면 혁명은 자동적으로 등장하는 것이 아니라 그 자체가 계급투쟁의 산물이기 때문이다. 따라서 노동자들이 자본주의를 전복시킬 준비를 하고 있고 체제 그 자체도 너무나 약하여 끝내 무너지기 전이라 할지라도 노동자들은 체제 내에서 제한되고 간접적인 전투를 끊임없이 수행해야 할 것이다. 이와 마찬가지로 그러한 투쟁을 통해서만 혁명 정당은 혁명을 성공적인 결론으로 이끌 수 있는 지점에서 세워질 수 있다.

만약 사람들이 마르크스주의적 행동을 선전에만 한정시키기를 거부하고 개입을 결정했다면 어떠한 선택을 해야 할까? 당은 당원들의 자기활동에 힘을 북돋워줄 수 있다. 또는 노동자들이 노조 지도자들에게 자기들을 위해 행동하도록 압력을 넣는 생강단체(압력단체)의 역할을 할 수 있다. 그러나 후자는 위험한 선택이다. 아래로부터의 압력이 노조지도자들로 하여금 혁명적 길을 가게끔 할 수 있다고 믿는 것은 관료주의의 성격을 잘못 이해한 것이며, 그에 대한 환상을 확산시키는 것이며, 노동자의 의식과 행동을 무디게 만드는 것이다. 노동조합 지도자들은 평조합원들의 몇몇 바람에 충실할지 모르지만 그들은 결코 대중의 집단적 행동을 대체할 수 없다. 따라서 노동자계급의 자기 행동이 가장 중요하다.

노동자들의 투쟁을 지도할 때 혁명 정당은 일의 순서를 명확히 해야 한다. 혁명 정당은 자본주의 하의 기본 모순 — 프롤레타리아와 부르주아 사이의 모순 — 에서 출발해야 한다. 또한 이차적인 모순 — 노동조합 관료와 노동자대중 사이의 모순 — 과 세번째의 모순 — 이중적인 성격 때문에 발생하는 관료주의 내부의 분열 — 을 고려해야 한다. 사회에서 두 개의 주요한 계급 — 사장과 노동자 — 의 힘에 따라 다른 방향으로 이끌리기 때문에 관료들 사이에서는 분쟁이 발생한다.

이러한 주장은 평조합원 부분을 지도하는 혁명 정당과 노동조합 관료 — 관료의 좌파나 때로는 그 우파와도 — 사이에서 공동행동을 위한 문을 열어준다. 이러한 공동행동은 노동자계급 투쟁을 발전시키는 데 유용할 수 있다. 왜냐하면 관료 가운데서 가장 좌익적인 부분이 신뢰할 수 없고 또한 불안정하다 할지라도 혁명가들이 그들과의 일시적인 동맹은 관료 전체의 영향력을 약화시킬 수 있기 때문이다. 혁명 정당은 좌파와 우파 관료 사이에서 그리고 전투적인 발언을 할 준비가 되어 있는 관료들(비록 그들이 이러한 발언을 행동으로 옮기지 않을지라도)과 항상 공공연히 타협하는 관료들 사이의 분열을 이용하는 법을 알아야 한다. 혁명 정당은 평조합원들이 좌익 관료들을 믿거나 아니면 그들의 급진적 수사에 신뢰를 보낼 수 **없다**는 점을 명확하게 밝힌다는 조건 하에서 이러한 분열을 이용한다면 평조합원들의 독립성, 선도력 그리고 자신감이 강화될 것이다. 관료들은 전투적인 노동자들의 운동의 선두에 있다 할지라도 그들은 그 운동을 더욱 잘 통제하기 위해서 그렇게 하기 때문에 혁명 정당은 항상 평조합원들에 머물러있어야 한다.

좌익 관료와의 동맹은 **행동**을 확대하기 위한 수단에 불과하다. 가장 급진적인 최고의 연설조차도 노동자 대중 자신들의 행동을 대신할 수 없다. 노동조합 분야에서 다른 모든 전술과 마찬가지로 그러한 동맹도 단지 하나의 기준 즉 어느 것이 노동자들의 활동과 자신감 그리고 의식성을 높여주는가에 따라 판단해야 한다.

평조합원 노동자들의 힘을 중진시키기 위해서는 노조 내부의 민주주의를 위해서 싸워야 한다. 내부 민주주의의 정도는 노조에 따라 천차만별이다. 노조 규정집의 내용과 같은 사안이나 노조의 조직적인 전통이 중요하다. 따라서 혁명 정당은 관료들에 대항하여 근본적인 안전판을 제안해야 한다. 관료의 정기적인 선출과 그들을 소환할 수 있는 권리, 관료들의 임금을 그 산업의 임금에 의존하도록 하는 것 등을 제안해야 한다. 그럼에도 불구하고 세상에서 최고의 노동조합 조직도 조합원들의 **활동**에 토대를 두지 않는다면 종이조각에 불과하다.

혁명가들은 노동조합이 자본주의 국가에 포섭되는 경향 — 세계 대전 동안처럼 위기로 인해 두드러지는 경향 — 에 무관심해서는 안 된다. 노동조합이 부르주아나 그 국가로부터의 **완전한** 독립은 혁명 없이는 얻어질 수 없다는 사실에도 불구하고 이러한 의존성의 정도를 지금 여기서는 잠시 뒤로 미루어둘 수 있다.

자본주의 내에서 노동자들의 상태의 개선 — 자본주의의 전복이 아니라 — 은 일상적 시기에 노동조합 활동의 공통된 지침이다. 실제로 노동조합은 암암리에 체제가 설정해 놓은 틀을 받아들이며 정치적 문제들을 논쟁에서 배제시키거나 아니면 사회의 현 질서에 도전하지 않는 개량주의 정당을 지지하는 경향이 있다.

노동조합에 대한 접근이 개량주의자들과는 명확히 달리 이루어져야 하는 혁명가들은 이러한 경향을 무시할 수 없다. 개량주의자들은 혁명이 아니라 점진적인 변화를 지지한다고 주장한다. 그러나 개량주의자들은 자본주의 하에서 조건을 개선시키기를 원하기 때문에 체제가 양보를 허용해줄 수 있을 만큼 건강할 때에만 앞으로 나아갈 수 있다. 경제가 쇠퇴할 때에는 개량주의자들은 자신들이 개량을 위한 매우 초라한 투사임을 드러내 보이며 과거에 이루어졌던 성과물을 종종 허물어버린다. 이와 반대로 혁명가들은 개량과 혁명 모두를 지지한다. 이들은 자본주의 내에서 성과물을 위해 싸울 뿐 아니라 자본주의의 전복을 위해서도 투쟁한다. 체제 내의 투쟁을 통해서 노동자들은 자신의 이익을 위한 의식을 형성시킨다. 이것은 노동자계급 내의 인자들을 체제가 불가피하게 위기에 빠져 혁명적 지도가 필요해질 시기를 준비하게 한다.

개량을 위한 투쟁과 혁명 사이의 관계는 1905년 페테르부르크 소비에트의 슬로건에서 가장 잘 표현되었다. "8시간 노동제와 총을!" 더 짧은 노동일을 위한 요구는 러시아 국가의 무장력에 대한 도전과 결합되었다. 영국의 노동자 대중은 개량과 혁명 사이의 이와 같은 직접적인 연관을 거의 가져보지 못했다. 그러나 이것은 지금 여기서 마르크스주의자들이 노동자들의 투쟁과 노동조합을 정치화하기 위해 애쓰지 말아야 한다는 것을 의미하는 것은 아니다.

혁명 정당은 노동조합을 **사회주의적** 조직으로 전화시키기 위해 노력해야 한다. 이것은 혁명의 시기에만 완수될 수 있다 할지라도 이것을 위해 투쟁해야 한다. 노조에서 정치를 끌어올리기 위한 운동은 바로 지금 여기서 이루어져야 한다. 이들이 노조의 한 부문인 브랜치 활동가이든 아니면 작업장에 있는 개인들이든 간에, 만약 노동조합 운동 전체나 또는 심지어 하나의 노조조차 획득할 수 없다 할지라도, 소수에게 사회주의 사상을 전달할 수는 있다.

혁명 정당은 평조합원들의 활동에 강조점을 둔다. 혁명 정당은 노동자계급이 투쟁 속에서 변화되지 않는다면 사회를 변혁시킬 수 없다는 사상 — 사회주의는 아래로부터 올 것이라는 사상 — 을 일관되게 고수한다. 그러나 이것은 혁명 전의 시기에 당은 노동조합 기구의 구성원들의 변화를 위해 싸우지 말아야 한다는 것을 의미하는 것은 아니다. 노동조합에 도전하여 그것을 대체할 준비가 되어 있지 않다면 노동조합의 지도부를 비난할 수 없다. 그러나 혁명가가 어떤 노조에서 관료 특히 상근직 관료를 맡고 있다면, 명확하고 특정한 규율이 적용되어야 한다. 무엇보다도 먼저 직장위원회, 노조 지부의 간부, 또는 노조위원회의 구성원이나 그 비서가 될 것인가를 정하는 것은 그렇게 함으로써 이것이 평조합원들의 **활동**을 도와주어 활동에 대한 장애물을 제거해주는 것인지 그렇지 않은지에 달려있다. 노조의 간부는 이 활동을 대신할 수 없다. 따라서 노조의 지위를 추구하는 데서 결정적인 요인은 이들이 대표하는 노동자들의 전투성의 수준을 높일 수 있는 가능성이다.

혁명 정당의 목적은 노동자계급을 동원하는 것이다. 그 결과로 계급의 대중조직, 무엇보다도 노동조합에 대한 영향력을 획득하는 것은 그 부산물이다. 그러나 혁명의 시기를 제외하고는 이것은 완전히 성취될 수 없다. 혁명의 격변이 일어나기 이전에 다수의 조합원들을 획득할 수 있다거나 아니면 관료 기구가 노동자들의 의식 변화를 재빨리 반영하여 근본적으로 재구성될 수 있다고 생각하는 것은 잘못된 것이다. 이러한 잘못된 입장은 노조 활동에 대한 선전주의적 견해(투쟁에 개입하는 것 없이 마르크스주의로 노동자들을 획득하려는 시도)나 아니면 관료주의와의 화해(최고 지위를 획득하거나 영향력을 미치려는 시도)로 이끌 수 있다.

이것은 혁명가들이 영광스런 날이 올 때까지 팔짱을 낀 채 기다린다는 것을 의미하지는 않는다. 모든 시기에 개입은 절대 필수적이다. 혁명가들이 많은 노동자들에 대한 영향력을 획득하는 정도에 따라서 개입은 노조의 특징이나 관료의 선출에서의 변화를 반영해야 한다. 노조기구에 빨려들어갈 위험도 크지만 기권주의도 해답은 아니다. 대신에 개인에 대한 당의 집단적 통제와 작업장 내의 당 세포나 지역 당조직에 대한 이들의 종속이 있어야 한다. 또한 모든 노조 관료들 특히 당에 속한 관료들을 통제하려는 끊임없는 노력이 있어야 한다.

노조 관료가 혁명 정당의 구성원이든지 아니면 좌익 관료가 당의 지지를 받든지 간에, 관료의 선출을 위한 투쟁은 노동자들의 활동을 보완해주지만 대신할 수는 없다. 노조에서의 선거는 평조합원들의 힘을 높여야 하며 그것을 대신해서는 안 된다.

모든 노조관료에 대한 혁명가들의 태도는 1915년 11월에 클라이드 노동자평의회가 표방한 입장을 따라야 한다.

우리는 노조 관료들이 노동자들을 올바로 대표할 때만 이들을 지지할 것이다. 그러나 우리는 그들이 노동자들을 잘못 대표하는 즉시 독자적으로 행동할 것이다.

트로츠키도 이것을 다음과 같이 잘 지적하고 있다.

'항상 대중과 더불어, 그리고 때때로 우유부단한 지도자와 더불어, 그러나 이것도 이들이 대중의 선두에 설 때에 한에서이다.' 대중이 지도자들을 앞으로 떠밀 동안 이들 지도자들에 대한 비판을 한시도 포기함이 없이 동요하는 지도자들을 이용하는 것은 필수적이다.

무엇보다도 혁명 정당은 다음의 사실을 잊어서는 안 된다. 즉, 사회주의를 위한 투쟁은 사장과 관료주의에 대항한 작업장에서의 일상적인 투쟁과는 밀접히 연관되어 있지만 노조의 선거 분야나 또는 의회의 선거 어디에서든 투쟁과 떨어져서 일어나는 일들과는 거의 연관이 없다.

국제주의 전통 자료집

Ⅵ. 사회민주주의와 노동조합

지은이 | 알렉스 캘리니코스, 크리스 하먼 외 지음
엮은이 | 이정구

펴낸곳 | 도서출판 책갈피
등록 | 1992년 2월 14일(제2014-000019호)
주소 | 서울 성동구 무학봉15길 12 2층
전화 | 02) 2265-6354
팩스 | 02) 2265-6395
이메일 | bookmarx@naver.com
홈페이지 | http://chaekgalpi.com

첫 번째 찍은 날 2018년 8월 27일
네 번째 찍은 날 2019년 2월 18일

값 13,000원
ISBN 978-89-7966-152-1 04300
ISBN 978-89-7966-155-2 (세트)